Romance Mediúmnico

CONEXIÓN GALILEA

El Amor continúa entre nosotros

Romance Psicografiado por
Sandra Carneiro
Por el Espíritu
LUCIUS

Traducción al Español:
J.Thomas Saldias, MSc.
Trujillo, Perú, Julio 2022

Título Original en Portugués:

"Conexão Galileia, o amor continua entre nos" ©
Sandra Carneiro

World Spiritist Institute
Houston, Texas, USA
E- mail: contact@worldspiritistinstitute.org

De la Médium

Sandra Carneiro, nacida en mayo de 1963, está casada y vive en la ciudad de Atibaia, SP. A los catorce años, y aun sin conocer los principios espíritas, tuvo su primera experiencia con la psicografía, recibiendo un libro infantil

Posteriormente, después de unos años de dedicarse a los estudios de la Doctrina Espírita, tuvo la oportunidad de iniciar el trabajo de la psicografía a través de la novela "Cenizas del Pasado", dictada por el espíritu Lucius, de quien también recibió las obras Renacer de la Esperanza, Exiliados por Amor y Jornada de los Ángeles. Ya en sociedad con el espíritu Bento José, psicografió las novelas Luz que nunca se va y Luz que consuela a los afligidos.

Participa en las actividades del Centro Espírita Casa Cristã da Prece y del Grupo de Asistencia Casa do Pão – entidad destinada a servir a la comunidad necesitada del barrio Maracanã, en Atibaia –, donde colabora con los hermanos de un ideal evolutivo.

Del Traductor

Jesus Thomas Saldias, MSc., nació en Trujillo, Perú.

Desde los años 80's conoció la doctrina espírita gracias a su estadía en Brasil donde tuvo oportunidad de interactuar a través de médiums con el Dr. Napoleón Rodriguez Laureano, quien se convirtió en su mentor y guía espiritual.

Posteriormente se mudó al Estado de Texas, en los Estados Unidos y se graduó en la carrera de Zootecnia en la Universidad de Texas A&M. Obtuvo también su Maestría en Ciencias de Fauna Silvestre siguiendo sus estudios de Doctorado en la misma universidad.

Terminada su carrera académica, estableció la empresa *Global Specialized Consultants LLC* a través de la cual promovió el Uso Sostenible de Recursos Naturales a través de Latino América y luego fue partícipe de la formación del **World Spiritist Institute**, registrado en el Estado de Texas como una ONG sin fines de lucro con la finalidad de promover la divulgación de la doctrina espírita.

Actualmente se encuentra trabajando desde Peru en la traducción de libros de varios médiums y espíritus del portugués al español, habiendo traducido más de 160 títulos así como conduciendo el programa "La Hora de los Espíritus."

ÍNDICE

Prefacio 7

PRIMERA PARTE ASUNTOS PENDIENTES 10
- UNO...11
- DOS..18
- TRES...23
- CUATRO...30
- CINCO..37
- SEIS..44
- SIETE..50
- OCHO...57
- NUEVE 62
- DIEZ...67
- ONCE...73
- DOCE...81
- TRECE..87
- CATORCE 94

SEGUNDA PARTE LOS ARCHIVOS SECRETOS DE ....
- LA HISTORIA 102
- QUINCE..104
- DIECISEIS..112
- DIECISIETE 118
- DIECIOCHO..123
- DIECINUEVE 133
- VEINTE..140
- VEINTIUNO...147
- VEINTIDÓS..156
- VEINTITRÉS...166

VEINTICUATRO	172
VEINTICINCO	178
VEINTISEIS	185
VEINTISIETE	192
VEINTIOCHO	197
VEINTINUEVE	204
TREINTA	210
TREINTA Y UNO	215
TREINTA Y DOS	220
TERCERA PARTE EL RETORNO DEL ZELOTE	**227**
TREINTA Y TRES	228
TREINTA Y CUATRO	234
TREINTA Y CINCO	240
TREINTA Y SEIS	247
TREINTA Y SIETE	257
TREINTA Y OCHO	262
TREINTA Y NUEVE	268
CUARENTA	277
CUARENTA Y UNO	284
CUARENTA Y DOS	291
CUARENTA Y TRES	297
CUARENTA Y CUATRO	304
CUARENTA Y CINCO	311
CUARENTA Y SEIS	317
CUARENTA Y SIETE	324
CUARENTA Y OCHO	331

Prefacio

"En el concepto moderno de un universo holográfico, cada partícula, por diminuta que sea, contiene la información del todo. Desde el átomo hasta las galaxias."

HERMINIO C. MIRANDA

PRESENCIAMOS TIEMPOS DE GRAN APRENDIZAJE para l humanidad. El despertar es urgente, y el Creador, en su amor incondicional, pone a cada uno el desafío liberador, en forma de crisis de crecimiento, al mismo tiempo que intensifica en nosotros la capacidad de percibirlo, de sentir la presencia constante de Su amor en nuestra existencia.

La humanidad ya debería haber alcanzado la etapa más alta de desarrollo. No habría necesidad de tanto dolor y sufrimiento, si la criatura hubiera aceptado su papel en la creación y, menos orgullosa y egoísta, hubiera aceptado la presencia de lo divino en sí misma y en todo el universo.

Uno de los mayores orgullos del pueblo hebreo era el templo de Salomón, una suntuosa obra arquitectónica que, en el corazón de Jerusalén, recordaba a todos la importancia del único Dios. En el año 77 d. C, el templo fue destruido por la revuelta de los zelotes, judíos que se rebelaron contra el dominio romano y el templo nunca fue reconstruido. Quedó marcado simbólicamente por la revelación que dejó Jesús que el templo de Dios no son iglesias ni edificios de ningún tipo, ni religiones. La inteligencia suprema es demasiado grande para encajar en cualquier forma de creencia humana. El templo de Dios está en las profundidades del hombre, donde la criatura lo puede encontrar siempre que lo busque. En el deseo de separar al ser de su esencia divina, los opositores de la luz han distorsionado el mensaje del Maestro de Maestros en un intento de hacerlo servir a los intereses de los humanos y las entidades de las sombras. Entre los que malinterpretaron el mensaje liberador del Evangelio estaban los zelotes, de los que formaban parte Simón y Judas.

La enorme resistencia que impuesta al cristianismo por su carácter revelador de la verdad, continúa oponiéndose a todas las líneas religiosas que verdaderamente buscan reconectar al hombre con su Creador, liberándolo así de la desgracia de sentirse incompleto.

A pesar de los obstáculos que enfrenta, el Espiritismo continúa en su papel consolador, revelando lo invisible y expandiendo el entendimiento humano. Todavía hay avances en la ciencia contemporánea que prueban la realidad más allá de la materia. Entre tantos descubrimientos, la física cuántica en particular ha dado un aporte significativo a la revisión de conceptos, contribuyendo a la iluminación humana en su proceso de transformación íntima. Una invitación de la razón a reciclar nuestras creencias, en la medida en que demuestra que la materia no existe, y que, en definitiva, se trata de energía, ondas en sus más diversas expresiones de frecuencia. Esta propuesta de reforma, a nuestro juicio, contribuye a la mejor comprensión de importantes Leyes Universales y enseñanzas espirituales contenidas en los Evangelios, que terminaron siendo mal interpretadas. La ciencia de estas verdades contribuye a romper paradigmas, y nos llega como un instrumento más para favorecer la vivencia de estas verdades. En el momento evolutivo actual, se renueva en nosotros la certeza que las enseñanzas de Jesús nos fueron legadas para ser experimentadas por personas como nosotros, seres aun presos en su propia ignorancia, pero que llevan consigo el potencial divino.

La evolución sigue su marcha, inquebrantable, lo quieran los hombres o no. El progreso, ley universal, nunca será impedido por la voluntad humana. Y, desde siempre, lo mejor que se puede hacer es entregarse a estas leyes y aplicarlas, para que entremos en una conexión real con Dios y encontremos la tan deseada vida abundante en todos los ámbitos de la existencia.

Jesús sigue esperando que respondamos a su llamado y nos unamos a los miles de espíritus de luz que trabajan con Él en el despertar de la humanidad. Muchos están despertando y descubriendo que la verdadera liberación es la de la mente conectada con Dios.

Ofrecemos esta obra a nuestros queridos lectores, para que puedan experimentar la trayectoria de Simón el Zelote, que vive hoy en la Tierra, liberado de las ilusiones construidas en su mente, luego de dos milenios, comprendiendo el significado profundo de las enseñanzas que recibió en los jardines de Galilea. Que mientras lo acompañamos, podemos reflexionar sobre nuestro propio viaje de regreso desde el Creador.

Con amor y deseos de paz,
LUCIUS.

PRIMERA PARTE
ASUNTOS PENDIENTES

UNO

BAJO EL FRONDOSO EJEMPLAR DE FLAMBOYANT en plena floración, se estaba preparando una extensa mesa de comida. Por el cuidado puesto en todos los detalles, fue inmediatamente evidente que se trataba de una celebración. Aunque el entorno era rústico, rodeado de flores y árboles, la cubertería, el exquisito juego de platos y las copas de cristal dispuestas en perfecto orden, creaban un interesante y sofisticado contraste, dando claros indicios de la condición acomodada a los propietarios. Sin duda, esta era una familia rica.

Era la primavera de 1988. Mientras los niños jugaban al escondite, los miembros de la familia tomaban asiento.

- ¿Dónde me siento, Flora?

- Donde quieras, abuelo.

- No, mi nuera. Tú organizaste esta hermosa fiesta. Dime dónde debo sentarme.

Flora sonrió, miró al anciano por unos momentos y luego respondió, más seria:

- Pues bien. Ocupa el final de la mesa.

- No, ese lugar pertenece a tu marido.

Sin quitarle los ojos de encima al miembro más viejo de la familia, Flora observó de reojo, de un vistazo, la reacción de los tres hermanos la provocación deliberada del mayor.

Miguel, era el menor de los tres hijos, y ciertamente el favorito del patriarca. Antes que hubiera alguna reacción por parte de los hermanos, ella continuó con firmeza:

- Abuelo, no juegues con cosas serias. La cabecera de la mesa pertenece al que empezó todo. Esta celebración no existiría sin ustedes. Por lo tanto, el mejor lugar, oda honor, te pertenece. Por favor toma asiento.

La voz de Flora era firme, pero suave, y Genaro no tuvo más remedio que aceptar y ocupar el extremo prominente de la mesa. Flora observó a los hermanos tomar los asientos más cercanos a él, uno por uno, incluidas las dos cuñadas, quienes cedieron sus asientos a sus acompañantes, clara señal que querían ser valorados por igual.

Sonrió aliviada a sus cuñadas que la ayudaban a ultimar la organización de la mesa. Luigi, el sobrino mayor, huyendo de su perseguidor en el juego, chocó contra la esquina de la mesa y casi derriba la ingeniosa construcción, lo que provocaría un desastre en el almuerzo. Mientras Flora, atenta, más preocupada por el niño que por la mesa, se agachaba para ayudarlo, el padre le gritó al niño:

- ¡Luigi! ¡Mira lo que has hecho!

Se agachó y preguntó:

- ¿Esta todo bien?

Con ojos asustados, respondió:

- Lo siento, tía...

- Está bien, querido. ¿Te lastimaste?

- No, estoy bien.

- Veo un gallo apuntando a tu frente...

Pasó su mano por el lugar que dolía, y cambió de tema, intimidado por su padre:

- Está bien, tía. No duele.

- Claro que no... - Flora se levantó, ayudó al niño a levantarse y luego llamó a la asistente:

- Rosaura, por favor lleva a Luigi adentro y ayúdalo - señalando la herida donde ahora aparecía una gota de sangre.

- Por supuesto, señora.

- Gracias.

Desviando hábilmente la atención de todos, acomodó a los niños que habían llegado, atraídos por la confusión causada por su primo. En cuanto todo se calmó, tomó la palabra Francisco, el hijo mayor y padre de Luigi.

- Este almuerzo fue encantador, preparado por las hábiles manos de las mujeres de nuestra familia. ¡Un brindis por nuestras chicas!

El brindis se celebró con entusiasmo.

- Y ahora, un brindis por el lanzamiento de nuestro proyecto más ambicioso. Perdón por la falta de modestia, pero sin duda será la empresa más rentable que haya realizado nuestra empresa. Y el siguiente paso será abrir nuestro capital en bolsa. Estamos trabajando para ello y pronto será una realidad.

- Vamos despacio, hermano. Primero la venta de todos los apartamentos. Luego, explicas las ganancias y luego piensas en cotizar en la bolsa.

- Venderemos todos los apartamentos en menos de seis meses. Ya te lo dije.

Flora no pudo evitar notar el intenso intercambio de miradas entre los tres hermanos que dirigían la constructora familiar que, desde que Francisco asumió como presidente, no había dejado de crecer.

- Sabes que nos venderemos rápido, seis meses como máximo.

- Sí, pero...

- Sin demora ni temor, tenemos que preparar la venta de las acciones de la empresa, porque con esta operación nos haremos millonarios, y nada más nos limitará.

La energía de esa declaración estaba tan en desacuerdo con la atmósfera suave y apacible promovida por las mujeres, que un pesado silencio se instaló en ambiente. De repente, el canto de los pájaros fue el sonido que dominó la escena.

Dentro de la casa, Luigi, luego de recibir los debidos cuidados de Rosaura, salió por la puerta trasera de la casona, seguro que quería llegar discretamente al animado almuerzo. Cuando salió, se encontró con dos pares de zapatos negros, bellamente cepillados, del cuero de la mejor calidad. Levantó la cabeza para confirmar quién era el dueño de esos zapatos brillantes y se sorprendió al ver a los dos hombres que vestían trajes cuidadosamente hechos a la medida. Uno de ellos sonrió al niño y le preguntó:

- ¿Eres Luigi?

- Sí señor. - respondió el chico, entre intrigado e incómodo con la presencia de esos hombres salidos de la nada.

- Ve a tu fiesta, muchacho. Y disfruta de tu infancia mientras puedas...

Luigi pasó junto a ellos, dirigiéndose hacia los miembros de la familia, pero miró hacia atrás varias veces, hasta que los hombres, atendidos por Rosaura, entraron a la casa, el niño estaba molesto por la inesperada presencia de los visitantes. ¿Quiénes serían? ¿Y por qué el sospechoso "disfruta de su infancia mientras puedas?" Pero, mientras se acercaba a la mesa del comedor, animada por conversaciones y risas anchas, se olvidó de las preguntas y se acomodó al lado de su tía.

- ¿Estás bien, querido?

- Sí, tía.

El padre lo miró desde el otro lado de la mesa, con un dejo de irritación. Tenía muchos planes para su hijo y lo quería fuerte y separado del resto de los niños. De ahora en adelante quería prepararlo para ser su sucesor en la presidencia, y todo lo que hizo con el niño de nueve años estaba planeado al detalle. Escuela de primer nivel, clases de tenis, inglés y mecánica aplicada, que el muchacho no agradecía. Todo lo contrario. Luigi mostraba un interés exagerado por la música y las artes en general, y su padre ya estaba tratando de disuadirlo y tratando de desviar su atención hacia lo que consideraba mucho más adecuado y productivo para sus propios planes. Al ver el cariñoso intercambio de afecto entre su tía y su sobrino, pensó que necesitaba convertirlo en un hombre más fuerte, o sería un debilucho que necesitaría atención femenina.

De hecho, Luigi amaba a su tía de una manera muy especial. Rosaura se acercó a la mesa y Flora preguntó:

- ¿Qué paso?

- Visitas, señora.

- ¿Visitas?

- Sí, quieren hablar con el abuelo y el señor Francisco.

- ¿Quiénes son?

Francisco casi se estaba levantando. Marcos tomó el brazo de su hermano y le preguntó:

- Estamos celebrando. ¿Tiene que ser ahora?

- ¿Qué pasa, Rosaura? - preguntó Francisco, ignorando por completo la petición de su hermano.

- Uno de ellos se presentó como el Coronel Alfonso.

- Así que tenemos que atenderlos con la debida atención y deferencia.

Y miró a su padre con mirada penetrante, el anciano se levantó lentamente, puso su servilleta de lino sobre la mesa y balbuceó:

- El negocio no puede esperar. ¡Vamos!

Genaro, con sus tres hijos, se dirigió a la casa, donde los esperaban los enigmáticos visitantes.

Luigi los vio alejarse y tartamudeó:

- Parecían vampiros...

A pesar de casi un murmullo, el comentario no pasó desapercibido para Flora.

- ¿Qué dijiste, Luigi?

- Nada.

- Puedes hablar, querido. Tu padre no está para regañarte.

- No me gustaron para nada.

- ¿Y por qué?

- No sé...

El lazo de amor entre tía y sobrino venía de encarnaciones anteriores. Flora protegió al niño más que su madre; entendió al chico sin que él tuviera que decir una palabra. Y lo recíproco se daba con el niño. Luigi amaba a Flora y antes de decirle nada a su madre, corría hacia su tía, en quien confiaba plenamente.

A pesar de las ausencias, el almuerzo continuó en animada conversación, hasta que Lucía, la madre de Pedro, se volvió hacia Flora y le preguntó:

- ¿Y si nos tomamos café y licor junto a la piscina? Adoro el perfume del jazmín de los poetas que cubre la pérgola. ¿Podemos?

- ¡Por supuesto! - Le preguntaré a Rosaura.

- Porque quiero tomar mi café en la sala, junto con los invitados. – Dijo en tono agresivo Antonieta, la hermana menor de Francisco. - Debiste haber ido con ellos, Julio. ¿No crees?

- ¡Pero claro!

- Bueno, ¡me uniré a ellos ahora mismo! - El muchacho se levantó rápidamente, cinco años menor que su esposa, y haciendo todo lo posible por lograr un lugar destacado en esa familia.

Tras la partida del patriarca y sus hijos, la familia se dispersó. Flora les permitía servir café y licores donde quisieran. Después de todo, la fiesta terminó temprano.

Al pasar frente a la biblioteca, donde se producía el encuentro con visitantes inesperados, con la intención de ofrecerles el postre, la puerta entreabierta le permitió escuchar parte de la conversación. Solo tomó unos minutos, pero fue suficiente para perturbarla profunda e instantáneamente. Estaba atónita y no sabía a dónde ir. Fue a las escaleras que conducían a los dormitorios. Quería desaparecer, desaparecer de ahí para pensar en lo que haría. Se cruzó en el camino de Rosaura, quien la buscaba para informarle que algunos familiares ya se iban.

- Doña Flora, ¿está bien?

- No... no sé... ¿Qué pasó, Rosaura?

- Antonieta quiere irse.

- Pero ¿no íbamos a pasar la noche todos aquí en la granja?

- Ella es así, molesta... Ya sabe.

- Bueno, déjala ir.

- Señora está muy pálida. ¿Necesita algo?

- Sí. Dile a quien venga a verme que tengo un problema de mujer y tuve que retirarme a descansar. Lo entenderán y no insistirán.

- ¿Y qué tiene?

- Estoy enferma, necesito ir arriba.

Mientras Flora casi se arrastraba por las escaleras, se sintió tan inquieta que Rosaura observó, murmurando:

- ¿Será que está embarazada?

DOS

AL CERRAR LA PUERTA DE SU DORMITORIO, Flora se detuvo y miró fijamente la habitación sofisticada y bellamente decorada. Las paredes ostentaban varios cuadros de pintores famosos que fueron comprados por una verdadera fortuna. Había mucho dinero en esa habitación, como en todas las demás habitaciones de esa hacienda. De repente, todo empezó a tener sentido para ella, quien siempre se preguntó por qué esa casa guardaba un verdadero tesoro en obras de arte. No eran solo las pinturas, sino las esculturas. Observó los detalles de la decoración que ella había elegido cuidadosamente. Los muebles de madera maciza, las cortinas, los candelabros de plata esparcidos por los rincones sobre mesas con jarrones y otras pequeñas obras de arte. Todo tan exquisito... Gastó todo lo que quiso en decorar su habitación en la mansión de la hacienda. Y todos los hijos de Genaro Morelli de Luca habían tenido la misma libertad. Solo las pinturas fueron decididas por el patriarca junto con el hijo mayor. Nunca le pidieron ni siquiera un presupuesto. Tenía total autonomía para elegir lo que quería. Le encantaba este lugar, la hacienda y todo lo que había en ella. No por la libertad que había tenido que gastar, sino porque realmente le gustaba estar cerca de la naturaleza. Y por supuesto, decorar la habitación de ella y su familia con tantas posibilidades la llenó de satisfacción. Pero en ninguna parte podría haber imaginado lo que había detrás del negocio familiar.

Se quedó mirando y pensando, luego recordó vívidamente la conversación que había escuchado. Quería que todo fuera una mentira, pero sintió que no lo era. Se arrojó sobre la cama, haciendo eco en la angustia. ¡Tendría que hacer algo!

En la biblioteca, la reunión terminó solo con la presencia de Genaro y Francisco, y con otro documento firmado regado con bebidas caras. Francisco hizo un brindis, sellando el compromiso:

- Bueno, señores, tenemos un acuerdo sacramental. La empresa se erigirá rápidamente. Y todas las dádivas serán debidamente ofertadas, una en cada piso. Y la venta de todas las unidades debe realizarse dentro de tres meses. Bien como la apertura del capital de la empresa constructora deberá ocurrir sin ningún obstáculo.

- Acuerdo sellado con sangre, señores - Confirmó el Coronel Alfonso -. Considéralo completamente efectivo. Como comentamos anteriormente, las ofertas serán muy bien recibidas. Hoy, los sacrificios son más escasos y los extrañamos.

Incluso Genaro, que tenía las emociones congeladas, sintió un sutil escalofrío recorrer su cuerpo. Y por un momento vaciló. ¿Había sido un error concederle esa libertad a Francisco? Pero luego le estrechó la mano al visitante, que se iba con los documentos firmados. Se despidieron y salieron por la misma puerta de servicio por la que habían entrado.

Flora percibió el movimiento y los observó a través de la ventana, escondida entre las cortinas. Tenía que hacer algo, pero ¿qué? Tan pronto como los hombres desaparecieron, bajó las escaleras y buscó a su esposo. Pasó junto a Luigi, quien notó el rostro serio de su tía. Acercándose a Miguel, que conversaba animadamente con los demás hermanos, le preguntó:

- ¿Podemos hablar un minuto?

Él la escuchó, pero siguió prestando atención a la historia que le estaba contando Lucía.

- Por favor miguel

- Un minuto Flora.

Frotándose las manos con visible ansiedad, insistió de nuevo:

- ¡Es importante! Estoy en la habitación esperándote. ·

Miguel se sorprendió, pero se quedó hasta el final de la historia, aunque ya no pudo disfrutar el momento como antes de la interrupción de su esposa. Se excusó por un momento y subió. Entró en la habitación y encontró a la mujer con los ojos rojos.

- ¿Qué pasó? ¿Por qué estabas llorando? ¿Te ha vuelto a ofender mi hermana?

- No, no fue eso.

¿Entonces qué pasó?

Flora parecía preocupada. Miró por la ventana y luego se volvió hacia su marido. Paseó alrededor, incapaz de controlar su ansiedad.

- ¡Por favor, Flora, cálmate! ¿qué sucedió?

- Michael, ¿qué sabes de este encuentro que acaba de ocurrir entre tu hermano y esos oscuros visitantes?

- ¿Oscuros?

Él negó con la cabeza sin responder.

- ¿Por qué estás interesada?

-¿Qué sabes tú, Miguel?

- Son asuntos comerciales, técnicos, detalles de las obras.

- Pero tú eres el arquitecto. ¿Por qué no participaste en la reunión hasta el final?

- Soy uno de los arquitectos. Y hay asuntos que no necesitan mi presencia. Francisco coordina más vinculados al sector financiero. Visitantes oscuros como tú los llamabas, trabajan para importantes socios constructores. Invirtieron mucho en nuestros proyectos, especialmente en edificios residenciales.

- ¿Alguna vez asististe a estas reuniones?

- Flora, ¿qué quieres saber exactamente?

- ¡Los escuché decir cosas terribles, Miguel!

- ¿Escuchaste detrás de la puerta? ¿Estás loca?

- Fue completamente accidental. Pero ¿cuál es el problema?

- No entrometerse en los asuntos de la empresa. Lo que hayas oído, ¡olvídalo! Son asuntos que no te conciernen.

- Pero, Miguel, ¡es muy grave lo que está haciendo tu hermano! Jugando con vidas humanas...

Miguel se sentó junto a su esposa en la cama, la sujetó con fuerza por los hombros y mirándola a los ojos dijo:

- Flora, escucha con mucha atención: olvida todo lo que escuchaste. No tienes nada que ver con esto. ¡Olvídalo! Finge que no lo escuchaste.

- Entonces, ¿sabes lo que hace?

- ¡No, y no quiero saber!

- ¿No te importa saber cómo se enriquece esta familia?

- No, no me importa. Hago mi trabajo y me pagan muy, muy bien por ello. Próximamente la empresa comprará un avión y podremos volar nuestro jet privado a cualquier parte del mundo El grupo de empresas, bajo el mando de Francisco, se está volviendo muy poderoso. No quiero saber qué hay debajo del capó.

- ¡Porque sabes que son actos ilegales, inmorales! Si es verdad lo que me dices, que no sabes lo que se hace en la oscuridad, ¿cómo puedes dormir por la noche? ¿Qué haces con tu conciencia?

- Francisco nos da un repaso de los tratos que hace con el gobierno, de las muchas acciones no convencionales que hay que llevar a cabo. Pero no necesito saber los detalles. Solo estoy al tanto de las grandes decisiones.

- No soy como tú. ¡No puedo vivir sabiendo que el dinero que entra en nuestra cuenta es dinero sucio!

- Te gusta el lujo, viajar, todo lo que tenemos...

- ¡Sí, me gusta mucho! Pero no puedo vivir sabiendo los actos delictivos y tantos otros actos inimaginables que está haciendo tu hermano para que tengamos tanto dinero y tanto poder...

- Flora, mi hermano tiene contacto con gente muy, muy poderosa. Ni siquiera puedes imaginar. Y tampoco deberías. Que el negocio familiar sea dirigido por él, no te involucres. Y no comentes nada de lo que hemos hablado aquí con nadie.

- ¿Todos saben que la empresa constructora actúa ilegalmente? ¡Criminal, Miguel! - Enfatizó, alzando la voz. Y el marido respondió en un susurro:

- Flora, te lo estoy pidiendo. Cállate, olvídalo. ¡Por el bien de nuestra familia, nuestros hijos! ¡Por mi bien! No tienes nada que ver con esto. Pretende que nunca has oído ninguna conversación, lo que sea que hayas oído o lo que imaginas que has oído. Olvídalo, insisto con vehemencia.

Si había alguna duda sobre lo que había oído, ahora, con las palabras de Miguel, estaba segura. Miró a su esposo, asustada. ¿Qué clase de familia era esa? ¿Qué monstruos acechaban bajo las sonrisas fáciles de la familia Morelli de Luca?

TRES

LOS EVENTOS SIGUIERON UN CURSO MUY FAVORABLE para la familia. Los planes hechos por los administradores se desarrollaron con éxito y la salida a la bolsa de la empresa en la bolsa de valores sería el ápice de la gestión de Francisco, trayendo millones a las arcas de la constructora. Después de casi seis meses de arduo trabajo, la familia estaba lista para reunirse nuevamente en la finca, para celebrar el éxito de las iniciativas. Poco a poco fueron llegando las familias, aquel lluvioso viernes de agosto. Una fina llovizna mojaba y humedecía el césped. El horizonte se oscureció, impidiendo que la vista alcanzara el maravilloso horizonte que se veía desde la entrada principal de la finca. El enorme edificio del siglo XIX había sido renovado y ampliado a más de veinte habitaciones y treinta habitaciones en total. Genaro fue el responsable de la revitalización y expansión de la mansión. Viviendo unos años, quería a todos sus hijos, nueras, yernos, nietos y nietas cerca de él.

Esta vez, Mirela fue la encargada de organizar la fiesta. Y estaba dando vueltas, ocupada con los detalles, ya que había tenido que mover todo adentro en el último minuto. Al pasar junto a su suegro, escuchó la reprimenda:

- ¡Todo debería estar listo ahora! Están casi todos aquí.

- Tuvimos que traerlo todo adentro... el tiempo no ayuda...

- Una organización de eventos bien diseñada anticipa y anticipa este tipo de situaciones. Lástima que Flora no pueda organizar nuestra fiesta esta vez... Pobrecita, no entiendo por qué de repente estaba tan alterada.

Los que estaban cerca escuchando la conversación se miraron sin hacer comentarios. Flora había estado enfrentando una depresión persistente, que no había disminuido, a pesar de los medicamentos y las sesiones de terapia a las que se había sometido.

- Por cierto, ¿dónde está ella? - Preguntó el anciano.

- Aun no ha llegado, padre. - respondió Miguel, acercándose al patriarca.

¿Y dónde está tu mujer, dónde está Bianca? ¿Por qué no vinieron contigo?

Flora tenía una cita y parece que Bianca tenía un examen importante hoy...

- Disparates. ¡Di la verdad!

- Bueno, ¿qué puedo decir, papá? Flora no quería venir y Bianca se quedó con ella.

- ¿Otra vez? Pero, ¿qué pasa con tu esposa? ¿Cómo perdiste el control sobre ella?

- No lo sé, pero ha sido difícil para mí y para los niños.

Mirando a Mirela, aturdido por los detalles de la organización, el patriarca italiano suspiró profundamente y comentó:

- Todos la extrañamos.

- ¡Escuché eso, señor Genaro! ¡Deja de regañarme! O la próxima vez dejaré la organización a una persona lesionada. ¡Después de todo, esta familia necesitará un ama de llaves de todos modos!

La confusión continuó hasta que finalmente, completados los preparativos, dieron paso al almuerzo exquisitamente preparado. Todavía estaban comiendo cuando el teléfono sonó con insistencia. Contestó Rosaura, en el teléfono del vestíbulo, en el centro de la casa. Mientras escuchaba a la persona del otro lado de la línea, se puso pálida. Se volvió hacia la puerta del comedor, desde donde podía escuchar la animada conversación de los presentes, y poniendo el teléfono sobre la mesa, fue a llamar a Miguel. Cuando entró en la habitación, ya provocó un malestar inmediato. Luigi, que volteaba las verduras en su plato, separando las verduras del resto, sintió una opresión en el pecho y mirando a la criada más vieja de la finca, que caminaba lentamente hacia el marido de Flora, se llenó de profunda angustia.

- ¡Dios mío, Rosaura, qué aire tan fúnebre! ¡Estamos celebrando! - Mirela llamó la atención de la joven.

- Lo siento, no fue mi intención molestarlo. Sr. Miguel, le llaman.

- ¿Quién es?

- Es mejor que responda.

No hacía falta decir mucho más. Miguel se levantó y respondió rápidamente a la llamada. Un pesado silencio llenó la habitación. Pronto volvió Miguel, igualmente pálido y con lágrimas en los ojos.

- Voy a tener que salir. - Miguel miró a los niños, quería hablar, pero estaba desconcertado.

- ¿Le pasó algo a la tía Flora? ¡Yo lo siento! – Dijo Luigi ya entre lágrimas.

- ¡Tranquilo, Luigi!

- ¿Qué pasó, Miguel?

El hijo menor de Genaro colocó ambas manos sobre su cabeza y la sacudió, dejando clara la gravedad de la situación. Luego dijo, tartamudeando:

- Ella se fue...

- ¿Qué…? ¿Cómo así? - Preguntó Mirela -. ¿Qué pasó?

- Ella nos dejó, eso fue lo que pasó - explotó Miguel, sin poder contener las lágrimas.

Francisco miró a su padre, que estaba bastante conmocionado, luego miró a su hermano, que le lanzaba una mirada desesperada. Se levantó y le preguntó a Rosaura:

- Lleva a los niños a la sala de juegos.

- Yo no quiero ir. ¡Quiero saber qué le pasó a la tía Flora! ¡Habla, tío Miguel!

- Luigi, por favor ven con nosotros -. Rosaura tomó al niño de la mano.

- Ya no soy un niño, quiero saber.

- Luigi, obedece a Rosaura. Necesitamos calmar a tu tío, ¿no ves que la situación requiere de tu colaboración, precisamente porque eres el mayor? Ayuda con los niños. En cuanto todo se calme, te llamaremos.

De mala gana, el chico siguió a los demás y se alejaron. La trágica noticia puso fin al almuerzo. En camino a la biblioteca, Mirela instruyó a los empleados para que sirvieran la bebida en la otra habitación.

Miguel transmitió la información que había recibido a la familia.

- Sé cómo suena, pero ella no se quitaría la vida.

No iba a hacer eso.

- Pero, ¿no está todo claro, Miguel?

- ¡No te atrevas, Francisco!

Ella no había estado bien durante meses -. Murmuró el hermano mayor.

- ¿Y sabes por qué? -. Murmuró Miguel entre lágrimas.

- La razón, Miguel, es que ella no podía vivir con la pesada carga de ser rica y poderosa.

Miguel fue encima de Francisco, pero Marcos lo detuvo.

- Tranquilo, ahora no es momento de desacuerdos. Estaremos a tu lado, Miguel, eso lo sabes. Te apoyaremos en todo, no estarás solo. Si quieres, puedes quedarte aquí y nosotros vamos a tu casa y nos encargamos de todo.

- Quiero encargarme de todo personalmente. Es lo que le debo a ella. Quiero verlo todo con mis propios ojos.

Coordinaron los detalles correctos sobre los pasos a seguir.

- ¿Y qué haremos con los niños? ¿Qué les diremos?

Luigi es el más cercano a su tía...

- Y el más complicado también...

Francisco miró a Mirela y le preguntó con brusquedad:

- ¿Qué estás insinuando? ¿Que mi hijo no es normal?

- No estoy insinuando nada, ¡qué horror, Francisco! Y él es muy sensible...

Francisco se levantó enojado, pasó junto a Mirela, que bloqueaba el paso, y dijo:

- Fuera de mi camino. Voy a hablar con mi hijo y explicarle el hecho: su tía se suicidó. Este es el hecho y punto!

- Ella no hizo eso, Francisco, y tú lo sabes - insistió Miguel desesperado.

- Eso fue casi todo, Miguel. Te lo advertimos varias veces.

- ¿De qué están hablando? - intervino Lucía.

- Ve y habla afuera – pidió Genaro – queremos estar en silencio un rato. Extrañaremos mucho a Flora... Mi nuera... Yo organizaré todo por aquí y ustedes arreglarán las cosas por allá. Después, tendremos que hablar con los niños y pasarles la información que su tía, nuestra querida Flora, que estaba muy deprimida, se suicidó. ¡Esta será la posición oficial de nuestra familia y no se hable más de este asunto!

El tono de voz de Genaro, que al principio había sido conciliador, cambió a imponente y grosero. Las conversaciones eran muchas veces así en esa familia, y todos ya sabían que lo que no se decía era lo más importante, y si no se decía era para quedarse así, sin compartirlo.

Francisco y Miguel discutieron un rato en una de las salas; se podían oír los gritos entre los dos. Luego la conversación tomó un tono más suave, y finalmente, ambos aparecieron en la puerta de la biblioteca. Francisco informó:

- Voy con Miguel. Cuidémonos de todo. Se fueron.

Fue el abuelo quien llamó a los niños a la biblioteca y les contó lo sucedido con su nuera. Los niños más pequeños solo recibieron la información, sin mayor conocimiento de los hechos. Luigi estaba muy conmocionado, a pesar que estaba rodeado de atención y cuidado de adultos, no podía pensar en nada más que en la muerte de su tía.

Al día siguiente del entierro, todos estaban reunidos en el *penthouse* de Francisco, en la región de Jardins de São Paulo.

Luigi no estaba satisfecho. Sintió que había algo mal en lo que le había pasado a su tía, pero no podía sospechar qué era. Estaba sentado en silencio cuando vio en la pequeña mochila que pertenecía a Miguel, el extremo de la bufanda de una tía. Sintió un impulso irresistible y se dirigió en silencio a donde estaba la mochila. La abrió sutilmente y sacó la bufanda y, después de ponérsela en la nariz, oliendo el perfume encantador de su tía en la prenda, apretó la tela con fuerza entre sus manos. Fue entonces cuando sucedió algo increíble. Mientras sostenía la bufanda, Luigi comenzó a ver todo lo que le había pasado. Todo sucedió ante él como si fuera un testigo presencial de los hechos. Vi varias escenas, conversaciones, no en secuencia, sino intercaladas, como fragmentos de una película, y sentí exactamente el estado emocional de la tía, su respiración entrecortada, su terror, su angustia. Finalmente, soltó el pañuelo, asustado, y gritó:

- ¡Ella no se suicidó! ¡Mi tía no se suicidó! Pero yo la amo...

El gran apartamento estaba lleno de invitados. Miguel miró a Francisco y ambos se fueron al lado del niño. Miguel trató de arrebatarle a su sobrino la bufanda que llevaba su esposa cuando perdió la vida.

- ¿Quién te dio permiso para tocarlo, muchacho? ¿No te han enseñado a no tocar las cosas de la gente sin permiso?

- Tranquilo, Miguel - pidió Francisco -. Y tú, Luigi, ve a tu habitación y charlaremos. No estás bien, muchacho.

- Vi y sé bien lo que vi - Luigi, entonces, describió en detalle la escena de la tía sin vida, exactamente como la encontraron Francisco y Miguel. Era como si el chico también hubiera visto la escena. Solo que no había estado allí. ¿Cómo podría ser eso posible?

Sabiendo que su hijo no podía desmontar la historia contada y apoyada por toda la familia, Francisco tomó del brazo a su hijo y lo condujo escaleras arriba.

- Vamos a tu habitación. Necesitamos conversar,

- Sé lo que vi, papá.

Al entrar en la sala, Francisco habló con firmeza:

- Estás perturbado, hijo mío. Y lo entiendo perfectamente. Querías mucho a tu tía y nunca habías perdido a alguien tan cercano. Es natural que no aceptes la verdad.

- ¿Qué verdad padre?

- Tu tía se suicidó.

- No, no fue, no fue como dijiste. Ella no se suicidó... Ellos la mataron, papá. ¿Por qué no me escuchas?

- Porque no estuviste ahí para verlo, no sabes nada.

- Sé lo que vi, lo que sentí. Vi todo lo que pasó.

Y le contó a su padre todo lo que había visto, con mayor detalle aun. Y al final dijo:

- Eso es lo que vi mientras sostenía el pañuelo de tía Flora.

Francisco se quedó helado. Sabía que su hijo era sensible y tenía que tomar alguna medida urgente al respecto.

CUATRO

EL NIÑO SUJETABA LA BUFANDA de la tía con fuerza y con los ojos cerrados prosiguió, en visible trance mediúmnico:

- Y hay más... Veo a un niño atrapado en una pared. Está vivo, pero no puede moverse. No lo consigue... Y no es solo uno... son dos, tres, cuatro...

Francisco se acercó rápidamente a su hijo y arrebató con fuerza la bufanda de Flora de las manos del niño, quien, como si hubiera perdido un hilo de sus efusiones mentales, quedó atónito. Abrió los ojos y balbuceó:

- Lo sabes todo...

- Luigi, estás muy molesto por la muerte de tu tía, no sabes lo que dices. Deberíamos llevarte a un médico para tratar tu desequilibrio emocional. Eres un niño y necesitas ayuda médica. Sé que perder a tu tía fue algo muy duro de soportar, pero te vamos a cuidar, hijo mío.

Francisco abrazó fuertemente al niño y continuó:

Tengo muchos planes para ti. Tienes un futuro brillante por delante y no dejaré que nada se interponga en tu camino. ¿Estás entendiendo?

El padre soltó al niño y lo miró a los ojos, repitió la pregunta, esta vez en tono amenazante:

- ¿Lo entiendes?

Luigi no pudo responder y solo lloró.

- ¡Contrólate! Trata de calmarte.

Pero cuanto más hablaba el padre, más aversión sentía el niño por la energía de la que emanaba el padre. Luigi sintió todo, todas las emociones y energías de su padre y lloró aun más.

Francisco salió de la habitación y encerró al chico. Mandó llamar a su esposa y le aconsejó:

- Luigi está muy perturbado. Llame al Dr. Paulo y pídele un medicamento para calmarlo.

- Todavía tengo algo de esa medicina que tomaba a principios de año.

- Es un tranquilizante, ¿no?

- Sí, para las pesadillas. Pero le dio mucho sueño, así que paramos.

- Porque creo que el momento le pide que se duerma para calmarse. Ve a buscar la medicina, sin fanfarria, y tráela aquí. Yo mismo llamaré a su psiquiatra.

Cuando Lucía regresó con la medicina y un vaso de agua, Francisco estaba sentado, sosteniendo a su hijo del brazo y hablando por teléfono de los detalles de la muerte de Flora. La madre se sobresaltó, pero no se atrevió a decir nada. Le entregó el frasco de píldoras a las manos de su esposo, quien asintió en señal de agradecimiento y le hizo señas para que saliera de la habitación.

Luego tomó tres pastillas del frasco y le dijo con firmeza a su hijo, aun sosteniendo sus manos:

- El doctor Paulo quiere hablar contigo. Quiere que tomes los medicamentos para calmarte. Él cuidará de ti, y toda esa angustia que sientes desaparecerá. Te lo prometo, hijo mío.

Luigi se secó las lágrimas que corrían por su rostro, levantó el teléfono y habló con el médico, lo cual agradeció. Escuchó atentamente sus instrucciones:

- Luigi, quiero que tomes la medicina que te está dando tu padre. Me temo que te va a dar un ataque, hijo mío, por tus fuertes emociones a pesar de todo lo que estás pasando. Te cuidaremos, para que estés bien. Ahora quiero que tomes la medicina y vengas a verme mañana. ¿Estás entendiendo?

El chico no respondió. Francisco le dio las pastillas y el agua. Siguiendo el consejo del médico de su confianza, tragó la medicina y se sentó en la cama, entregándole el teléfono a su padre, quien terminó la conversación con el médico.

Gracias por su ayuda, doctor. Se tomó las pastillas y ahora va a descansar. Mañana estará en su consultorio.

Resignado, Luigi se acomodó en la cama, esperando el efecto de la medicina, que no tardó en llegar y rápidamente lo indujo a caer en un profundo sueño. Había tenido algunos episodios de sonambulismo y convulsiones a lo largo de su primera infancia, que se acentuaron cuando entró en la fase de preadolescencia. Hablaba en sueños, sobre cosas aterradoras. Y ya estaba en tratamiento psiquiátrico por menos episodios. Al verlo somnoliento, Francisco se sentó al lado de su hijo en la cama, tomó las manos del niño y murmuró:

- ¿Qué diablos fue eso, Luigi?

Miró la bufanda tirada en la silla del dormitorio y pensó en voz alta:

- ¿Cómo viste todo esto, chico? ¿Qué poderes son estos que tienes? ¡No quiero nada de eso en mi familia! ¡Ni que tenga que renunciar a todo lo que soñé para ti, si sigues con estas absurdas rarezas voy a tener que enviarte lejos de aquí...

En la dimensión espiritual del entorno del dormitorio, una mujer joven, que aparentaba dieciocho años, estaba junto a la cama. Flora, a su vez, esperó un poco más lejos, apoyada por dos enfermeros.

- Quiero hablar con él...

- No es aconsejable, querida hermana.

- Pero él está sufriendo mucho.

- Y tú también Flora. Y tú necesitas ser fortalecida antes de poder ayudar. Necesitas descansar para recuperarte. Luigi y especialmente Bianca necesitarán tu ayuda, y debes estar lista para cuando llegue el momento -. El enfermero más experimentado la invitó:

- Ahora debemos irnos, Flora. Necesitas descansar. Todavía estás muy débil y sufre una fuerte influencia de las energías materiales en su cuerpo espiritual. Necesitas volver a aprender cómo vivir con el cuerpo menos denso, para liberarte de los grilletes limitantes de la experiencia en la Tierra. Ven, tenemos que irnos.

- ¿Y mi sobrino? ¿Voy a dejarlo a merced de esta familia desequilibrada? ¿En una guarida de bandidos?

Colocando una mano sobre el hombro de Flora, quien permanecía sentada a distancia, Gabriel dijo:

- La gran mayoría de las familias que habitan el orbe terrestre están profundamente enfermas, Flora. Y es en este ambiente turbulento donde las almas se están perfeccionando para la gran regeneración. Además, nuestro pequeño Luigi es un espíritu muy experimentado.

- ¿Qué es esa preparación de la que hablas?

- Desafortunadamente, muchos solo se entregan a Dios cuando el dolor se vuelve insoportable, cuando sienten que han perdido todo aquello en lo que se apoyaban. Solo así, y aun sufriendo, e inmersos en la oscuridad, la mayoría de los seres de la Tierra, tienen en su interior todo el apoyo y poder divino. Este poder ilimitado necesita ser reconocido y liberado si la humanidad quiere ser verdaderamente libre.

Luigi estaba entumecido y no podía distinguir la presencia de su tía. Melissa, sentada a su lado, acarició el cabello del niño y dijo:

- Esta bien mi amor. Descansa.

Luego se dirigió a otros dos espíritus amigos, que estaban siguiendo la situación, y preguntó:

- Gabriel, necesitamos desactivar su mediumnidad, o no podrá hacer su trabajo cuando sea el momento adecuado.

- Se están tomando medidas. Estamos de acuerdo en que él necesitaba esa experiencia en este momento, para poder reconocerla, cuando más tarde sea el momento de empezar de nuevo. Necesitaba vivir algo muy notable, para que el materialismo de esta familia no lo adormeciera para siempre. La habilidad mediúmnica será atenuada; sin embargo, se mantendrán otras percepciones, para que no pierda completamente el contacto con la cuarta dimensión. Necesita que se le recuerde a menudo la existencia del mundo espiritual, para no desviarse de su tarea.

Melissa abrazó al niño y le sonrió asegurándole:

- Todo va a estar bien, cariño, puedes confiar en mí.

Luigi, que recordaba fácilmente al compañera que había tenido durante toda su infancia, la amiga invisible que nadie creía que existiera, preguntó:

- ¿Y mi tía?

Melissa retrocedió un poco, dejándolo ver a Flora, siendo conducida por los dos enfermeros de regreso a la ciudad espiritual donde viviría.

-¡Tía!

Flora se dio la vuelta, respondiendo a la llamada del niño, y sonrió reír, hablando con voz ahogada:

- Estoy bien querido. Espera. Necesito descansar un poco ahora, pero regresaré tan pronto como pueda, para estar cerca de ti.

Las palabras de la tía calmaron al niño, que se acostó, más sereno.

- Eso, Luigi, cálmate y confía.

- ¿Puedo pedir una cosa?

-Sí, claro.

- ¡No quiero volver a ver nada nunca más! Es muy malo...

Gabriel e Inácio, los dos amigos espirituales que acompañaban la escena, se habían colocado uno a cada lado de la cabecera de la cama, donde dormía el cuerpo denso de Luigi y ambos rezaban, actuando al mismo tiempo sobre la glándula pineal[1] del niño.

- Luigi, sé que ahora no te acuerdas, no es necesario. Pero tienes una tarea que cumplir, esta encarnación tuya fue cuidadosamente planeada, hasta que todos los elementos materiales eran aptos para tu regreso a la Tierra.

Melissa sonrió y acarició con ternura el cabello del niño, cuyo mechón caía en un rizo sobre sus ojos. Se echó hacia atrás el pelo rizado y dijo:

- Tómalo con calma, todo está preparado, para que en el momento oportuno, cuando estés listo, puedas retomar esta sensibilidad.

El chico, a pesar de su corta edad, respondió con una leve sonrisa, dejando claro que entendía la situación. Se acomodó

---

[1] La glándula pineal es una estructura del tamaño aproximado de un grano de arroz cocido, con un peso aproximado de 0.5 gramos, y que se encuentra situada en la puerta más central de la cabeza, denominada por los médicos como diencéfalo. Es conocido como "tercer ojo" por su ubicación -en la parte central del cerebro, entre las cejas - y por su sensibilidad a la luz

André Luiz, a través de la psicografía de Chico Xavier, trata la pineal como la glándula de la vida mental. Describe la conciencia del ser encarnado como la manifestación resultante de la interacción entre el espíritu y el cerebro, mediada por el periespíritu o cuerpo espiritual. El cerebro se describe como la interacción de tres compartimentos distintos, representados por el cerebro primitivo, el cerebro motor, y obos frontales. La conciencia y el flujo de la conciencia se manifiestan utilizando los recursos cerebrales de las tres áreas. En el libro *Evolución en dos mundos*, la relación entre pineal y conciencia es descrita por el autor con la función de traducción y selección de diferentes estados mentales, en los mecanismos de reflexión y pensamiento, meditación y discernimiento.

Estudios sobre meditación, que utilizaron la técnica de Resonancia Magnética Funcional (fRMI) para investigar un posible papel de la glándula pineal, mostraron actividad glandular durante la meditación, confirmando uno de las funciones anticipadas por André Luiz en *Evolución en dos mundos*.

cómodamente contra el cuerpo denso y cerró los ojos, sosteniendo las manos de Melissa al mismo tiempo.

- ¿Te quedarás aquí, cerca de mí?

- Siempre. Estarás constantemente protegido y apoyado.

- Estoy con mucho miedo de mi padre, de todos en esta familia. Flora era la única en la que confiaba...

Después de mirar a los compañeros espirituales, ella volvió a acariciar la frente del niño y respondió:

- No hay que temer, Luigi, es solo ser prudente y tener sabiduría. Aprenderás, con el tiempo, a reconocer la luz divina que brilla en ti, y vencerás toda duda y temor. Ahora descansa, querido. Nos quedaremos aquí, a tu lado.

CINCO

VEINTICINCO AÑOS DESPUÉS, Luigi se había convertido en un hombre muy guapo. Practicaba deporte con asiduidad y encontraba en la actividad física una salida cada vez que la presión se hacía insoportable en la empresa familiar, donde ahora era responsable del departamento de ingeniería civil. El incidente con su tía, aunque nunca olvidado, ocupaba un espacio mínimo en sus recuerdos, como si fuera algo perdido en una niebla oscura, casi un sueño.

Ahora, ocupaba una oficina en el piso 19 del edificio, que era utilizada en gran parte por los familiares que trabajaban para la constructora. Toda la planta alta estaba destinada a Francisco, quien continuaba como presidente. El grupo había crecido dramáticamente en los últimos años, logrando fuertes operaciones en países de Medio Oriente, África y América Latina.

Luigi llegó del gimnasio privado, que estaba en el sótano. Pasó junto a Pamela, su secretaria, y, con el pelo todavía húmedo, entró decidido, con el cuerpo inundado de la serotonina que acababa de producir. Cuando practicaba ejercicios se olvidaba de todo, era terapéutico. Había muchas cosas en el trabajo que le molestaban, pero sentía que eran un muro infranqueable, así que trató de no pensar y siguió, teniendo como vía de escape los viajes que realizaba en busca de la aventura ecológica. Era especialmente aficionado a los deportes náuticos y acuáticos. Vela, surf, buceo.

Antes de cerrar la puerta, le preguntó a su asistente:

- ¿Qué tengo en mi agenda hoy? - La joven pronto comenzó a hablar:

- Una reunión con los contratistas del nuevo centro comercial, luego un almuerzo con Bianca. Y me pidió que dejara un espacio libre después del almuerzo.

- ¿Por qué?

- No dijiste. Solo pediste mantenerlo reservado.

- ¿Estás segura, Pamela? No me acuerdo ...

- Absolutamente.

Luigi sonrió levemente, pensando que, en términos de organización, confiaba mucho más en su asistente que él, y continuó:

- Está bien. ¿Y después?

- Reunión con el presidente para hablar de su viaje a Riyadh[2], para cerrar el nuevo contrato.

- ¿Él no se olvidó? Pensé que si no lo mencionaba de nuevo, quién sabe, terminaría enviando a alguien más.

La joven que trabajaba con Luigi hacía casi tres años sonrió y habló con calma:

- ¿Y el señor Francisco se olvida de algo? Creo que es imposible

- Tienes razón de nuevo. Así que estamos al día. Me prepararé para la reunión con los contratistas. Dame una hora sin interrupciones; por favor, sin llamadas telefónicas, solo interrúmpame en caso de emergencia.

Luigi entró y cerró la puerta. Se acomodó en su silla, encendió su computadora y revisó sus correos electrónicos, luego su libreta personal de direcciones, buscando la razón por la que había dejado el tiempo en blanco en el horario conjunto de Pamela. Pero no encontró nada.

Mirando a través de la enorme ventana de vidrio, que ocupaba todo el costado de su habitación, observó la maravillosa

---

[2] Riyadh es la capital y principal centro financiero de Arabia Saudita y está ubicada en una meseta desértica en el centro del país.

vista. Ubicado en el centro financiero de la ciudad de São Paulo, Av. Paulista, desde su escritorio podía ver la ciudad extendiéndose hasta sus límites. Pudo ver un horizonte desde donde, al caer la tarde, podía disfrutar de la hermosa puesta de sol.

- No debería sentirme incómodo por nada - pensó.

- Tengo la vida de un príncipe, con todo lo que necesito, y mis más mínimos deseos se pueden cumplir con un chasquido de dedos. No sé de dónde viene esta inquietud constante, como si algo estuviera fuera de lugar...

Se entregó al trabajo, buscando sofocar sus injustificados sentimientos de insatisfacción, con los que vivía constantemente, casi siendo torturado por ellos. Concentrado como había aprendido a serlo, tan pronto como comenzó a poner su atención en informes, números y proyectos, rehuyó por completo a filosofar. El trabajo también era terapéutico.

El día transcurría sin problemas. Hacia las once y media, Pamela le habló por teléfono:

- Bianca llamó pidiendo cancelar el almuerzo.

- ¿Qué? ¿Otra vez? De ningún modo. Esta vez no aceptaré. Llámala y dile que la paso a buscarla y que ella elige dónde quiere comer. Cualquier lugar. no necesita preocuparse por la ropa, por nada. Si quiere, almorzaremos en su casa, pero necesito verla de todos modos.

- ¿No ha mejorado?

Ella no mejora. No sabemos qué más hacer. Justo cuando pensamos que está progresando, retrocede y empeora aun más. Nada alegra a mi prima.

- Voy a llamar...

- No, déjame llamarla a mí mismo. La citaré y no podrá negarme el almuerzo.

Al final, logró almorzar con su prima, tratando de levantarle el ánimo y las ganas de vivir. Ella había estado luchando contra la angustia y la depresión desde que su madre se suicidó, lo cual era un hecho aceptado por toda la familia. Pero Bianca no pudo aceptarlo y sufrió demasiado, porque creía que su madre había decidido abandonar a todos. Ella sufría a diario. Incluso después de veinticinco años, sentía el mismo dolor intenso que el día que su madre se fue. Muy cerca de su madre, Bianca se sintió traicionada por la persona que más amaba. Y el dolor era casi insoportable. Ella misma quería seguir los pasos de su madre, pero como odiaba el hecho de haber hecho eso, no podía hacer lo mismo. Y se destruyó poco a poco, día a día, deseando estar muerta.

- Tienes que salir más, Bia; haz algo que te guste.

- Sabes algo, Luigi. Recuerdo vagamente la reunión familiar justo después de su funeral.

- Olvida todo eso. Han pasado veinticinco años. Hay que seguir adelante, hay que olvidar...

- ¿Como tú?

- Sí como yo. Estoy avanzando Amaba a tu madre, era la persona más querida de toda la familia. Pero ella se ha ido. Y tenemos que aceptar.

Ella le dio una sonrisa bastante cínica y dijo:

- ¿A quién crees que estás engañando?

- ¿Cómo así?

- Veo que tú tampoco eres feliz, Luigi. No puedes engañar a todos.

- ¿De qué estás hablando?

- Debajo de la apariencia de ese hombre exitoso, sé que está el niño asustado que veía fantasmas...

Se echó a reír y dijo en tono jocoso:

- ¡Así es, cariño! ¡El humor te ayudará a mejorar! Tu sentido del humor está volviendo.

- Sabes que estoy diciendo la verdad, no importa cuánto lo niegues.

Ni ingeniero querías ser...

- ¿Estás segura? ¿Cómo puedes saber lo que quería o no quería hacer con mi vida?

- Porque pasamos mucho tiempo juntos. Y siempre dijiste que serías sacerdote, monje, religioso, no estoy segura.

-· Cariño, no confundas las tonterías de los niños con la realidad de la vida. Crecemos y la vida sigue su curso. Tienes que dejar estas tonterías y empezar a vivir.

- ¿De qué tonterías estás hablando?

- De todas. Corres tras el viento, en esta interminable búsqueda religiosa, en las horas y horas de terapia, que no te llevan a ninguna parte.

- Para saber que cada día me siento mejor. Pero nunca seré como los demás en esta familia. ¡Me niego!

- ¿Y puedo saber por qué tanta resistencia?

- Tú sabes el porqué, sabes algo. No sé lo que escondes, pero sé que esta familia tiene muchos secretos y estoy segura que no son muy agradables. Y tú también lo sabes. Trabajas con los peores de todos. Mi tío es alguien de quien quiero mantener mi distancia.

- Tienes que darte un capricho. Todavía estás paranoica con todo esto.

Se acercó al niño, que estaba de pie junto a la ventana. Él la abrazó con ternura y luego se alejó como si hubiese sentido un susto.

- ¿Qué pasó?

- Nada.

- No me mientas. Desde niño sé cuando mientes ¿Qué viste?

- Nada, ya te dije. Necesito irme ahora. Volveré la próxima semana. Y quiero verte mejor. ¿Vamos a navegar?

- No, no quiero. No hay necesidad de venir. Solo tienes que acordarte...

- ¿De qué?

- ¿De quién eres?

Mientras conducía de regreso a la oficina, la última oración de la prima no abandonó su mente. Y la perturbación interior quería estallar. Cada vez que esto sucedía, se sentía perdido, triste, angustiado. Fue directo al gimnasio y trabajó hasta que estuvo exhausto. Cuando llegó a la oficina, Pamela dijo:

- ¿Entonces por eso dejaste una vacante en tu agenda? ¿Gimnasio otra vez?

- Creo que sí. Cada vez que veo a Bianca, necesito una salida saludable para recuperarme.

- ¿Y cómo está ella? ¿En las mismas?

- No, creo que está peor... Voy a prepararme para la reunión con mi padre. Todavía tengo algo de tiempo libre y solo necesito encontrar una excusa plausible para evitar este viaje.

Estaba cerrando la puerta de su oficina cuando escuchó que alguien se acercaba. Desde el interior de la sala, sin ser visto, olió un agradable aroma en el aire que despertó su curiosidad masculina.

- Buenas tardes -. La joven recién llegada se dirigió a Pamela.

- Necesito hacer una cita con el Sr. Luigi para presentarle mi cartera. Y no sirve de nada pedirme que envíe correos electrónicos. Ya lo hice, me imagino que será difícil que me responda, sin conocerme. Sé que está muy ocupado, pero es bueno verlo. Estoy seguro que apreciará los proyectos en los que trabajo. Son proyectos modernos que se anticipan a las tendencias. Pasé dos años en Alemania aprendiendo todo sobre el paisajismo verde, y sé que, dado que Morelli de Luca es una empresa que crea tendencias, no las sigue, apreciará lo que tengo para ofrecer.

- Deja aquí tu cartera, tu tarjeta, todo lo que tengas. Se lo pasaré al señor Luigi y, si está interesado, se pondrá en contacto.

- Él estará interesado. ¿De verdad vas a dárselo?

Preguntó Manuela mientras colocaba una carpeta con una breve presentación de ella y su proyecto.

- Sí, se lo entregaré, puede estar segura.

- Muchas gracias por tu atención.

- ¿Cómo te las arreglaste para subir a este piso privado?

- Soy un amigo de la familia, así que subí con mi madrina, que vino a visitar a alguien aquí en el edificio.

- Entiendo. Pondré tu material en manos del Sr. Luigi.

- Gracias. Buenas tardes.

En cuanto Luigi estuvo seguro que la joven había bajado en el ascensor, abrió la puerta, que había dejado entreabierta, y le pidió a Pamela el material.

- Déjame ver de qué se trata.

- Debe ser otra interna que busca trabajo. O buscando una cita con uno de los mayores herederos del país.

- Basta, Pamela. Hay algo en ella que me llamó la atención. Quiero ver su trabajo.

Entregando la carpeta que Manuela había dejado en manos del jefe, la joven sonrió y murmuró:

- Es por eso que dejaste ese tiempo vacante en tu agenda, después de todo.

- ¿De qué estás hablando?

- Siempre intuitivo, ¿no?

- Vuelve al trabajo, Pamela. Tienes demasiada imaginación.

SEIS

SENTADO EN SU SILLA, mirando la tormenta en el horizonte, con nubes oscuras moviéndose rápidamente a través del cielo, podía escuchar las palabras de Pamela resonando en su mente. ¿Había dejado siquiera intuitivamente la agenda libre para poder escuchar a Manuela? ¿Por qué se interesaba inmediatamente en la desconocida? Había algo en ella que lo magnetizaba. ¿Por qué había sentido eso? Las preguntas se sumaban interminablemente. Un pensamiento pronto atrae a otro de similar contenido vibratorio, el sentimiento potencia aun más esta atracción, generando una verdadera corriente magnética, haciendo que los pensamientos se vinculen entre sí, hasta que algo interrumpe la corriente. Eso fue lo que pasó. Sonó el teléfono, sacando a Luigi de su trance inquisitivo. Sin ser vista, Melissa estaba cerca, provocando preguntas en su pupilo, proyectando ciertas imágenes en su mente. Sabía de su poderosa fuerza mediúmnica, que estaba temporalmente inactiva.

- Hola. Buenas tardes papá – contestó la llamada que venía del piso de arriba -. Sí, sé que tenemos una reunión programada para esta tarde, pero ¿realmente tiene que ser hoy?

La respuesta del padre fue un incisivo y lacónico "sí." Colgaron, el joven ejecutivo respiró hondo y, nuevamente bajo la influencia de Melissa, miró la colección de piedras en el aparador junto a la ventana. Desde pequeño le encantaba coleccionar piedras, y decía que cuando fuera grande sería excavador, luego arqueólogo y más tarde geólogo. Estaba fascinado por las piedras y cada vez que las tocaba, le contaban historias sobre lo que había pasado con las personas y los lugares donde se habían llevado las piedras. Toda la familia tomó esas historias por la aguda creatividad de un niño prodigio. Y simplemente lo ignoraron hasta que el niño pudo describir lo que le había pasado a su tía cuando tocó su bufanda. En este punto, las habilidades de Luigi molestaron y pronto se quedaron estancadas.

Sintió un impulso irresistible de tomarlos. Se levantó y se acercó a la caja de bambú hecha a medida para guardar su preciosa colección. Incluso rodeado de todo tipo de reliquias, que había coleccionado desde que era pequeño, como carros en miniatura, aviones de guerra en miniatura y tantos otros recuerdos que había recibido a lo largo de los años, nada le agradaba más que su colección de piedras. La caja de bambú ocupaba la mitad del gran aparador de madera maciza, que estaba a un lado de la habitación, de casi tres metros de largo. Y la mitad de ese espacio, Luigi había apartado sus piedras.

Tomó una de ellas en sus manos, el que su tía le había regalado en un viaje que habían hecho a las Islas Malvinas. Flora, que conocía bien la pasión de su sobrino por las piedras, encontró una muy diferente en uno de los paseos y se la regaló. Cuando la atrapó entre los demás, Luigi retrocedió dos pasos, sobresaltado. Tan pronto como lo tocó, tuvo una visión clara de que estaba en medio de una guerra, con soldados desembarcando de grandes barcos. Dejó caer la piedra al suelo y se quedó inmóvil. Tan pronto como cayó la piedra, la visión desapareció. Pamela abrió la puerta suavemente y preguntó:

- Tu padre te pidió que pospusieras tu reunión por treinta minutos.

Luigi estaba inmóvil en medio de la gran oficina.

- ¿Cómo estás?

Él la miró y respondió, como si saliera de un trance:

- Sí, estoy bien. Dejé caer la piedra. ¿Me la puedes guardar? - Y volvió a su silla, tratando de distraerse de la incómoda experiencia.

La joven se agachó, recogió la piedra y la volvió a colocar, ajustándola.

- Es tu favorita, ¿no?

- ¿Da para percibirlo?

- Sí, es la que está fuera de lugar más a menudo.

- Sabes lo detallista que soy, ¿no?

- ¡Y cómo lo sé! Pero estoy agradecido por eso. La joven se mostró complacida por la muestra de agradecimiento del jefe y se fue sonriendo. Luigi, por otro lado, estaba encantado. Incluso haciendo todo lo posible para deshacerse de esas expresiones de una habilidad extrasensorial, no podía. Y sintió una fuerte opresión en el pecho, como si intuyera problemas por delante.

Poco tiempo después, esa tarde, ingresó a la oficina del presidente, quien lo recibió con un vaso de bebida en las manos y se ofreció a que el joven se sirviera.

- Todavía es temprano para mí. Gracias.

- Vayamos al grano, Luigi. Por favor.

- Quiero presentarte a una mujer que creo que fue hecha a tu medida.

¿De nuevo? Estoy bastante bien soltero, papá, ya hablamos de eso.

- Sí, y ya te dije que quiero herederos.

- Ya tiene nueve herederos y yo tengo nueve sobrinos. ¿Para qué necesito mis herederos?

- Serás mi sucesor. Y quiero que tu hijo o hija, - ¿quién sabe en estos tiempos modernos? - finalmente, que sea tu heredero, procurando que nuestra fortuna y patrimonio estén bien cuidados en nuestras manos.

- Me parece, una especie de reinado.

- Y, hijo mío, un reinado de una empresa constructora, una promotora, una empresa que cada día se expande más. Nuestra fortuna hoy se estima en miles de millones.

- Yo sé.

- ¿Y eso no es un reino? Tenemos más dinero que muchos países pequeños por ahí. Y con eso, por supuesto, vienen compromisos y responsabilidades. Acuerdos que hay que mantener, alianzas que hay que sostener en todo momento. Y no me refiero solo a los comerciales. También las relaciones personales.

Luigi no sentía ningún interés por tales asuntos. De hecho, siempre que podía, se escapaba de la compañía de su familia.

- Necesitamos solidificar algunos acuerdos, que se sellarían con una relación entre familias. Un matrimonio de intereses diversos.

- ¿Quieres elegir a la mujer con la que me voy a casar? ¡¿Estás loco?! ¡Estas prácticas no son ni del siglo pasado! ¡Que absurdo!

Indignado, Luigi se levantó, preparándose para irse, pero su padre lo detuvo:

- ¡Siéntate, Luigi! No hemos terminado nuestra conversación.

El hijo sintió como si mil brazos lo empujaran hacia atrás en la silla frente a su padre, y no pudo seguir su propia voluntad para salir de la habitación. Volvió y se sentó.

- No lo exijo, solo lo sugiero. Es bonita, está dentro de nuestros estándares; puede ser una compañera interesante para compromisos sociales, financieros y de largo plazo. Sin duda, una esposa adecuada. Y tendrás tu libertad para seguir teniendo las mujeres que quieras, hijo. Ella no creará ningún obstáculo en este sentido.

- ¿De la misma manera que tú y mi madre mantienen este matrimonio?

- Mucho mejor. Tu madre todavía es vieja y tengo que guardar las apariencias, lo que será innecesario en tu caso.

La conversación continuó con un tono cada vez más pesado. Luigi sintió el peso y cualquiera que pudiera observar el ambiente espiritual de la habitación en ese momento, notaría con disgusto las energías densas, deletéreas y odiosas que ocupaban el ambiente, así como las entidades espirituales que se movían en la siguiente dimensión. Seres espantosos, cargados de odio y astucia dirigían el negocio de la constructora.

Sintiendo que sería inútil discutir con su padre en ese momento, Luigi respondió:

- Está bien, organicemos una cena.

- Excelente. Arreglaré todo para este fin de semana.

Luigi sintió malestar y una especie de repugnancia recorriendo su cuerpo. Aun así, como en su comportamiento habitual, asintió y se levantó para irse. Estaba en la puerta cuando su padre volvió a llamar su atención:

- Luigi, ya se me olvidaba. Aquí está su boleto a Riyadh, programado para cuarenta días a partir de ahora. Creo que es tiempo suficiente para que te prepares. Tienen una escala en Nueva York donde te puedes quedar unos días, luego a tu destino. Hay dos pasajes. Lleva a quien quieras llevar. No pondré a disposición nuestro jet, porque es con una escala muy tumultuosa. Y el otro está en mantenimiento. Vas en un vuelo comercial. La primera clase de Qatar Airways es espectacular. Y las entradas son cortesía de su anfitrión.

Y antes que el muchacho pudiera decir algo, el padre enfatizó:

- Es parte de nuestro trato. Tú coordinas lo que quieres en la empresa, pero tienes que ser responsable de todo en tu área. La presencia de nuestro *Chief Financial Officer* es importante, por lo que el esposo de tu tía se reunirá contigo allí, pero debes conducir la reunión. Gracias, Luigi. Cuando te vayas, llama a la secretaria que empezó la semana pasada, todavía no recuerdo su nombre.

Sin decir nada más, el muchacho se despidió de su padre y se fue. Los latidos del corazón se aceleraron. Estaba sudando y la camisa se le pegaba al cuerpo. Fue acometido de enorme malestar. Quería desaparecer de allí, quería desaparecer de su vida.

Más tarde, al volver a su casa esa noche, rumiaría sobre las constantes imposiciones e interferencias de su padre y su familia en su vida. Ser el heredero de ese imperio le dio muchas ventajas y privilegios, de los cuales disfrutó. Y el contrato de trabajo que había firmado con su padre le otorgaba cuatro meses de vacaciones al año, que aprovechaba sin perder un solo día. Aun así, cada vez se hacía más insoportable aceptar las imposiciones, aunque Francisco mejoró sus habilidades en la manipulación de su hijo para tener lo que deseaba, al fin y al cabo, aprendió de los mejores seres encarnados y desencarnados el arte de engañar, mentir y dominar.

SIETE

EN LOS DÍAS QUE SIGUIERON, Luigi estuvo más pensativo que de costumbre. Se sentía incómodo, irritable, impaciente. Buscó acentuar la práctica de ejercicios físicos, como una forma de salir de ese estado, pero al contrario de lo que ocurría siempre, parece que esta vez los ejercicios lo estaban dejando ir aun más tenso.

Era viernes y Luigi iba a visitar uno de los edificios comerciales de la empresa; Quería evaluar los reclamos de los empleados de la obra, ver con sus propios ojos las quejas que tenían los contratistas sobre las condiciones de trabajo de los equipos

Estacionó el auto de lujo a una buena distancia de donde la empresa constructora estaba construyendo su nuevo desarrollo y miró por encima del hombro al gran edificio mientras activaba el bloqueo automático del vehículo. Luego observó a una mujer joven que bajaba de un automóvil mucho más sencillo, que estaba estacionado muy cerca de las rejas en la entrada de la obra. Su corazón se aceleró, como si la conociera desde hace mucho tiempo. Se vestía con elegancia y sencillez, *con un encanto irresistible*, pensó. Todo en ella lo complacía. La ropa, el cabello brillante, se sentía sedoso y delicioso al tacto y debería ser perfumado también - el semblante tranquilo denotaba una persona bien resuelta. Sin embargo, unas pequeñas arrugas en su frente denotaban preocupación.

Caminó hacia ella, quien después de cerrar el auto, volvió a buscar algo que había olvidado en él. Al acercarse a ella, sintió un impulso irresistible de abrirse.

Luigi buscó reprimir las fuertes impresiones que sentía por la simple presencia de la joven. Cuando se encontraron, ella lo vio, sonrió y lo saludó:

- Señor Luigi. Qué bueno encontrarte aquí. Creo que es una excelente señal.

Identificó el olor al instante. Estaba seguro tan pronto como la vio desde lejos.

- Manuela, supongo.

- ¡Sí!

- Encantado de conocerte.

Él extendió su mano para saludarla. Allí, cuando sus manos se tocaron, sintió una familiaridad imposible de existir con esta joven.

Manuela tenía veinticinco años. Hermosa, llena de vida y energía. Se originó en una familia de ancestros negros que fueron esclavizados. Fue una luchadora por naturaleza personal y social.

Ella, por su parte, no pudo contenerse y comentó sonriendo:

- ¡Qué cosa tan increíble!

- ¿Qué?

- Nada, olvídalo.

- Lo estaba buscando, señor. Quería mostrarte mis estudios.

- Leí tu proyecto, Manuela, y estaba a punto de ponerme en contacto contigo. ¿Tienes algo de tiempo ahora? ¿Te gustaría acompañarme en esta visita? Una vez que hayamos terminado aquí, podemos almorzar y hablar sobre tus ideas. Un almuerzo de negocios, por supuesto.

Luigi era un hombre irresistible: guapo, seguro de sí mismo y bañado en encanto. Manuela sintió una punzada de miedo. Aunque también sentía como si lo conociera desde hace mucho tiempo, como si ya se hubieran visto muchas veces, rápidamente atribuyó su atracción a su natural estilo coqueto. Además, sabía que había un verdadero abismo entre la realidad de cada uno de ellos.

Y ella era demasiado consciente de sí misma para ignorar que estas diferencias solían superponerse incluso a las más apasionadas.

Esbozó una leve sonrisa y sin saber qué responder, entre sorpresa y confusión, asintió:

- Puedo, por supuesto. Pero, ¿no sería mejor encontrarnos directamente en el restaurante? No quiero interferir con tu trabajo...

- Tu proyecto no incluye paisajismo comestible[3] para ¿edificios comerciales?

- Sí, por su puesto.

- Porque creo que este centro comercial puede ser tu gran experiencia, sirviendo como un verdadero escaparate de esta propuesta que puede ser adoptada por cualquier persona o comunidad.

Sus ojos se iluminaron al instante. A Manuela le apasionaba su trabajo, sus proyectos. Amaba la vida y trataba de disfrutar cada momento con gran intensidad. Aunque era joven, ya había pasado por muchas dificultades, de las más diversas. Y supo valorar cuando tenía un buen momento. A pesar de las dudas, miedos y prejuicios que rodeaban sus pensamientos, habló con firmeza:

- ¿Entonces que estamos esperando?

Luigi sonrió y entraron.

El ejecutivo rápidamente cumplió con lo que se había propuesto, y tan pronto como terminó, buscó a la joven. Presentó las áreas abiertas y destinadas a jardines. Recorrieron el edificio, que estaba entrando en la ardua fase de acabado. Al final de la visita, ella comentó:

- ¿Hay alguna posibilidad que yo sepa cuál será el estilo de acabado del centro comercial, para adaptarse mejor a la propuesta del proyecto de paisajismo?

---

[3] El paisajismo comestible es una práctica sostenible que utiliza plantas alimenticias de forma creativa al decorar entornos residenciales o comerciales.

- Será elegante y sofisticado, como todo lo que produce Morelli de Luca.

Se quedó pensativa durante unos minutos.

- ¿Hay algún problema, Manuela?

- No exactamente. Sería más fácil si fuera un estilo más sencillo...

Él se rio y respondió:

- Imposible. No hay nada despojado en esta familia...

- Usted es sencillo.

Inmediatamente Luigi sintió la intensa atracción que los unía. Tanto es así que quería volver a abrazarla, besarla, acariciar su rostro perfecto y oler su perfume de cerca, el impulso le pareció absurdo y demente y discutió mentalmente, contra esos sentimientos, descontento con la súbita e incomprensible atracción por una joven tan diferente a él y rechazado a toda costa lo que sentía.

La joven sonrió, un poco torpe, y habló, tratando de romper el ambiente que se había establecido entre ellos:

- Pero sé que debe ser tu estilo personal, y sé que usted es muy profesional.

- Por favor, Manuela, llámame Luigi. Déjale esas formalidades de lado. Como habrás notado, mi estilo es realmente un poco diferente del resto de mi familia. Soy mucho más relajado, tienes razón. ¿De acuerdo?

- Sí.

Entre el rechazo y la atracción, triunfó el segundo impulso, e insistió:

- ¿Vamos a almorzar? Quiero discutir contigo los detalles de nuestro contrato.

- ¿Contrato?

- Sí, ¿no es por eso que viniste a mí? ¿Para presentar tu propuesta de trabajo para nuestros proyectos? ¿No es en eso que el estudio de arquitectura y urbanismo para el que trabajas se especializa?

- Sí, eso mismo.

- Entonces, vamos a almorzar. Y quién sabe, cierra tu primer contrato. Traer a tu primer cliente a la oficina con tres meses con la empresa no sería nada malo.

- ¿Investigaste todo esto?

- Mi asistente, Pamela, a quien conociste el otro día, reunió toda la información.

- No sabía que estuvieran interesados a este nivel en los proyectos de paisajismo de sus empresas. Como ingeniero, pensé que se concentraría más en los proyectos de construcción.

- Es lo correcto. Y así la mayor parte del tiempo. Pero tu presentación despertó mi curiosidad, y como quería hablar contigo, necesitaba conocer mejor tu empresa, y a ti también.

El almuerzo fue largo. Con la excusa de hablar del proyecto de paisajismo del centro comercial, la reunión prosiguió. De hecho, Luigi quería pasar más tiempo con la joven. Su compañía le hizo mucho bien; se sentía ligero, feliz, aunque luchaba con preocupaciones y conflictos que impregnaban su mente, en un segundo nivel. De asuntos profesionales, saltaron a vivencias personales, y hablaron largo rato. Cerca de las cuatro de la tarde, volvió a mirar su reloj y comentó:

- ¡Caramba! Cómo voló el tiempo.

- Es verdad. Tengo que irme.

- Sí, tengo una reunión de planificación a las cinco. Nuestro almuerzo estuvo genial, Luigi. Gracias por su atención. Me sorprendió mucho tu interés en este tema.

Deseando una próxima reunión, dijo:

- ¿Puedes traerme el diseño detallado por escrito mañana?

- ¿Mañana?

- Sí. Tengo prisa por incluir tu propuesta. Tenemos otras opciones, y un proceso estándar tendrá múltiples presupuestos, ya sabes.

- Claro que sí.

- Pero quiero cerrar contigo.

Sintiéndose entre efusiva e incómoda, ante tanta receptividad del codiciado heredero de Morelli de Luca, respondió vacilante:

- Eso es fantástico, excepto que no puedo presentarte hasta mañana. ¿Quizás el lunes? Así que tengo fin de semana para prepararlo todo y te mando el proyecto el lunes a primera hora.

- De acuerdo. Y volvemos a almorzar a principios de semana.

- ¡¿Almuerzo?!

Los asuntos serios siempre están cerrados durante los almuerzos y las cenas, Manuela.

Esta vez, sin dudarlo, ella respondió:

- ¿Y dónde estamos?

Le pediré a Pamela que elija un asiento adecuado y ella se pondrá en contacto contigo para confirmar todo.

Salieron del restaurante y al despedirse, Luigi le apretó la mano con fuerza, tratando de controlar las ganas de acercarla más a él.

- Encantado de conocer los conceptos de tu empresa, Manuela. Haremos buenos negocios juntos.

Muchas gracias por la oportunidad, Luigi. Te dejaré aun más encantado con los resultados, puedes estar seguro. Nos vemos el lunes.

Manuela se dijo a sí misma que ningún prejuicio en el mundo le impediría triunfar en su carrera, en el trabajo que amaba hacer. Conseguir un cliente como Morelli de Luca sería un boleto seguro para que todas las puertas se le abrieran en la oficina. Por encima de los prejuicios, los dueños del estudio querían ganar dinero, y eso era lo que Luigi representaba para ella en ese momento.

El valet del restaurante trajo su auto. Mientras se acomodaba en el asiento, observando a la joven subirse a su auto, murmuró:

- Más encantadora imposible.

Mientras conducía a casa, Manuela se sentía eufórica y aterrorizada, temerosa que todo se derrumbara de la noche a la mañana. Podía sentir claramente la verdadera química que se había establecido entre ellos. Pero sabía que no podía dejar lugar a especulaciones, ya que él nunca tendría una relación seria con ella. Todo tipo de argumentos pasaron por su mente, para que no abriera su corazón a falsas esperanzas. Pero profesionalmente, era diferente. Era tan competente como cualquier otra persona en su campo, y más aun, porque se desvivió por compensar sus desventajas sociales. Respiró hondo, reconociendo su miedo, y se dijo a sí misma:

- No dejaré que el miedo me paralice. Aprovecharé esta oportunidad y la aprovecharé al máximo. Continuó recordando los detalles de la conversación, y mientras estacionaba en el garaje en el edificio del estudio, apagó el auto, se recostó en el asiento y recordó todo de nuevo. ¡Ese hombre era realmente irresistible!

OCHO

LUIGI NO PODÍA QUITAR A MANUELA DE LA CABEZA, aunque se esforzarse. Su familia nunca aceptaría una relación seria con esa joven arquitecta; no solo por el color de su piel y su simple origen, sino porque no serviría a los mejores intereses de su padre. Esos sentimientos eran absurdos, ni siquiera la conocía. ¡Tenía que sacársela de la cabeza a toda costa! Haría negocios con ella, ya que el proyecto que le presentó era muy interesante, y sabía que los costos de contratación serían mucho más bajos que los de las famosas firmas de arquitectos. Vivía a la caza de oportunidades como esa, de negocios emergentes donde podría apostar y ahorrar millones. De esta manera, fortaleció su posición dentro de la empresa, junto con la junta directiva y los accionistas.

Independientemente de lo que pudiera pensar o sentir, Luigi y Manuela tenían una vieja historia juntos y eso los unió de inmediato, eran las conexiones del pasado. Se amaban profundamente y ese sentimiento no podía ser contenido.

El sábado amaneció lluvioso. Luigi se despertó a la hora habitual y se disponía a ir al gimnasio cuando llamó su padre:

- ¿Todo bien para esta noche?

- Sí, padre, está bien.

- Excelente. Invité a varios de nuestros amigos, para que no sientas vergüenza, hijo mío. Y escuché que Antonella está muy feliz de conocerte mejor. Ella es una mujer muy atractiva, te gustará. Y es muy de tu tipo. Morena, pelo lacio por debajo de los hombros, cuerpo de guitarra y es deportista. Le encanta escalar.

- Se ve bastante interesante...

- Interesante, diría yo. Por cierto, la madre es aun más hermosa que la hija...

- Papá, llegaré a tiempo, no te preocupes. Ahórrate los detalles, por favor.

El padre sonrió al otro lado de la línea; el hijo lo conocía bien. Colgaron.

A última hora de la tarde, Luigi se estaba preparando para partir. Dudó sobre la ropa que debería usar. Dudó sobre el perfume. Se sentía incómodo. En su alma, sabía que había encontrado a la mujer de su vida; pero sabía que esa relación nunca sería aceptada por el padre, por la familia. Y no quería poner en peligro su carrera, su fortuna, su futuro. Así que empujó sus emociones lo más profundo que pudo dentro de sí mismo, superponiéndolas con sus compromisos y demandas sociales. Hasta el punto en que, cansado de todo ese diálogo interno, murmuró:

- Si esta Antonella es todo lo que dice mi padre, le pediré que se case conmigo y ya está. ¡Haré la voluntad de mi padre y fin de la conversación!

Mientras subía a su auto, puso la música en el último volumen. Quería tener control sobre sus pensamientos, pero no podía. Cuando llegó al gran departamento donde vivía su padre, dejó el coche con el valet y subió las escaleras. En la entrada se encontró con la mujer que su padre quería para él como esposa.

- Antonella, mi hijo, Luigi -. Francisco los presentó.

- Eres más hermoso en persona que en las fotos, Luigi, encantado de conocerte.

- El placer es mío, Antonella.

Ellos entraron. Llevaba un mono rojo ajustado, con un enorme escote en la parte delantera y trasera, dejando parte del cuerpo a la vista. Su piel era delicada y blanca, contrastando con el cabello castaño oscuro que caía desde el hombro hasta la mitad de la espalda, exquisitamente cortado y en capas. El rostro era menos delicado que la piel. Los ojos estaban irritados, revelando un alma atormentada, la nariz no era ni demasiado grande ni demasiado pequeña, y parecía artificial. Sin duda, el resultado de la cirugía plástica: Luigi continuó realizando un barrido real de cada detalle de la atlética mujer que tenía delante. Era bonita, pero para él no era atractiva. Los movimientos eran exagerados, la voz áspera - *usada para dar órdenes*, pronto pensó -. Pero su cuerpo era hermoso y sus brazos estaban bien definidos, lo que demuestra que practicaba deportes con regularidad...

Y el deporte fue el tema principal que los amenizó durante el encuentro.

Casi a las dos de la mañana, Antonella invitó a Luigi a pasar del vino a algo "más estimulante", insinuando el consumo de drogas, tan familiar para la familia.

Inmediatamente, Luigi sintió repugnancia, una repugnancia insistente que fue creciendo a lo largo de la noche. Y la imagen de Manuela aparecía todo el tiempo en su mente. Sin dificultad, Melissa le recordó al joven a la joven y simplemente buscó hacerle consciente de sus verdaderas emociones. Y susurró en sus oídos espirituales:

Ha llegado el momento de ser quien realmente eres, mi querido Luigi. Es hora de asumir tu tarea en esta vida. Ha llegado. ¡Es hora de ser valiente y dueño de tu destino!

Cuando Antonella se insinuó sobre Luigi, tratando de besarlo, su reacción fue instintiva y se apartó, apartando a la mujer de él. Ella se ofendió al instante.

- Pero, ¿, qué es esto? ¿Me estás rechazando?

- No...

Colocando su pierna sobre su muslo, tartamudeó:

- Así que disfrutemos de la vida...

Buscaba una excusa adecuada para el momento, sin éxito. Quería salir de allí y no tenía paciencia para hacerlo. Apartó la pierna de la mujer y dijo:

- Mañana me levanto temprano, tengo muchas citas en la oficina. Quien sabe, la próxima vez.

Antonella se puso roja de rabia. Su rostro se puso serio y la ira saltó de sus ojos. Sin responder, se dio la vuelta y se acercó a Francisco, que estaba hablando al otro lado de la habitación.

- Gracias por tu invitación, pero me voy, Francisco.

- ¡Tu hijo es un perdedor!

Sin esperar respuesta, tomó su bolso y se fue sin despedirse del resto de los invitados, totalmente indignada.

Luigi se quedó en silencio, mirando, el padre siguió a la mujer y después de casi media hora, regresó visiblemente molesto. Pasó junto al grupo familiar, que conversaba animadamente, y se acercó al hijo mayor.

- Quiero hablar contigo.

Sin discutir, Luigi siguió a su padre a la oficina.

- ¿Qué estupidez es esa? ¿Se te lanza la mujer, la mujer adecuada, lista para ser tuya, a quien le han dicho tu condición de hombre libre, y tú simplemente la rechazas? ¿Qué diablos, Luigi, qué te pasa? ¿No te gustan las mujeres? Incluso si ese fuera el caso, Antonella tiene que ser tu pareja, no me importan tus justificaciones.

- Ella no me gusta.

- No me importa. Tengo un trato que hacer con su familia y tú vas a ayudar. Ella tendrá su vida y tú tendrás la tuya. Será una sociedad bien definida, con buenos resultados para todos.

- No me caía bien, de hecho, ¡la encontré insoportable!

- Luigi, no creo que me entiendas. Tienes que intentarlo. Fue una buena cita. Toma nuestro bote y llévala de viaje. Disfrutarás de su compañía si llegas a conocerla mejor.

- Creo que no.

- Quiero que te arriesgues. Otro encuentro, los dos, solos, en otra circunstancia; tienes que hacer esto por mí, por nuestra familia, por nuestro negocio y por ti mismo.

- Tengo casi treinta y cinco años, papá, y creo que ya sé lo que es mejor para mí. He hecho todo lo que me pediste, intentando cumplir con tus más altas expectativas.

- Y las has superado, Luigi. Pero para dar el siguiente paso, quiero a tu lado a alguien fuerte, que te ayude cuando tengas dudas...

- Así que eso es todo... ¡No confías lo suficiente en mí, y elegiste a esta mujer porque crees que me va a controlar, por ti! Eso es un absurdo. Buenas noches papá.

Luigi se levantó y salió de la oficina. Se despidió de su familia y se fue. No estaba satisfecho con la interferencia de su padre, estaba harto. Y lo peor de todo, no sabía qué hacer para deshacerse de ellos.

Condujo por la ciudad hasta el amanecer, luego se fue a casa, se dio una ducha helada y fue al gimnasio en el condominio. Necesitaba relajarse.

NUEVE

EL LUNES EN LA MAÑANA, cuando llegó a la oficina, Luigi se sentía cansado y desmotivado, y odiaba sentirse así. Deportista por vocación, mantuvo constante y elevada su fuerza física. Pero esa mañana, se sintió extrañamente agotado de energía, como si su vitalidad hubiera desaparecido.

Nada más llegar tenía ganas de ir al gimnasio, como lo hacía, incluso en ocasiones en las que se quedaba despierto toda la noche en alguna fiesta o evento. Pero fue directamente a la oficina. Tan pronto como lo vio, Pamela se preocupó. *El jefe estaba acabado*, pensó. Después de un "buenos días", que habló al pasar junto a ella, entró en su oficina y le preguntó a la secretaria por teléfono:

- Necesito algo de tiempo sin interrupciones.

- ¿Está todo bien?

- Sí, está bien, solo necesito concentrarme en algunos proyectos. Una vez que termine, te lo haré saber.

Abrió los proyectos en los que estaba involucrado, buscando enfocar su atención en ellos, uno por uno. Pero su mente lo distrajo implacablemente. Apareció la imagen de Antonella, junto con la de su padre. Y la sensación era pesada, incómoda. Cuando comenzaba a disiparse, se movió en su silla y respiró hondo, tratando de concentrarse.

Pero fue recién cuando vio el correo electrónico con el proyecto de paisajismo para el centro comercial, que acababa de enviar Manuela, que abrió una amplia sonrisa y sintió que el entusiasmo volvía a vigorizar su cuerpo. Examinó todos los temas del proyecto y quedó impresionado. Todo fue perfecto, ella realmente superaba sus expectativas. Que proyecto tan bien hecho, profesional en cada detalle. Y al final, en la etapa en la que trató los valores, se emocionó aun más. Seguramente este era el mejor proyecto que tenía entre manos. No habría impedimentos, podría aprobarlo sin tener que justificar nada. Todo fue perfecto, excepto por la renuencia que se estaba acumulando lentamente. Si aprobaba el proyecto, pasaría aun más tiempo con Manuela. Y sabía que sus sentimientos por ella crecerían hasta el punto en que no sería capaz de controlarlos. Ella no sería solo una distracción, como lo fueron tantas otras mujeres que pasaron por su vida. Esa mujer era diferente. Se sentía atraído por ella de diferentes maneras: no era solo el físico sensual y hermoso, el rostro alegre y los ojos brillantes. Ni siquiera la inteligencia y la capacidad profesional que había demostrado, que sin duda admiraba. Había más, algo más en esta mujer que lo envolvía hasta el punto en que tenía miedo. Necesitaba un descanso.

Cuando salió de la oficina para almorzar, Pamela notó que su estado de ánimo había cambiado. Almorzó o rápidamente y volvió a la oficina. El programa de su proyecto era ajustado en los plazos.

Nada más poner un pie en la oficina, Pamela advirtió:

- Tu padre está en tu sala esperándote. Su cara no es muy buena...

- ¡No puedo creerlo! Está bien, déjame enfrentar a la fiera.

Entró y encontró a Francisco hablando por su celular. Siguió a su hijo con la mirada mientras se acomodaba en su silla. Antes de colgar, comentó:

- Te llamará, Antonella, no te preocupes.

Colgó.

- ¿Has tenido tiempo de pensar? - Volvió a la Francisco.

- Mira, papá - Luigi giró la pantalla de la computadora para que su papá pudiera verla -. Tengo varios proyectos entrando en fase crítica. Y un viaje a realizar en unas pocas semanas. Has hecho de terminar el centro comercial una prioridad. Así que déjame trabajar. Resolveré el asunto con Antonella, pero no puedo priorizar este asunto en este momento.

Los argumentos calmaron momentáneamente la ansiedad de Francisco, quien respondió:

- Está bien. Te daré un plazo para hablar con la chica: dos semanas.

- Siempre que sea una conversación sencilla. Para resolver el problema, quiero hasta el regreso de mi viaje, cuando el centro comercial estará bien avanzado, entrando en la fase final de acabado, y los nuevos contratos firmados con Arabia Saudita. Entonces puedo pensar en otras cosas.

- De acuerdo. Ahora muéstrame cómo nos va con el progreso del centro comercial.

Luigi abrió el programa y mostró imágenes del progreso de la construcción.

Muy bien, va de acuerdo al plan.

- Ahora, quiero que veas el mejor proyecto de paisajismo que he encontrado para adaptarse a los nuevos tiempos.

Luigi compartió con el presidente de la empresa el proyecto que le había entregado Manuela. Francisco leyó el proyecto y al final dijo:

- ¡Me gustan estas ideas! El proyecto en sí es exquisito y el precio también es excelente, pero no conozco esta oficina de arquitectura. ¿Sabes quiénes son?

- Una oficina nueva, pero que está ganando espacio rápidamente.

- Pronto cobrarán disparates, como los demás. ¿Has cerrado con ellos?

- Todavía no.

- ¿Y tú qué estás esperando? ¡Cierra pronto!

- A mí también me ha gustado mucho, pero todavía tengo algunas dudas.

- Para un pequeño detalle en un gran proyecto, pareces bastante involucrado con él. Incluso Pamela, con su experiencia, podría terminarlo. ¿Por qué tanto interés?

- Porque comprar es una prioridad.

- A corto plazo, Luigi. No te pierdas en los detalles. Tu objetivo es ser mi sucesor y cuidar un imperio. Así que sé objetivo y no pierdas el enfoque.

Francisco se dirigía a la puerta, luego se dio la vuelta y dijo, ya con una mano en el picaporte:

- Buen trabajo. Ahora espero que seas tan competente en asuntos familiares.

Francisco se fue y dejó molesto a Luigi, el padre no perdió la oportunidad de cobrarle algo más, recordando siempre que sería el sucesor y responsable de toda la empresa. Se sintió asfixiado, como si alguien le apretara el cuello.

Pasó varias veces por el proyecto de Manuela, buscando algo en él, algún defecto. Pero no fue así. Al final de la tarde, se entregó a la razón y a sus propios sentimientos y llamó a la arquitecta, informándole que quería programar el almuerzo para el día siguiente, con el fin de finalizar el acuerdo.

- Entonces, ¿realmente te gustó?

- No solo a mí, sino que el presidente también lo aprobó. Estamos cerrados, Manuela, solo nos falta sentarnos a arreglar algunos detalles, y luego coordinamos un día para que vengas aquí y firmes el contrato.

- ¿Almuerzo mañana, entonces?

- Sí.

- De acuerdo.

A la mañana siguiente, mientras se preparaba para el trabajo, Luigi eligió cuidadosamente la ropa, los accesorios y el perfume que usaría para esa reunión. Como si quisiera sellar la conexión con la joven arquitecta. Después de cambiarse la camisa tres veces, finalmente terminó. Se miró en el espejo y tartamudeó: me parece bien.

Durante la mañana, no pudo enfocar mucho su atención en el trabajo. La proximidad del encuentro con Manuela agitó su espíritu. En cuanto la vio entrar en el restaurante, con el rostro iluminado, la expresión serena y la vitalidad enorme, todas sus resistencias interiores se derrumbaron. ¡Esa era la mujer de su vida!

Una vez más, el almuerzo ocupó la mayor parte de la tarde. Primero hablaron de negocios y Luigi sacó todas las dudas.

Y resolvió todos los detalles del contrato, entregándole un contrato de construcción estándar para que su oficina lo revisara. Lo hojeó y comentó:

- Plazos estrictos y normas de calidad...

- Es Morelli de Luca. Sé que va a ser bastante exigente para tu oficina, pero será un escaparate profesional tanto para ellos como para ti. ¿Ya saben de tu hazaña?

Por supuesto que lo saben. Pero no creo que sigan creyendo que lo lograré.

Desde asuntos profesionales hasta asuntos personales, la tarde fluyó como una suave brisa en un día caluroso. Luigi sintió como si hubiera estado esperando mucho tiempo a que esta mujer entrara en su vida. Y Melissa le susurró al oído:

- Es ella, Luigi, tu amada Elizabeth. Están juntos de nuevo.

Con la certeza de haber encontrado a la mujer que amaría para siempre, Luigi dejó de lado la diferencia social, los deseos y prejuicios de su padre. Solo vio a una mujer especial a la que se entregó sin reservas. Estaba enamorado.

DIEZ

A LA SEMANA SIGUIENTE LA FAMILIA SE REUNIÓ en la hacienda para celebrar el cumpleaños de Francisco. Allí estaba la enorme especie de Flamboyant, más grande y majestuosa con el paso del tiempo. No envejeció, simplemente se volvió más frondosa y hermosa. Bajo su enorme sombra, también había crecido la mesa que reunía a la familia. Nuevas parejas, nietos y bisnietos de Genaro corrieron por el verde pasto, en una renovación de vida y oportunidades. El patriarca ya no estaba entre ellos, se había ido hacía casi diez años. Pero había dejado su legado, como había deseado. La familia se había vuelto enorme con casi sesenta personas, entre hermanos, primos, suegros e incluso ex agregados. Y la familia creció. La hermana menor de Luigi estaba embarazada de trillizos. Era la primera vez que la familia viviría esa experiencia. Como había tenido dificultades para quedar embarazada, recurrió al método moderno de fecundación in vitro y se desarrollaron tres de los seis embriones implantados. Ella estaba enorme. Era su primer embarazo, y ahora sonreía todo el tiempo, acariciando el útero que albergaba sus tres tesoros inmensamente anhelados.

Luigi estaba disperso, distante y pensativo. Sin embargo, Manuela no se le quitó ni un momento de la cabeza, aunque su pasión se desarrolló más como el frondoso árbol sobre su cabeza que cualquier otra emoción que jamás hubiera sentido, inmensos prejuicios también se habían instalado fuertemente en esa familia. Aunque la constructora defendía públicamente ideas de igualdad y diversidad social, entre esas casi sesenta personas, no hubo una que escapara al patrón dominante de la familia: blanca, rica y prepotente. No había nadie diferente, que viniera de otro origen, ya fuera negro, árabe, oriental, o cualquier otro, ni siquiera entre los empleados de la casa. La imagen que querían transmitir era claramente distinta de la realidad que ocupaba la mente y el corazón de los miembros de la numerosa familia Morelli de Luca.

Luigi vio la felicidad de su hermana, así lo expresó en cada gesto y no puede dejar de fijarse en su prima, que tenía casi la misma edad que él y un poco más que su hermana, que ella ocupaba una silla frente a él, a la mesa. Bianca se esforzaba por sonreír de vez en cuando, para evitar preguntas. Estaba cansada de escuchar sermones y advertencias. Nadie entendía la magnitud del dolor que cargaba, pero estaba cansada de esos sentimientos que la dominaban, impidiéndole vivir.

Luigi notó que ella se levantó de la mesa, discretamente y sin llamar la atención, y entró a la casa. Esperó unos minutos, luego se levantó y fue tras su prima. La buscó por la casa y la encontró en la habitación de su familia, en la enorme mansión, que ahora contenía algunos anexos. La puerta estaba entreabierta y llamó suavemente:

- ¿Puedo entrar?

Hola Luigi, si no quieres sermonearme más, puedes hacerlo.

Entró y se sentó junto a ella, en una banca junto a ella al borde de la ventana

- Es un hermoso día... - Comentó. Bianca sostenía algo en sus manos -. A mi madre le encantaban estas fiestas.

- ¿Te acuerdas?

De cada detalle. Han pasado tantos años, pero es como si ella fuera a atravesar esa puerta en cualquier momento. Todavía la extraño, pero es dulce, ¿sabes?

Luigi abrazó con cariño a su prima, quien continuó:

- Lo que más me molesta es la injusticia, la mentira -. Bianca suspiró profundamente y continuó, en un tono más suave -. Lo que me vale es que ahora sé que está bien y libre de opresión de esta familia, que esconde oscuros secretos...

Luigi, que aun la abrazaba, apartó el brazo de sus hombros y dijo:

- ¿Estás llevando estas ideas absurdas a tu terapeuta?

- ¿Ideas absurdas?

- Son fantasías que alimentas con muchas ganas.

- Mi madre murió por estos secretos, Luigi. Ellos la mataron.

- Querida, sé que es difícil de aceptar, pero tu madre se suicidó.

La joven abrió las manos y le mostró a su prima lo que sostenía.

- ¿Lo recuerdas? Era el pañuelo que llevaba puesto cuando murió.

Al ver el accesorio, Luigi sintió que se le helaban las manos y el corazón se le aceleraba.

-Tómalo, sé que puedes verlo, con tu sensibilidad. Has hecho esto antes.

Dio un sutil paso atrás, sintiendo el desarrollo. Pero ella insistió:

- Tómalo, compruébalo tú mismo. Y puso el pañuelo en las manos de su prima.

En el momento en que tocó el objeto, Luigi entró en trance y se vio transportado a veinticinco años antes, la tarde en que su tía había muerto. Y como si fuera un testigo invisible de la historia, vio escenas de su tía en sus últimas horas de vida. Las escenas eran confusas, pero una oración se destacó claramente:

    - Escuchó lo que no debería haber escuchado, y no quería dejarlo pasar. Cosas así están hechas para olvidarse. No, deben ser enterrados y olvidados.

Luigi podía sentir la angustia de su tía, su corazón latía muy rápido, el miedo le hacía sudar frío y perder el control de sus órganos excretores. Sabía que iba a morir y estaba aterrorizada. Finalmente, vio las lágrimas correr por sus mejillas rígidas.

El hombre, conocido de su familia, ejecutó a su tía a la perfección, prevaleciendo la escenificación del suicidio. Y cuando estuvo seguro que su orden había sido cumplida fielmente, se retiró.

Luigi se quedó allí, observando cómo se desarrollaba el trabajo espiritual de desligamiento. Podía ver al mismo tiempo lo que estaba sucediendo en ambas dimensiones. La tía fue recibida en el mundo de los espíritus tan pronto como se desató delicadamente el último hilo energético que la unía al cuerpo. Parecía soñolienta.

- Vamos a llevarla ahora a una sala de emergencia en nuestro plano. Una casa de espíritus que está preparada para recibir personas en su condición. Allí recibirá toda la ayuda, hasta que esté lista para ir a nuestra colonia espiritual, de donde partió para retomar su vida en la Tierra.

La tía asintió con la cabeza y la suave entidad espiritual le acarició el cabello y respondió, como si leyera la mente de su tía:

- Bianca estará bien. Ella tiene a Luigi. Él cuidará de ella. Y siempre podrás verla, en el momento del sueño físico. Conozco el amor que las une a las dos.

Luigi sintió una profunda conmoción por las últimas palabras de la entidad espiritual y volvió a la conciencia, saliendo del estado de trance.

Bianca estaba esperando, como si supiera lo que le había pasado a su prima. Cuando recuperó la conciencia, la miró fijamente sin decir vamos.

- ¿Y entonces qué viste?

Luigi no supo cómo responder. Recordó haber visto escenas similares cuando tocó por primera vez la bufanda de su tía. Y recordó lo que había pasado aquella horrible tarde, que quería olvidar. Especialmente las largas sesiones de terapia por las que había pasado. Los medicamentos que tuvo que tomar, y la perversa sensación de insuficiencia, que algo andaba mal con él.

- ¿De dónde has sacado esto? - Y le devolvió la bufanda a Bianca.

- Mi padre lo escondió, pero no tuvo el coraje de tirarlo. La encontré y aquí está. ¿Qué viste? Tienes que hablar, tienes que contar lo que viste.

- Bianca, han pasado veinticinco años.

- ¿Y?

- ¿No dijiste que tu madre está bien?

- Sí.

- ¿Cómo lo sabe?

- De vez en cuando voy a una Casa Espírita; ahí encontré consuelo y fuentes para no quitarme la vida. Quería hablar con ella, pero hace apenas dos meses se comunicó conmigo enviándome un mensaje personal e íntimo de nosotras dos. Era ella, Luigi. Ella me dijo que está bien y que necesito seguir adelante, pero ¿cómo?

- Ella está bien, Bianca. Presta atención a su consejo y haz lo que ella te pidió.

- ¡No puedo! ¡Mientras prevalezca la mentira, no puedo!

Bianca se secó unas lágrimas que corrían por su rostro, luego se recuperó y preguntó directamente:

- ¿Qué vas a hacer?

- ¿De qué estás hablando? – Luigi disimuló, totalmente perdido, sin saber qué hacer con lo que acababa de vivir.

- ¿Qué viste?

Bajo fuerte presión y sin saber cómo actuar, huyó una vez más:

- Necesito tomar un poco de aire fresco. Hace mucho calor aquí -. Y se alejó de ella. Bianca lo tomó del brazo antes que se alejara demasiado y le preguntó:

- Lo viste, ¿no? Sabes lo que le pasó a ella. Sé que tienes esa sensibilidad.

- ¿Qué sensibilidad?

- Puedes viajar en el tiempo y ver hechos, personas y sus vivencias, sus vivencias. Estudié sobre eso. Sé que suena loco, pero no lo es. Si estudias al respecto, también lo entenderás. Y puedes hacer lo correcto, como trató de hacer mi madre, y fue impedida.

Luigi estaba atónito. Soltó a su prima y dijo:

- Necesito tomar un poco de aire. Y tú deberías hacer lo mismo.

Salió rápidamente de la habitación, pero estaba tan aturdido por todo lo sucedido que subió a su auto y acelerando lo más rápido que pudo, desapareció raudamente, como si quisiera que toda esa experiencia real y concreta desapareciera con el escenario de la hacienda. Angustiado, asustado, tenso, el estado emocional de Luigi era lamentable, el choque entre la sutil realidad y las creencias que le estaban inculcando, moldeando su mente, lo dejaba perturbado. Sabía que todo lo que había visto era la verdad. Pero no quería creerlo, porque si lo hacía, tendría que cambiar todo en su vida. Y huyó lejos, deseando que todo se desvaneciera. Ilusión vana, su tarea apenas comenzaba.

Luigi pasó al menos dos días tratando de borrar la vívida experiencia de su memoria. Pero soñó con esa visión, que estaba constantemente presente en su pantalla mental, como un fantasma real que lo acechaba. Melissa se encargó de mantener las imágenes muy vívidas en la mente de su pupilo. Conocer en detalle su pasado, su programa de reencarnaciones, así como la realidad material en la que se insertaba en la experiencia presente en la Tierra, dio lugar a una idea en él, muy frágil al principio, pero que ganó fuerzas para el bien que imaginarlo le hacía al angustiado ejecutivo.

ONCE

EN LOS DÍAS QUE SIGUIRON, Manuela trabajó, con dedicación, en la elaboración del proyecto completo del centro comercial. Se sentía feliz, casi explotando. El director del estudio donde trabajaba firmó un contrato con Morelli de Luca y, como era de esperar, la joven ganó un ascenso y mucho prestigio entre los socios del estudio de arquitectura. Ella había sido responsable, en solo tres meses, de atraer al mayor cliente que jamás habían ganado. Todos quedaron sorprendidos e impresionados con el resultado de esa negociación. Pero no Manuela. Era feliz, pero creía que la vida le deparaba muchas buenas sorpresas, y aunque era muy consciente del mundo en que vivía, de las desigualdades, las dificultades y los sufrimientos, esperaba lo mejor y siempre parecía estar preparada para que lo mejor la visitase.

La joven arquitecta se dedicó con disciplina al aprendizaje de las verdades espirituales y cultivando valores del alma, por encima de todas las demás aspiraciones. Siempre curiosa e intelectualmente insatisfecha, fue una buscadora de la verdad. Apenas conoció los principios del Espiritismo y comprendió cómo revelaban las leyes naturales presentes en todo, a través del análisis de los hechos, no tuvo dudas. Empezó a estudiar todo lo que encontraba sobre el tema. Tenía hambre de aprender y, sobre todo, reconocía la verdad, la sentía en cada fibra de su ser.

Esa mañana, estaba concentrada en su proyecto, pensando en cada detalle, visualizando las capas de plantas que debían llenar los espacios para que el jardín tuviera el efecto que ella deseaba, cuando sonó el celular. Ella no quiso contestar, pero cuando vio que él era su cliente más importante, no lo dejó llamar por segunda vez.

- Hola Manuela, soy Luigi. ¿Cómo va nuestro proyecto?

- Se ve hermoso, te lo aseguro. Estaba trabajando en eso ahora.

- Quiero ver el progreso...

Todavía tengo algunos problemas sin resolver con él. Quería mostrarte cuando estaba más avanzado. Quiero sorprenderte, Luigi.

- Así que almorcemos hoy y me cuentas tus dudas.

- No te aburriré con cosas sin importancia.

- Pero, ¿podemos almorzar?

- ¡Seguramente!

Durante el almuerzo, Luigi se sintió obligado a compartir asuntos más personales con la joven. Su angustia se reflejaba en su rostro.

- ¿Estás preocupado hoy? - Preguntó sin pretensiones, sin esperar la avalancha que vino como respuesta.

Luigi comenzó a contar sus sueños, con su tía, pero no dijo que había visto ciertas escenas cuando tocaba la bufanda de Flora. Mientras hablaba, era como si la presión que sentía en el pecho. Manuela, por su parte, pronto se dio cuenta de lo que pasaba, se dio cuenta de la sensibilidad del ejecutivo y tuvo la intuición que era médium. Escuchó atentamente todo lo que le dijo, sin interrupciones ni comentarios. Ante el claro interés y seriedad que le dio al tema, Luigi se sintió más confiado para seguir con los detalles. Él contó sobre la muerte de su tía y cómo siempre se había sentido como si hubiera mentiras ocultas sobre lo que realmente le pasó a ella.

Cuando terminó, ella hizo una larga pausa y luego habló:

- No creo que sean solo sueños, Luigi. Creo que tú, de alguna manera y por alguna razón que aun no sabes, estás teniendo acceso a lo que realmente le pasó a tu tía.

La joven habló muy seria, consciente de las implicaciones que pudiera tener esta conclusión.

- ¿Estás realmente en esto?

- Sí, Luigi. Creo que estás en posesión de información importante. Sé que parece subjetivo, pero creo que esta realidad, invisible a los sentidos materiales, es mucho más objetiva de lo que podemos imaginar.

- ¿Y tú qué sabes de este mundo invisible?

- En realidad no, pero por lo que sé, estoy bastante seguro que es real, tan real como este cuerpo que tienes.

Ella habló y le tocó el antebrazo.

Estaba apartando su mano, cuando Luigi la tomó y la acarició con cariño. Una explosión de emociones y sentimientos los envolvió a ambos. Manuela sentía exactamente lo mismo que Luigi. Quería abrazarlo, consolarlo, ayudarlo. Quería amarlo y envolverlo en su afecto. Luigi sintió la necesidad de agarrarla allí mismo. ¡Cómo la deseaba! Al mismo tiempo, ambos eran conscientes que había enormes diferencias entre los dos, cuyas vidas parecían totalmente incompatibles. Y lo racional reprimió la emoción genuina que los atraía. Manuela retiró suavemente la mano y sonrió. Luigi estuvo pensativo por un momento, luego invitó:

- ¿Te gustaría cenar conmigo mañana?

Manuela lo miró en silencio por unos momentos, luego, en lugar de responder, le devolvió la pregunta:

- Luigi, ¿qué está pasando entre nosotros? ¿Sientes lo mismo que yo?

- No puedo decir lo que está pasando, pero sé que quiero estar contigo. Aunque hay tantas diferencias y nuestros mundos son diferentes, siento que hay muchas cosas que nos unen, pero no puedo decir cuáles son. Como si nos volviéramos a encontrar. Y desde entonces, cuando estoy contigo, siento que todas mis preocupaciones, miedos, todo se ha disipado. Me gustan nuestras conversaciones, y me gusta mucho cuando estamos juntos.

Ella sonrió ampliamente, como si hubiera descubierto algo.

- ¿Qué sucedió? ¿Por qué estás sonriendo así?

- La vida está llena de sorpresas... Quién sabe, ¿no nos estamos viendo de nuevo, Luigi? Creo que viví muchas vidas. ¿Sabes si ya no estuvimos juntos en otra existencia?

- ¿Realmente crees eso?

- Completamente.

Se recostó en su silla, respiró hondo y dijo, después de beber un sorbo de agua:

- Me gustaría estar de acuerdo contigo, pero no puedo.

- Quizás por eso estás teniendo los sueños. Para ayudarte a ver que hay una realidad más allá de lo que podemos tocar con nuestros sentidos.

Luigi sintió que la complicidad crecía rápidamente entre ellos.

Al regresar a la oficina más tarde esa tarde, Luigi sintió como si estuviera flotando. Manuela le hizo mucho bien, lo salvó de esa confusión que sentía. Nada más entrar, Pamela ya estaba diciendo:

- Tu padre quiere verte en cuanto llegues. Está esperando. Parece serio. Estaba irritado.

- ¡Qué novedad! ¡Él siempre está enojado, insatisfecho, infeliz!

Y entró murmurando, pensando en voz alta:

- De que sirve tener todo lo que quieres y no poder ser feliz...

Y claramente escuchó una voz en su mente:

- ¡Lo que importa es el poder! Ser feliz es para los pobres, que necesitan algo de esperanza. Su felicidad es el dinero y el poder que le pertenecen. Tu trabajo es hacerlo crecer, duplicar, triplicar el poder y el dinero de esta familia.

Luigi no podía ver, pero el abuelo desencarnado ocupaba una mesa enorme, en la dimensión espiritual, muy cerca de su nieto. Y susurraba sus deseos y principios en su mente todo el tiempo

El joven ejecutivo no tenía la menor noción del contexto espiritual en el que se encontraba involucrado.

Hizo algunas llamadas telefónicas antes de subir a la oficina de su padre, quien lo recibió de mal humor.

- Buenas tardes.

- Siéntate Luigi. ¿Cómo van los proyectos?

- Todo dentro del cronograma y presupuesto. De hecho, algunos un poco por debajo, sin comprometer la calidad, por supuesto. Vamos a ganar mucho dinero con esos proyectos

Mientras hablaba, Luigi se involucró con otra energía muy fuerte en sí. Le gustaba el poder y el dinero, más aun el poder, que lo seducía desde hacía mucho tiempo. Y pasó a informar al padre.

- Muy bien... ¿Y tu viaje.? ¿Cómo te estás preparando? ¿Todo en orden?

- Sí, sin complicaciones.

- Me gustaría que llevaras a Antonella contigo. Tu viaje...

- ¡¿Qué?! ¡De ninguna manera! ¿De dónde vino esta idea? - Luigi trató de levantarse y su padre lo detuvo.

- Por favor siéntate. Está bien, me puse pesado. Pero ella quiere volver a verte y ya le había sugerido un viaje. Te ríes, pero no tomas la acción. Ella está esperando.

- ¡Pues que siga esperando!

- Luigi, prometiste que le darías una oportunidad más.

- Y voy a hacer eso.

- Antes de tu viaje, tiene que ser antes.

- Invítala a cenar y hablaremos.

- ¿Invitarla a cenar?

¡Creo que no le prestaste la debida atención a la mujer! Antonella no es una mujer para se le lleva a cenar. Hacer una programación decente. Le encanta bailar, y los espectáculos más picantes. ¿Entiendes?

- Por supuesto que entiendo. Pero la invitaré a cenar. Si no le gusta, paciencia.

- Estás poniendo las cosas difíciles. ¿Por qué?

- Porque no me gustaba ella.

- Pero no tiene por qué gustarte, te lo dije. Es una sociedad rentable en amplios aspectos. Ella y su círculo de relaciones te colocarán en un grupo de gran prestigio e influencia. Personas con las que estemos muy interesados en establecer relaciones. Y de esta forma, será más rápido y efectivo. Primero el negocio, luego la diversión.

Luigi escuchó en silencio. Era consciente del malestar que se estaba formando, envolviéndolo por completo, mientras se sentía atraído por las posibilidades que su padre le había señalado.

- Hablaré con ella y encontraremos algo que disfrutemos hacer juntos, ¿de acuerdo?

- Las carreras de caballos, le encantan las carreras de caballos. Creo que la familia tiene varios en el Jockey Club de São Paulo.

- ¡Brillante! Encontramos un interés común.

- Encontrarás muchos otros, hijo, créeme. El ala femenina de la familia es muy pródiga... Francisco de repente se calló, ante la mirada de desaprobación de su hijo.

- ¡Vaya! ¡Eres mojigato! ¡Hay que cambiar eso rápido! No debes tener escrúpulos que te impidan hacer y tener cualquier cosa, Luigi. Eres mi heredero y quiero que hagas nuestra fortuna crezca, de la misma manera que lo hice cuando me hice cargo de tu abuelo. Tienes que estar preparado. Tus competidores quieren tu lugar, lo sabes. Tus hermanos y primos quieren tu lugar. Pero saben que tu abuelo te eligió, y en parte te odian por eso.

Luigi permaneció en silencio, sin tener que responder, imaginando las peores imágenes de su padre y toda esa gente. Y entonces le vinieron a la mente imágenes de su tía. La energía que Francisco que emanaba de las imágenes mentales que creaba en

Luigi, llevó al ejecutivo a concluir que su familia podría haber sido fácilmente responsable de la muerte de su tía, lo que confirmaba sus sospechas. Como un padre que todavía habla, se levantó y dijo, impulsado por una fuerza que no reconoció como propia:

- Soy dueño de mi destino. Voy a hablar con Antonella una vez más, porque se lo prometí. Pero no te hagas ilusiones. Me voy en diez días, y llevaré a quien quiera en este viaje, y no vas a interferir, ¿de acuerdo?

- Pues llévate a quien quieras. Que la pases bien. Disfruta, siempre y cuando traigas el contrato firmado y el dinero transferido a nuestra cuenta de Panamá.

- En ese sentido, puede estar tranquilo.

Se despidieron. Luigi bajaba por el ascensor con ganas de golpear las paredes, sentía que iba a explotar. Apenas entró a su habitación, llamó a Manuela y durante la conversación, habló de su viaje. A lo que ella comentó:

Nunca he estado en Nueva York, solo en Miami una vez. Pero será mi próximo viaje. Ya estoy planeando. En un impulso y sin pensarlo mucho invitó:

- ¿Y por qué no vienes conmigo a Nueva York? Voy a hacer una escala y puedo extender mi estadía allí por unos días más. Tengo algo de tiempo en mi agenda.

- Estás bromeando, ¿no?

Lo digo en serio. Tengo dos boletos. Si quieres, puedes venir conmigo a los Emiratos Árabes Unidos.

- Luigi, ¿olvidaste que tengo un proyecto para darte tan pronto como regrese?

- Así que ven conmigo a Nueva York. Nos quedamos tres o cuatro días. Y vuelves, sigues con el proyecto y yo sigo mi agenda para Oriente Medio.

La joven tenía ojos intensamente brillantes y una voz entusiasta cuando comentó:

- Invitación tentadora.

- ¿Cómo está tu pasaporte, visa, cosas así?

- Todo en orden. Pero no sé...

- No aceptaré no. La constructora te lo paga todo, no tendrás ningún gasto ¿Qué dices?

DOCE

CINCO DÍAS DESPUÉS, Luigi amplió su jornada laboral, para preparar su viaje y dejar debidamente remitidos todos los proyectos de los que se ocupaba. Manuela aun no le había respondido, pero estaba seguro que la joven lo acompañaría. Aunque se sintiese dividido y racionalmente pensaba que estaba haciendo una locura al llevar a la joven que apenas conocía en un viaje como este, y al comienzo de un trabajo que ella era responsable de dirigir, sintió como si una fuerza mayor lo hubiera superado, como si algo dentro de él que no podía entender lo llevara a esa actitud. Y no pudo resistir lo que sintió. Además, durante los últimos dos días, también había sentido que algo lo estaba esperando en Nueva York. Había una anticipación, casi una euforia, construyéndose en él.

Lo que más le preocupaba era la presión de su padre por volver a encontrarse con Antonella. Tendría que cumplir la voluntad de Francisco, o no habría paz. A última hora de la tarde, cuando empezaron a encenderse las luces artificiales, miró hacia el cielo, donde aparecían estrellas dispersas, oscurecidas por las luces de la ciudad, aquí y allá. Cerró los ojos por un momento, tratando de organizar sus pensamientos y de repente, notó que una imagen clara se formaba en su mente. Alcanzó a ver a Melissa, su consejera espiritual, que lo seguía a su lado. Se asustó y pensó: "¿Qué me pasa de todos modos? No me reconozco." Apenas terminó la oración en su mente, y la respuesta llegó rápidamente, lo que le permitió capturar el pensamiento de Melissa:

- Hay muchas cosas sobre ti que no sabes. La persona que identificas como Luigi, es una partícula minúscula del ser complejo que eres, tu ser integral. Sigue tu intuición. Pronto sabría mucho más.

Luigi se sobresaltó. Después de todo, ¿de dónde salió esa respuesta clara y pertinente? A pesar de las preguntas, sentía serenidad. Decidido a despejar el camino a la paz durante su viaje, llamó a Antonella y la invitó a cenar.

- No -. Respondió secamente al otro lado de la línea.

- Estoy confundido. Pensé que...

- No quieres una simple cena, Luigi. quiero mucho más. Sé que te vas de viaje y quiero ir contigo. Me encantan los Emiratos Árabes Unidos y hace mucho tiempo que no viajo a esa región. Puedo hacerte compañía en las cenas y eventos a los que vayas a asistir. Seré una compañía educada en esos momentos, lo prometo.

Luigi se quedó en silencio al otro lado de la línea. No supo cómo responder, fue tomado por sorpresa por la autoinvitación de Antonella. ¿Cómo decirle no? Su corazón latía rápido. No quería que nada se interpusiera en su viaje con Manuela, y no deseaba ni remotamente la compañía de Antonella.

-¿Puedo pedirles que me envíen el billete o vas a viajar en el jet privado de la familia?

A medida que continuaba el incómodo silencio, ella habló más fuerte y más aguda:

- ¿Estás ahí, playboy?

- Me tomaste por sorpresa, y eso.

- Pensé que tu padre te había dicho que ya me había informado del viaje, las fechas y su horario, y me pidió que esperara tu llamada...

El rostro de Luigi se puso serio y la necesidad de maldecir a su padre y a la mujer al otro lado de la línea era enorme. Se controló y se limitó a decir:

- No he tenido tiempo de hablar con él en los últimos días. De todos modos, tengo una cita en Nueva York con unos amigos y debo retrasar mi llegada a Riyadh. No creo que esa sería la mejor manera de conocernos, Antonella. En un viaje de negocios como este, mi atención estará centrada en mis compromisos y tendré poco tiempo para ti.

- No hay problema. Estoy llevando un acompañante privado para que me entretenga en mis ratos libres. Sé muy bien cómo cuidarme, querido, y tendré tantas compañías como quiera.

Siguió un silencio interminable, roto por la risa de la niña:

Luigi, no te ofendas por lo que voy a decir. Creo que eres un hombre atractivo, pero un poco aburrido. Sin embargo, hay muchos intereses en juego entre nosotros. Podemos ayudarnos unos a otros y aun así tener nuestras vidas. Y de vez en cuando, pasarla bien juntos. No te preocupes, cariño, no tengo que pasar mis días pegada a ti.

Mientras Luigi permanecía en silencio, ella continuó:

- Negocios ante todo. Soy muy ambiciosa, y sé lo que quiero. Y te quiero, querido, quiero experimentarte...

Con cada palabra que decía Antonella, Luigi sentía que se le revolvía el estómago. Incluso odiaba su tono de voz. ¿Cómo podía suponer su padre que accedería a compartir algún momento de su vida con ella? Podemos reunirnos directamente en Riyadh, entonces, ya que tienes esta escala en Nueva York. Creo que incluso mejor. Así soy más libre de tomar lo que quiero, sin preocuparme por la inmigración. En el aeropuerto de Riyadh tengo fácil acceso; ya he invertido un poco en instalaciones en esa región.

Luigi sabía que estaba hablando de drogas y sobornos. Quería golpearle el teléfono en la cara, pero se contuvo.

- No quiero comprometerme contigo sin revisar con calma mi agenda. Si vamos a acercarnos, que sea de la manera correcta. A mi manera. Le pediré a mi secretaria que revise mi agenda y citas, y hablaremos de nuevo.

Ella soltó otra carcajada y dijo con confianza y pegajosa:

- Estoy esperando tu llamada.

Se las arregló para salir de la conversación y colgó. Estaba cansado de la interferencia de Francisco. Se sintió más enojado que de costumbre, y no pudo evitar recordar la escena interpretado por el padre, cuando él, de niño, tuvo su primer contacto con las imágenes de la muerte de su tía. Y todo te llegó la mente de nuevo, dejándolo con una profunda angustia. Sabía que su padre había silenciado en su interior, cualquiera que fuera esa experiencia que había vivido, haciéndole aborrecer esos recuerdos. Necesitaba algo de tiempo con Manuela. Solo ella lo hacía sentir mejor.

Dos días después, Luigi y Manuela se bajaron del automóvil de la constructora que los había llevado al Aeropuerto Internacional de Guarulhos, donde embarcarían rumbo a Nueva York. Cuando el conductor sacó todas las bolsas del auto, Luigi se sorprendió con la única maleta que llevaba Manuela.

- ¿Una maleta pequeña? ¿Qué quieres? ¡Lo sé, planeas hacer muchas compras en la Quinta Avenida!

Manuela no sonrió. Se sentía tensa y ligeramente incómoda. Ese viaje le pareció inapropiado, pero al igual que Luigi, se sintió obligada a hacerlo.

Son solo tres días, Luigi. Y normalmente soy bastante práctica -. Abrió una sonrisa irónica, mientras Luigi cargaba sus cuatro maletas.

- ¿Qué? ¿Por qué me miras y me juzgas así? Ella se rio y respondió:

- No te estoy juzgando... sé que viajarás más tiempo y con muchos compromisos... pero hay lavanderías en todos los hoteles, ya sabes...

- ¿Puedes ayudarme tomando una de ellos?

- ¿No puedes cargarlas todas?

- ¡Manuela!

- Está bien, ya estoy ayudando.

Al entrar al aeropuerto, riendo, los envolvió la ternura que sentían el uno por el otro. La conversación fluyó con facilidad entre ellos, y pronto se olvidaron de todo lo demás, entregándose por completo a esa reunión de almas afines.

Durante las diez horas de viaje, los dos conversaron sin interrupción, conociéndose más profundamente, el placer y el bienestar que sentían en la compañía del otro crecía, el fuerte vínculo afectivo que existía entre los dos se sumergía desde el subconsciente. y unirlos de nuevo.

Prácticamente ni se dieron cuenta del viaje y cuando el avión estaba haciendo los procedimientos de aterrizaje, Manuela miró la ciudad que asomaba por la ventana del avión y Luigi dijo:

- Ni sentí el viaje.

- Ni yo, Luigi. Pasó muy rápido. Pero ahora estoy ansiosa.

Luigi sonrió y tomó su mano cariñosamente. Al contacto de su mano, ella lo miró con emoción. Y cuando el avión aterrizó, Luigi y Manuela intercambiaron su primer beso largo y apasionado.

Mientras hacían las maletas para ir a inmigración, de repente comentó:

Me gustaría llevarte a los principales puntos turísticos de Nueva York.

- Sería fantástico. Hice una lista de lugares que me gustaría visitar, ¡pero tú eres mi guía!

- Vamos a ver tu lista.

Rápidamente miró las notas en su teléfono celular y luego respondió:

Está buena. Tienen los restaurantes a los que te quiero llevar; algunos muy tradicionales, y otros muy especiales, pequeños y verdaderos descubrimientos de viaje. ¿Podrías añadirlo a tu lista? Y también estaba la biblioteca de Nueva York, sabes que la visité una vez ¿una vez y nunca más?

- Pues yo adoro la lectura, y visitarla es lo primero en mi lista.

Deseo de la infancia.

Considéralo servido.

Y siguieron emocionados por los trámites de entrada en suelo americano, completamente envueltos en ese sentimiento de complicidad que los unía, como si se conocieran desde hace mucho tiempo.

TRECE

DESPUÉS DE REGISTRARSE EN EL HOTEL, se dirigieron al quinto piso, donde se hospedarían. Manuela observó el número de habitaciones, hasta que se detuvo frente a una puerta:

- Este es mío.

- Estamos en el mismo pasillo, el mío y un poco más adelante. ¿Cuánto tiempo nos encontraremos en el vestíbulo?

Ella lo miró con una sonrisa socarrona, ansiosa por estar aprovechando al máximo su corta estadía, y respondió:

- ¿Cinco minutos?

- Estás bromeando, ¿no?

- Claro que sí. Pero no puedo negar que no soporto las ganas de pasear, conocer y respirar el aire de Nueva York. ¿En cuánto tiempo?

- Voy a necesitar una hora más o menos para instalarme, hacer algunas llamadas y ver si todo está bien en la oficina. Pero si quieres, puedes salir y disfrutarlo. Nos encontramos en el vestíbulo en una hora, para que no te quedes encerrada.

- ¡Está perfecto! Para que esta ansiedad no me haga explotar por dentro...

Se despidieron. Manuela entró a la habitación, hizo un reconocimiento del área y de todo lo que la habitación grande con cama, pequeña sala de estar y baño ofreció. Abrió la ventana y estaba encantada de ver que podía ver la punta de la Estatua de la Libertad desde su habitación. Era una mañana fría de otoño y los pocos árboles que podía ver estaban perdiendo su follaje. Miró el cielo nublado y murmuró:

- ¡Entorno perfecto para conocer esta ciudad!

Luego probó el colchón, se tumbó y extendió los brazos sobre la enorme y cómoda cama.

- ¡Dios mío! ¡No puedo creer que esté aquí en Nueva York con una compañía tan maravillosa!

Sonrió ampliamente y fue a organizar sus utensilios personales en el mostrador del baño. Luego puso la maleta sobre la cama y separó solo la ropa más delicada, metiéndola en el armario, el resto lo dejó en la maleta. No quería perder el tiempo. Bajó y caminó por las calles y cuadras alrededor del edificio donde se hospedaba. Quedó encantada con las pequeñas casas de ladrillo, pegadas entre sí, con arquitectura antigua, pero cuidadosamente preservado y enmarcado por avenidas de árboles igualmente antiguos. Estaban en un barrio residencial en el bajo Manhattan. La arquitecta tomó fotografías y anotó mentalmente los detalles más pequeños en los edificios y el paisaje. Amaba los lugares antiguos, como si le hablaran de una época feliz que había vivido en algún momento.

Estaba perdida en el encanto de las calles estrechas, hasta que un reloj en una pequeña iglesia le recordó que estaba tarde. Y rápidamente regresó al hotel.

Tan pronto como vio a Luigi, notó el rostro serio y cerrado. Estaba enfadado. Luchó por sonreír mientras preguntaba:

- ¿Y entonces?

- Y todo muy bonito. Gracias, Luigi, por darme esta oportunidad.

No pensó y acercándola a él, la besó por un largo rato.

- Supongo que soy yo quien tiene que agradecerte por acompañarme. Ya eres parte de mi vida, Manuela.

La joven lo miró en silencio.

- ¿Voy demasiado rápido?

Ella lo abrazó y lo besó con ternura, luego lo miró directamente a los ojos y dijo:

- Sí, nos estamos moviendo bastante rápido, pero no creo que haya nada que podamos hacer al respecto. Es como si estuviéramos en una corriente, siendo arrastrados río abajo por ella. Solo espero que cuando lleguemos "abajo" sea una hermosa pradera, no una cascada, la que nos estará esperando...

- ¡Sé que es una pradera, Manuela! - Hizo una pequeña pausa, acarició el rostro de la joven, luego habló con seriedad, cambiando su rostro -. Tenemos un pequeño problema.

- ¿Qué pasó?

- Caminemos, hay un restaurante cerca. Te hablo en el camino y aprovechas al máximo el tiempo. Él se hizo más corto.

Sin necesidad de más explicaciones, los dos salieran, caminando de la mano.

- Tendré que ir a Dayton, Ohio. Estamos contratando una oficina de ingeniería en sociedad, y quieren ayuda en la contratación de dos profesionales que acompañarán unas obras que tenemos aquí en Estados Unidos.

-¿Y dónde está? ¿Es muy lejos?

- Unas cuatro horas en avión y tren.

- Genial, así que disfrutamos el viaje.

- ¿Vendrás conmigo?

- ¡Pero claro!

- Pensé en quedarme aquí y disfrutar todo el día de mañana para visitar los lugares que están en tu lista...

- De ninguna manera. Si no tienes objeciones, por supuesto, te acompañaré. Además, me encantan las sorpresas inesperadas. Siempre son una buena señal, al menos para mí.

- Pensé que te ibas a enojar, Manuela. Ahora fuiste tú quien me sorprendió. Pues bien, tomemos el tren a Dayton. Arreglaré los boletos con el conserje del hotel.

Luigi apretó con más fuerza la mano de Manuela que tenía entre las suyas y respiró con más fuerza, satisfecho.

Definitivamente era la mujer de su vida. Durante el resto del día, pasearon por varios lugares pintorescos y lugares interesantes, la pareja parecía estar caminando sobre las nubes. Estaban enamorados. A última hora de la tarde, pasaron por la biblioteca de Nueva York y Luigi comentó:

- Mejor dejarlo para pasado mañana, ¿qué te parece? Así que lo aprovechamos al máximo.

- Sí, estoy de acuerdo.

Cenaremos en un restaurante muy especial, con vista panorámica y que gira lentamente, ofreciendo diferentes vistas a lo largo de la cena.

- He oído hablar de este lugar. Me encantará conocerlo.

El día siguiente amaneció más frío. Cogieron un taxi temprano, directo a la estación Penn de Nueva York, de camino a Dayton. El viaje transcurrió sin problemas y pasaron mucho tiempo juntos. Pronto el tema en el que se enfocaron fue la espiritualidad y el Espiritismo. Luigi quería entender cómo una joven tan inteligente e astuta creyó ciegamente estas preguntas sobre la vida después de la muerte, y otras por el estilo. Al sentir el entusiasmo de la joven sobre el tema, instintivamente se puso a la defensiva. El recuerdo de las experiencias vividas amenazaba con aparecer, y pronto las puso en su debido lugar, negándose a contarle a Manuela lo que había vivido desde niño.

El pequeño pueblo de Dayton era alegre, amigable, y Manuela se sintió extrañamente como en casa tan pronto como llegaron. Mientras Luigi realizaba las entrevistas y se reunía con los socios, ella aprovechó para conocer mejor el lugar. Estaba tomando café cuando llamó su atención un edificio cercano de tamaño mediano, donde había una biblioteca. No era nada especial, pero terminó su café de todos modos y se dirigió directamente al edificio. Se sintió atraída, queriendo entrar, pero algo la detuvo.

Sintió que debería explorar este lugar con Luigi. Todavía dudaba, sin saber si entrar o no, cuando sonó su teléfono celular. Era él.

- Ya terminé aquí. Podemos volver a Nueva York ahora. ¿Dónde estás?

- Estoy frente al edificio de la *Dayton Metro Library*.

- Me estoy dando cuenta que necesitas urgentemente un té de libros... Entra, estaré allí en unos minutos.

- De acuerdo. Te espero en la biblioteca.

Manuela entró y caminó un poco por el lugar, sintiendo una sensación extraña, como si fuera a buscar algo, pero no tenía idea de qué sería. Se acercó al asistente y le preguntó, impulsivamente, sin pensar:

- ¿Cuál es el libro más antiguo que tienes en esta biblioteca?

Sorprendida por la petición hecha en inglés, con mucho acento y con algunas palabras fuera de lugar, ella confirmó:

- ¿El libro más antiguo que tenemos en nuestra colección?

- Eso mismo.

- Buscaré.

La joven miró la computadora por unos instantes, se fue y volvió, siguió buscando en la computadora, diciendo, al fin:

- Encontré. Sabía que teníamos algo aun más antiguo.

Estaba atenta cuando llegó Luigi y la abrazó.

- ¿Qué estás haciendo?

- No estoy segura.

La joven dijo:

Para tomar el libro en sus manos, tendrán que acompañarme a una habitación con aire acondicionado, donde estos viejos ejemplares podrán ser tocados suavemente y con guantes.

Luigi, que hablaba perfectamente el inglés, se volvió hacia Manuela y le preguntó:

- ¿Estás buscando un libro viejo aquí? En esta biblioteca, cuando vayamos mañana a la biblioteca de Nueva York, con una colección impresionante, incluso sobre arquitectura.

- No me pidas que te explique. Vamos, ella está esperando.

Los dos siguieron al asistente que los colocó en una pequeña habitación con aire acondicionado, sentados en dos sillas alrededor de una mesa. Ella se fue y en unos momentos regresó con la copia antigua, cuidadosamente traída.

- ¿Sabes de qué trata este libro? - Preguntó Luigi la joven.

- Es un libro muy raro, escrito por un investigador que vivió en la ciudad en la década de 1850.

Dejó el libro sobre la mesa y recomendó:

- Tiene que ser manejado con mucho cuidado, por favor.

- Como decía, es un espécimen muy raro.

Al ver el libro y leer el título, Manuela sintió un fuerte mareo, como si fuera a desmayarse. Se leía en él: *The soul of things – psychometric experiments for re-living history*[4], escrito por William Denton.[5]

Manuela todavía estaba tratando de entender lo que estaba sintiendo, cuando Luigi, como fascinado por la copia, la tomó con cuidado en sus manos, abrió la primera página, en la que se leía, en inglés, la dedicatoria:

"A mi querida Elizabeth, sin la cual nunca hubiéramos llevado a cabo tal investigación científica. Te amo por siempre."

William.

---

[4] *El alma de las cosas, experimentos psicométricos para revivir la historia.*

[5] William Denton nació en Inglaterra en enero de 1823. Se mudó a Boston, en Estados Unidos, donde fue profesor de geología. Se hizo famoso por sus investigaciones sobre psicometría; autor de *Our Plannet, Its Past and Future (1868)* y *The Soul of Things, Psycometric Experiments for Re-living History; (1863)*

Después de leer la dedicatoria, Luigi, aun tocando la preciada copia, solo tuvo tiempo de mirar a Manuela y luego se encontró en Dayton, pero un siglo antes, cuando el científico William Denton, estaba escribiendo esa dedicatoria a su esposa.

CATORCE

LUIGI SE ENCONTRÓ TRANSPORTADO a una habitación acogedora llena de libros. La decoración consistía en muebles antiguos, todos muy bien cuidados y armoniosos. Todo estaba organizado, demostrando claramente el espíritu metódico de sus dueños.

Observó al hombre que vestía traje y corbata, sentarse frente a una mujer con el pelo recogido en lo alto de la cabeza en un moño perfecto. Llevaba una blusa blanca, con los hombros abullonados en los codos y volantes de encaje en los puños. Llevaba una falda larga, no demasiado plana, en color caqui, con una tela pesada que hacía que los pliegues de la falda quedaran impecables.

El hombre entregó el libro en manos de la mujer, quien sonrió ampliamente mientras leía la dedicatoria.

- Gracias querido, agradezco tu reconocimiento al esfuerzo que se hizo para hacer posible este libro. Sin embargo, tengo que ser justo. Fue tu ideal, tu sueño y tu insistencia lo que hizo esto posible. Reconozco la resistencia que tuve a participar en la investigación.

- Al comienzo, querida, solo al principio. Luego, como sensible, eras brillante. Y fue mejorando su desempeño, brindándonos información valiosa.

Ella acariciaba el libro como si fuera un niño recién nacido. Se acercó, puso una de sus manos sobre la de ella y con el otro brazo la envolvió en un cálido abrazo, en el que buscaba transmitirle toda su ternura.

- Hacemos buena pareja, ¿no crees?

Levantó sus ojos azules y miró a los de su esposo, descansando tiernamente sobre ella.

- Sí, hacemos un dúo extraordinario.

Entonces se puso serio de repente.

-¿Qué es, querido?, ¿Qué te entristece?

- Aunque aquí en este resumen tenemos resultados increíbles - tomó el libro en sus manos - aun quedan tantas preguntas sin respuesta, tantas dudas por aclarar. Falta de recursos...

- Y todavía nos falta conocimiento. Estoy de acuerdo contigo.

- Desearía tener otros cien años de vida para poder continuar con nuestros estudios.

Empujó la silla hacia atrás con gracia y facilidad, se levantó y abrazó a su esposo. Entiendo lo que sientes. A veces, por la noche, cuando me acuesto, me hierve la cabeza con tantas preguntas sin respuesta. Formulo premisas para inmediatamente derribarlas con mis argumentos. Pero los hechos son los hechos, y no puedo ignorarlos. Mi experiencia con la psicometría es innegable. Pero no lo explica todo. Y tengo más preguntas que respuestas, y eso es exactamente lo que temía cuando me resistía a hacer este viaje al pasado contigo: abrir una caja de pandora no era mi deseo.

Pero ahora que está abierto, ya no podremos cerrarlo. Tenemos que seguir adelante con nuestra investigación.

Síguenos, William. No seré yo quien te cree más problemas. Pero saben que todavía nos faltan recursos y conocimientos para aclarar nuestros hallazgos. Tenemos que contentarnos en seguir haciendo preguntas...

- No sabes, mi señora, lo que nos depara el futuro.

* * *

Luigi miró a la pareja con asombro, un coma anticipando cada palabra, cada frase que decía el hombre en su visión. Incluso las palabras de la mujer, las sabía de memoria. Miró fijamente a la dama bien vestida que estaba al lado de ese hombre y no tuvo dudas: ¡Manuela! Era ella, podía sentirlo. Al mirar a la mujer, sintió la emoción, los mismos matices de sentimientos que lo asaltaban cuando abrazó y besó a Manuela. Y aquel hombre, ¿quién sería? La respuesta no duró ni un segundo: ese hombre era él mismo, en otra vida.

Todavía estaba embriagado por la sensación que le había causado la vista, cuando sintió que una mano lo tocaba y estaba en el momento presente. La visión se desvaneció ante sus ojos, de la misma forma en que había aparecido.

- ¿Estás bien?

Manuela le tocaba suavemente el brazo y miró preocupada.

- Creo... creo que sí - tartamudeó.

- ¿Qué pasó? ¿Qué sucedió?

Luigi, con el libro de William Denton en sus manos, miró a la joven y habló sin pensar:

- Tuve una visión. De las que tengo de vez en cuando.

- ¿Una visión? ¿Cómo así?

- En ciertas circunstancias, sobre las cuales no tengo control, cuando toco objetos, es como si viajara a otro lugar y viera eventos que sucedieron en otros tiempos, en otros lugares, con otras personas. Como si fuera un testigo presencial de la historia.

- Hum... - exclamó significativamente la joven.

- ¿Qué sucedió?

- Psicometría.

- ¿Qué es eso?

- Explícate mejor.

- Dijiste ¿psico qué?

- Psicometría.[6]

- Esto es lo que escuché decir al autor de este libro a su esposa cuando le entregó el libro con la dedicatoria.

Manuela se puso seria y lívida. Luigi la miraba como si se preguntara si continuar o no, y ella respondió:

- Continúa por favor. Tuve una sensación extraña cuando toqué este libro, una especie de *déja vu,* como si hubiera leído la dedicatoria antes. Incluso sin leerlo, sabía lo que estaba escrito.

Te vi en la escena.

-¿Yo?

-Mira, Manuela, estoy hablando, pero yo no creo en estas cosas...

- No pienses, solo di lo que viste, lo que pasó.

- Volví a ver el momento en que el autor hizo la dedicatoria a su esposa, Elizabeth Denton.

- ¿Cómo supiste que era la esposa?

- Simplemente lo sé. Y ella eras tú, Manuela. Mencionó este término, psicometría, en referencia al contenido del libro. Parece que se trata de una investigación científica. Y ella era la sensible que se prestaba a la experiencia.

Manuela se recostó en su silla, incrédula.

- Eres sensible, Luigi.

- ¿De qué estás hablando?

- Has tenido esta experiencia otras veces antes, ¿verdad?

- Algunas veces.

- Eres médium psicométrico.

- No me creo nada de esto...

---

[6] La psicometría es una facultad mediúmnica que permite al sensitivo describir hechos relacionados con cualquier objeto con solo tocarlo. Estudiada por el Espiritismo, la psicometría es conocida por la ciencia y utilizada en investigaciones policiales y arqueológicas.

- Esa es la voz racional hablando, tu mente racional ¿Qué dice tu sensibilidad, tu sentimiento? ¿Tu intuición?

- Yo no sé...

- Luigi, contra los hechos no hay argumentos, solo explicaciones. Vives ese tipo de experiencia, no puedes negar su existencia, solo trata de entender por qué y cómo sucede.

Luigi estaba agitado.

- ¿Por qué pediste este libro a la bibliotecaria?

- Yo no pedí este libro, pedí ver un libro muy antiguo que ella tenía en la biblioteca. Ni sabía de la existencia del libro o de su autor.

- ¿Y por qué hiciste eso?

- No puedo explicarlo. Desde pequeño me han atraído los objetos antiguos, las cosas usadas. Como si pudiera descubrir sus secretos. Pero no puedo. No tengo ese tipo de sensibilidad... No en esta vida.

- ¿Crees que realmente podrías haber sido esta Elizabeth Denton?

- Yo no sé.

- Pero, ¿crees que es posible?

- Sí, creo que es posible.

- ¿Crees en estas cosas?

Luigi, creo que tenemos que hablar de aspectos de mi vida que tú no conoces. No quería hablar de eso antes, para no asustarte con mis historias.

La pareja fue interrumpida por la bibliotecaria, quien entró a la sala informándoles que cerrarían en quince minutos y que necesitaba devolver el libro a su lugar.

- ¿No podemos tomarlo prestado un poco más? - Preguntó Manuela.

- No, señora. Este tipo de libro tiene que ser manipulado con mucho cuidado y en condiciones de climatización adecuadas, o puede desmontarse y volverse intocable.

- ¿Puedo tomar algunas fotos?

- Sí.

Manuela fotografió lo que pudo del libro, incluida la dedicatoria. Quería llevarme algo tangible de esa extraordinaria experiencia que habían vivido.

* * *

Más tarde, mientras regresaban a Nueva York, y durante todo el viaje de regreso, Manuela le contaría a Luigi sus experiencias. Desde pequeña veo el espíritu de la gente que murió. Soy médium, Luigi.

- ¿Estás segura?

- Absoluto. Fui a buscar explicaciones cuando llegué a la adolescencia. Quería entender lo que me estaba pasando. Mis padres son católicos, y con lo que sabían, no pudieron ayudarme. Pero no me impidieron buscar ayuda. Me hice espírita, porque encontré tanto las respuestas a lo que estaba experimentando como las pautas sobre qué hacer con estas habilidades y por qué las tengo.

- ¿Y por qué crees que las tienes?

- Renacemos en la Tierra con el objetivo final de crecer, aprender y servir. Aportando nuestros recursos para que el bien se extienda por toda la humanidad. Sé que puede sonar demasiado idealista para ti, pero tiene mucho sentido para mí. Sé que tengo una tarea que hacer, algo que hacer, una pequeña misión que tengo en esta vida, y quiero encontrarla y aprovecharla al máximo.

Se detuvo por unos momentos, pensó por un momento y luego preguntó:

- Cuéntame en detalle tu visión ¿Qué fue realmente de lo que hablaron los dos?

- Ya te lo dije, Manuela.

- Cuéntamelo de nuevo.

Luigi detalló todo lo que recordaba para un oyente que prestaba atención a cada palabra. Al final ella comentó:

- Quién sabe, ¿no estamos aquí para continuar el trabajo que comenzamos hace más de un siglo?

- ¿Cómo así?

- La ciencia no ha avanzado nada con la investigación sobre la psicometría. Este tema está más o menos donde estaba cuando los Denton hicieron la investigación que culminó en el libro que ahora tenemos en nuestras manos. ¿Por qué la vida te pondría en contacto con este libro si no hubiera ninguna razón? Es mucho trabajo para la espiritualidad, si no hubiera una buena razón.

- Y mucho que digerir, Manuela. Simplemente no puedo tomar todo esto como verdad.

- ¿Incluso con las visiones que tienes, con la experiencia que viviste en esa biblioteca? ¿Cómo ignorar algo tan concreto?

Luigi luchó en una mezcla de emociones en conflicto. Tenía curiosidad y repulsión por el tema; lo mismo por la experiencia que vivió esporádicamente. Recordó, entonces, las escenas que había visto relacionadas con la muerte de su tía y sintió que su corazón latía más rápido. Recordó su infancia y lo que había pasado justo después de haberle dicho a su padre lo que había visto y suspiró, respondiendo:

- ¿Y si son rastros de una enfermedad mental? Tomé medicamentos en la infancia, cuando esto sucedió por primera vez. Y no quiero volver a pasar por eso nunca más. No quiero sentirme como un bicho raro...

Manuela sonrió, le tocó la mano levemente y dijo:

- Entiendo muy bien tus miedos e incertidumbres. Yo también pasé por eso. Pero todo tiene su tiempo, Luigi. Cuando te sientas listo, interesado en saber más, aquí estaré para ayudarte en todo lo que pueda, puedes contar conmigo. Nunca pensaré que tienes un problema mental, o dudar de tus visiones. pero te apoyaré en cualquier decisión. ¡Después de todo, hacemos un dúo increíble!

- ¿Qué dijiste?

- Que yo te apoyare...

- No, sobre ser un dúo...

- Si realmente hicimos ese libro juntos, es posible que tengamos una tarea que hacer juntos nuevamente. Y podemos hacerlo. Hacemos un dúo extraordinario.

Luigi miró fijamente a Manuela, sin creer que estuviera repitiendo, palabra por palabra, lo que Elizabeth Denton le había dicho a su marido.

Dos días después, la pareja se despidió en el aeropuerto John Kennedy de Nueva York. Él embarcaría hacia Riyadh y ella regresaría a Brasil. Manuela guardó esa experiencia en su corazón con la certeza que estaba en el camino correcto en esa encarnación y estaba aun más segura de las lecciones espirituales que había aprendido. Comprendió aun mejor los sentimientos que la unían a Luigi y todas las reservas que tenía sobre la relación con él desaparecieron. Aquel fue el reencuentro de almas que se amaban y renacían para volver a vivir juntas.

Mientras tanto, Luigi estaba acosado por pensamientos de duda, inseguridad y miedo. Sintió como si una puerta estuviera entreabierta, invitándolo a embarcarse en ese mundo del conocimiento espiritual, pero tuvo una enorme resistencia, como si allí fuera a encontrar algo despreciable sobre sí mismo.

Abrazando intensamente a Manuela, dijo, antes de partir por caminos separados en la plataforma de embarque:

- Te echaré de menos...

- Yo también.

- En el poco tiempo que estuvimos juntos, Manuela, sentí una conexión contigo que nunca antes había sentido. Y no sería precipitado decir que te amo, aunque el sentido común me diga lo contrario. Sé cómo me siento y nada cambiará eso.

Se quedó en silencio, esperando a que ella hablara. Tenía los ojos llorosos cuando respondió:

- Por lo que vivimos en Dayton, me atrevo a decir que esto es un reencuentro de almas afines.

- ¿Almas gemelas?

- Sí, de personas que ya se amaban antes de volver al cuerpo denso.

Por su mirada, ella aclaró:

- Estos son términos que aprendemos cuando estudiamos Espiritismo. Entonces, para mí, todo es muy simple de entender.

Le acarició la cara y continuó:

- Sé que esta conexión que tenemos no se ha producido ahora. Ya existía, así que no me importa el sentido común o el juicio de los demás. Todo solo depende de nosotros dos, de dejar aflorar lo que sentimos, superando los argumentos opuestos, los nuestros y los de los demás.

Se abrazaron de nuevo, y esta vez compartieron un beso apasionado y caliente y luego se despidieron. Lun

SEGUNDA PARTE
LOS ARCHIVOS SECRETOS DE LA HISTORIA

QUINCE

TAN PRONTO COMO PARTIÓ EL AVIÓN, Luigi mordisqueó la cena y luego se recostó en el amplio asiento de primera clase. Sería un largo viaje. de Nueva York a Riyadh, Arabia Saudita. Más de quince horas de vuelo.

Se puso el auricular, pero ni siquiera podía escuchar la música. Su mente estaba hirviendo con pensamientos acelerados, reviviendo la experiencia que había tenido. Casi podía sentir el libro de William Danton en sus manos. Y de repente, aparecieron otros recuerdos, de él escribiendo el libro. Todo esto era confuso y perturbador. Tratando de calmarse, sintonizó una película e intentó verla. Poco a poco fue vencido por una extraña somnolencia y se durmió.

Mientras su cuerpo denso dormía, su cuerpo espiritual se separó y pronto vio una cara sonriente, que inmediatamente lo saludó:

- Hola Luigi. Es bueno verte.

- ¿Quién eres tú? Sé que te conozco... pareces un ángel...

Su rostro emanaba una luz rosada, muy tenue, pero que lo hacía resplandecer. ¡Los ojos negros brillaban y hacían perceptible! el inmenso cariño que ese ser expresaba.

- ¿No recuerdas cómo jugábamos cuando eras pequeño?

Y de repente, los recuerdos aparecieron en su mente.

- Me acuerdo... ¿Quién eres tú?

- Soy una amiga. Tenemos un acuerdo de trabajo, creo que puedo decirlo de esa manera. Hemos hecho algunos planes para trabajar juntos mientras vivas en esta encarnación. Por eso, he estado contigo desde que naciste, para ayudarte, apoyarte y protegerte. Y ahora ha llegado el momento que comiences tu tarea.

- No recuerdo esto.

- Lo recordarás, Luigi. Fue con nuestra ayuda, la mía y la de otros amigos, que Manuela se sintió atraída por la biblioteca. ¿O crees que todo eso sucedió por pura casualidad?

- ¿Estabas allí entonces?

- Todo el tiempo.

- ¿Y todo eso es cierto? ¿Era yo William Danton?

Ella asintió con la cabeza y continuó:

- Y Manuela era Elizabeth Danton y juntos, tú y ella, realizaron un extraordinario trabajo de investigación consignado en aquel libro "*El Alma de las Cosas*", desgraciadamente como viste, una rareza prácticamente extinguida.

- Así que todo es verdad… - Habló y sintió un fuerte vértigo mientras su mente intentaba acceder a los recuerdos todos a la vez.

Ella tocó suavemente su brazo y dijo:

- Hay mucho que asimilar, lo sé. Es difícil aquí, fuera del cuerpo denso, imaginarse sumergido en las pesadas energías de la tercera dimensión. Estoy aquí para tranquilizarte. Todo lo que está sucediendo sigue un orden mayor, debidamente planificado con vuestra participación activa, antes de regresar a la Tierra. Así que no hay necesidad de alborotar o tratar de anticipar las cosas.
Todo sucederá en el momento adecuado y comprenderás y sabrás qué acciones tomar. Y siempre puedes contar conmigo.

- Pero, después de todo, ¿cuál es esta tarea?, ¿qué debo hacer?

Antes que pudiera responder, Luigi fue despertado por la azafata, quien estaba tocando su brazo:

- Señor, necesita enderezar su silla. Pronto aterrizaremos en Ámsterdam.

Luigi abrió los ojos, viendo el rostro de la azafata, muy confundido, como si estuviera dividido entre dos mundos diferentes.

- Señor, ¿está bien? ¿Me está escuchando?

- Sí, sí. Todo bien -. Respondió finalmente, cuando logró tener una mejor idea de lo que estaba pasando.

- Coloque su asiento en la posición de aterrizaje y abróchese el cinturón de seguridad.

Mientras hacía lentamente lo que la chica le había pedido, la vio alejarse, repitiendo ese procedimiento con otros pasajeros.

Tras la escala en Holanda, el vuelo se dirigió a su destino. Luigi siguió el resto del viaje despierto, con cierto recuerdo del sueño que había tenido. Esa chica en su sueño, la conocía, aunque no podía recordar dónde. Intentó recordar, pero no pudo.

Tan pronto como el avión aterrizó en Riyadh, Luigi se levantó, organizando sus pertenencias: computadora, celular, libro, y metió todo en la carpeta de cuero marrón oscuro firmada por una famosa marca de moda masculina, al igual que la ropa que vestía.

Se metió la chaqueta sobre la camiseta blanca y los vaqueros perfectamente ajustados. Se arregló el cabello y se preparó para el desembarco. Sintió surgir una ansiedad creciente desde lo más profundo de su ser, como si supiera lo que estaba a punto de experimentar.

Después del aterrizaje y el proceso de inmigración, apareció en el vestíbulo del aeropuerto, tirando de sus maletas sobre ruedas. Pronto vio a un hombre joven, alto y delgado, que sostenía un cartel con su nombre. Fue a su encuentro y lo saludó.

El hombre se ofreció a ayudarlo con sus maletas.

Una vez en el coche, se dirigieron directamente al hotel. La primera reunión sería ese mismo día, a última hora de la tarde. Luigi no podía decir si la ansiedad que sentía se debía al enorme contrato que estaba a punto de firmar con el gobierno de Arabia Saudita o si había algo más. Aunque estaba acostumbrado a cerrar tratos con grandes empresarios, este sería sin duda su mayor logro: llevar la empresa a Arabia Saudita, trato que venía realizando desde el principio.

Al entrar en el vestíbulo del hotel, fue recibido por un representante del gobierno saudí, quien le informó en inglés:

- Su *check in* ya está hecho, señor. Puede ir directamente al dormitorio. Se aloja en la suite principal del penúltimo piso.

Nada más llegar, Luigi notó el lujo y la sofisticación que abundaba en el ambiente. Agradeció y comentó:

- Habíamos reservado otra habitación...

- Sí señor, pero negociamos con el hotel su traslado a la suite principal, por nuestra cuenta. Es la suite que acoge a los jefes de Estado, que ocupa la totalidad de la planta 25 y última del edificio. Este espacio está completamente reservado para usted y el otro ejecutivo de Morelli de Luca, que llegó ayer.

- ¿Julio ya está en el hotel?

- Sí, señor. Llegamos.

El hombre abrió la puerta y acompañó a Luigi al interior de la habitación. El joven ejecutivo quedó impresionado. Aunque siempre había vivido en un entorno lujoso, esta suite superaba cualquier otro lugar en el que hubiera estado. Una habitación espaciosa, con una gran sala de estar, en la que cabrían sin duda cincuenta personas. Caminando a través de la sala de estar, llegaron al dormitorio. Una cama *king size* exquisitamente hecha, con media docena de almohadas en fundas de lino beige quemado, ocupaba la cabecera. Del techo descendía una araña de cristal compuesta por casi mil piezas de colores. Una obra maestra de arquitectura, decoración y arte. Pinturas y esculturas esparcidas por todas partes, así como arreglos florales frescos, le daban al ambiente un aire aristocrático y lujoso. Luigi no pudo evitar pensar que todo era una exageración. Nadie necesitaba eso para estar cómodo.

Dio las gracias al hombre que le había dado la bienvenida. Éste, antes de partir, también informó:

- Está previsto un servicio de habitaciones para las 14:00 horas. Si no desea comer en este momento, háganoslo saber. Los teléfonos están aquí, en la entrada, señor.

Luigi volvió a agradecerle y cerró la puerta en cuanto el otro se fue. Ni había llegado a la puerta del baño cuando sonó el teléfono. Cuando respondió, reconoció la voz del marido de su tía al otro lado de la línea.

- Escuché que acabas de llegar. Bienvenido a Arabia Saudita. ¿No es una riqueza la hospitalidad de nuestros anfitriones?

- Me imagino lo que nos están preparando, pronto... Deben querer muchas concesiones en el contraparte de lo que propusimos.

- Qué absurdo. Están muy interesados en hacer negocios con nosotros. Y toda esta hospitalidad es para mostrar la buena voluntad que tienen con Brasil en este momento.

- ¿Buena voluntad? ¿De verdad piensas eso, Julio? ¿O es una demostración de poder y dinero, para romper la resistencia de nuestra parte? Sea lo que sea, ¡es exagerado! Una suite de jefe de estado cuesta una fortuna. Totalmente innecesario.

- El gobierno es copropietario del hotel, y tiene el ala presidencial siempre disponible para sus distinguidos visitantes. Incluso el actual Príncipe de Gales se ha quedado en la habitación en la que estás, ¿lo sabías?

- ¿El Príncipe Charles?

- Sí, cuando visitaba el país, se hospedaba en la suite principal. Y muchos otros jefes de estado también. Quiero ver tu alojamiento, Luigi, tengo curiosidad.

- Entonces almorzamos juntos aquí en la suite a las 2pm.

- Perfecto. He estudiado todos los detalles del contrato que vamos a firmar con ellos, y quiero comentar algunos puntos de atención contigo. Los cronogramas de costos y las hojas de cálculo que presentamos son algo justos y queremos asegurarnos que no haya multas que no podamos absorber. Sé que nos deben pedir que añadamos alguna que otra cláusula ya comentada, pero tenemos que tener todo bien definido.

- Hemos hablado extensamente de todo esto.

- Y hablemos de nuevo. Este contrato es nuestro brazo internacional en expansión. No podemos cometer errores. Tu padre era bastante quisquilloso con los puntos que son prioritarios para la constructora.

- El dinero es la prioridad de la constructora, Julio. Y eso, eso es bien claro, ellos tienen de sobra.

- Hay detalles específicos que no están en el contrato, pero será un acuerdo entre las partes.

- ¿Qué detalles?

- En el almuerzo hablaremos. No quiero hablar de eso por teléfono.

- Bueno, te veo luego.

Era casi la una de la tarde cuando Julio golpeó la puerta de Luigi, quien entre perezoso y soñoliento le abrió.

- ¿Estabas durmiendo? ¿Cómo puedes dormir con tantas cosas pasando?

- Entra, Julio. El viaje fue largo y agotador, y tuvimos una escala más larga de lo previsto. Estoy cansado.

- Julio estaba sacando drogas estimulantes de su bolsillo, pero el joven ejecutivo lo detuvo:

- No es necesario. Una buena taza de café será suficiente. Volviendo el objeto a su bolsillo el otro refunfuñó:

- Tú y quien sepa. Debes estar muy atento durante las próximas horas, amigo mío, para no dejar escapar entre tus dedos la gran y rica oportunidad que tenemos.

Luigi forzó una sonrisa mientras respondía:

- Todo estará bien, no te preocupes. Este contrato está prácticamente cerrado. Nuestro presidente tiene excelentes relaciones con las autoridades saudíes.

- Pero no lo estropeará todo. Estoy aquí específicamente para asegurar eso.

Luigi estaba a punto de responder cuando golpearon a la puerta:

- Servicio de habitaciones

Fue el abundante almuerzo que llegaba. Mientras saboreaban las especias árabes, Julio trató de repasar las pautas de Francisco, muy específicas para esa negociación, el hijo del presidente escuchaba, tratando de mostrar interés, pero su mente, en realidad, estaba muy lejos, recordando los últimos hechos compartidos con Manuela. Y su suave rostro nunca deja su mente.

- ¡Luigi! - Julio lo sacó de su ligero ensueño -. ¡Presta atención, estás muy lejos!

- Tranquilo, tú participarás en cada detalle de las negociaciones, para asegurarte que nada salga mal, ¿de acuerdo?

- Mejor así. Si tocas algo que te parece raro, quiero que me lo dejes a mí. Podemos hablar en código en unos momentos. Pero y eso que estaremos con gente poderosa. Y también está el tema de las comisiones.

Luigi le dio al otro una mirada inquisitiva.

- ¡En todas las negociaciones, tenemos que pagar estas comisiones a los representantes del gobierno! ¡Toda esta corrupción me da asco!

Julio mostró una sonrisa cínica, tomando drogas estimulantes en pastillas de su bolsillo y tomándolas después de terminar su almuerzo.

Este es el mundo en el que vivimos, Luigi. Y no hay nada que tú o yo podamos o debamos hacer. Conoces muy bien cómo son los métodos de la constructora. No creamos el juego, solo lo jugamos.

- Los caminos de mi padre...

- No, amigo mío, no son de tu padre.

- ¿Cómo así?

- Tu padre también sigue órdenes. Y los métodos que usamos son las condiciones para que seamos parte del juego, y para tener nuestra parte garantizada en este juego.

- Y... vivir y aprender.

Después del almuerzo, Julio inspeccionó la habitación mientras Luigi se duchaba y terminaba de arreglarse para la importante reunión que lo había traído a sus socios árabes...

DIECISEIS

DOS HORAS DESPUÉS, entraron en un lujoso edificio y tomaron el ascensor panorámico hasta el piso 32. Fueron recibidos por el asistente del presidente y conducidos a la sala de reuniones donde había una gran mesa ovalada con veintidós sillas ordenadamente dispuestas a su alrededor. Doce de ellas ya estaban ocupados, el joven les indicó el lugar que ocuparían y, luego de saludar a los demás, se sentaron.

Omar Khan Al-Abadi pronto se unió a ellos y la reunión se desarrolló sin sorpresas. Discutieron algunas cláusulas, y sin tensión, llegaron a acuerdos que fueron beneficiosos para ambas partes. Después de firmar todos los documentos, redactados después de los ajustes, se sirvió comida y bebida. Mientras Luigi tenía su enfoque en el movimiento, Omar Khan le preguntó a Julio, comunicándose en inglés:

- ¿Sigues con los regalitos?

- Por supuesto -. Afirmó Julio sin dudarlo.

- Proporcionaremos algunos - Confirmó Omar.

- Aquí no será necesario, creo.

- Uno u otro siempre lo conseguimos...

Luigi preguntó:

-¿De qué estamos hablando, Julio?¿Qué son estos regalitos?

- ¿Más sobornos fuera del contrato?

- Son un plus, amigo, para que todo fluya bien y la obra tenga un gran éxito. Acuerdos no contractuales.

- ¿Cómo así? ¿De qué se trata?

- Acuerdos extraterrestres, amigo.

- ¿Qué?

- Acuerdos con la 4ª Dimensión.

- ¿De qué se trata, Julio?

Omar Khan preguntó cuál era el problema, pero Julio se adelantó y respondió que todo estaba en orden y que Luigi aun no estaba familiarizado con los asuntos secundarios del negocio.

Al final de la reunión, Omar Khan invitó a sus socios comerciales a una fiesta más tarde esa noche para celebrar el trato. A lo que Luigi y Julio accedieron de buena gana, para conocer los aspectos culturales del negocio realizado con esa empresa.

Omar Khan Al-Abadi destacó que en la reunión estarían presentes los representantes más ricos y poderosos de la sociedad de Arabia Saudita, quienes deseaban dar su bienvenida a Morelli de Luca a los países árabes.

Ya en la limusina que los llevaría de regreso al hotel, Luigi quiso saber:

- ¿Dónde es la fiesta?

En todo el piso donde estamos alojados. Hay una habitación muy grande, adecuada para tales ocasiones. Y todos los alojamientos estarán disponibles para los huéspedes.

- El dinero no falta aquí.

- Esta gente quiere mucho más que dinero, Luigi.

Julio hablaba mientras llenaba un vaso de bebida que había tomado de la barra en el auto, el joven ejecutivo lo miraba en silencio. Y terminó con una carcajada:

- Quieren tu alma...

Al entrar a su habitación, luego de despedirse del esposo de la hermana menor de su padre, Luigi notó que se sentía profundamente incómodo con todo lo que había vivido ese día. Podía percibir más fácilmente las intenciones y las energías nocivas, como si, de repente, todos fueran para él como un libro abierto, en el que podía leer sus vibraciones. Y no le gustó nada lo que leyó.

Llamó a Manuela y se quedaron largo rato en amena y elevada conversación, recordando los detalles de la experiencia que habían vivido juntos. Cuando colgó se sintió mucho mejor, rodeado de las energías de amor y equilibrio que emanaban de Manuela, Melissa y Gabriel, quienes en espíritu siempre estuvieron con él.

Cuando terminó de prepararse esa noche, Luigi comenzó a cuestionar su papel en todo. No tuvo tiempo de pensar en la intensa experiencia que había vivido en Dayton, atraído en todo momento por las obligaciones que le imponía su cargo. Y se preguntó: *¿querría seguir con este tipo de atribuciones? ¿Vivir con esta gente? ¿Será que quería seguir siendo el elegido para suceder a su padre, teniendo tantos otros compromisos por delante?* Estas y otras interrogantes cruzaron por su mente, generando una angustia creciente.

Entró a la fiesta acompañado de Julio, y pronto fue presentado a los demás invitados. No pasó mucho tiempo y una canción muy típica comenzó a sonar fuerte y varios bailarines, las legítimas bailarinas árabes, entraron en el ambiente, amenizando a los presentes. Julio se emocionó de inmediato. Y dirigiéndose a Luigi, invitó:

- Antes que me olvide. Mi primo Bern vive en Jerusalén. Lo visitaré antes de regresar a Brasil. ¿Te gustaría venir conmigo? ¿Has estado alguna vez en Jerusalén?

- Todavía no.

Mirando a las chicas que bailaban casi encima de Luigi, Julio habló maliciosamente:

- Si no tienes nada mejor que hacer, ven conmigo. No lo he visto en algunos años y quedamos en encontrarnos. Además, hace muchos negocios en la región. Quien sabe que ampliamos nuestros horizontes.

Luigi negó con la cabeza, diciendo:

- Solo piensas en el dinero...

-¡No! - Observando a las bailarines que ahora pasaban a su lado, Julio enfatizó - Las mujeres, y otras cosas también me interesan... al fin y al cabo, ya vendí mi alma... ¿Me acompañas?

Sin pensarlo, Luigi respondió, impulsivamente, como si le soplara en la oreja una uña de foca:

- Sí, te acompaño, así que no te dejo hacer ninguna estupidez en nombre de la empresa.

Julio sonrió y fue en busca de más bebida y otros entretenimientos. Mientras el compañero se alejaba, Omar Khan se acercó a Luigi:

- Uno de nuestros socios, que también trabaja con tu padre, está aquí. No sé si ya se conocen. Ven conmigo.

Luigi lo acompañó hasta el hombre y le tendió la mano para estrecharla. Inmediatamente sintió un intenso escalofrío recorrer su cuerpo, y un deseo descontrolado de salir de allí, mientras diferentes imágenes, confusas y desconectadas, aparecían en su mente. Fue con dificultad que logró mantener el control. Su atención se centró en los ojos del hombre, opacos y sin vida. La conversación fue breve y, para alivio de Luigi, el otro dijo pocas palabras. Cuando se alejó, le comentó a Omar.

- Hombre de pocas palabras...

- Los conoces, son así. ¡Diviértete, chico!

- "¿Ellos? ¿Quiénes son ellos? pensó Luigi -. ¿Y por qué Omar Khan habla como si yo los conociera?"

Las imágenes se habían detenido, pero la atención de Luigi seguía atraída por el hombre del traje oscuro y los zapatos extravagantes. Había visto zapatos como esos antes. Estaban demasiado limpios. ¿Dónde los había visto? Y forzó la memoria. De repente, la imagen de la infancia vino a su mente. Ya había estado con ese señor, en la finca, hace muchos años, en una fiesta familiar. Los zapatos, aunque normales, parecían inconfundibles. Sin duda fue uno de los hombres que visitó a la familia ese día.

La fiesta acababa de empezar, y Luigi ya buscaba excusas para volver a su habitación, se sentía incómodo en ese ambiente. Entidades espirituales cargadas de odio, revuelta y rebelión, oponiéndose intensamente al bien, se aferraban a los invitados, sorbiendo su trago, y las energías sexuales que afloraban en su gran mayoría, en forma de pensamientos de los más espantosos deseos. Melissa envolvió a Luigi en poderosas vibraciones, tratando de sostenerlo durante su imperioso paso por ese lugar.

En tanto, varias entidades se quejaron de la presencia del empresario.

- Fue éste el que trajo este malestar. Tan pronto como entró, me di cuenta de inmediato que no es uno de nosotros.

Pero tiene que ser, es de la constructora. Este es nuestro, trabaja para nosotros. ¡Y cómo sabe trabajar! No nos faltan los regalos...

- Míralo. ¿Puedes ver lo que estás pensando? ¿No ves que está protegido? He intentado acceder a su mente, pero no es accesible. ¡Tiene protección! No es uno de los nuestros. Voy a hablar con el Coronel Alfonso. Ha estado con ellos durante mucho tiempo, sabrá qué hacer. Tienes que deshacerte de este lo más rápido posible. Huelo problemas. Mira, mira. Lo único que veo es una foto de una mujer. Debe gustarle. Y puedo decir que está disgustado. ¡Él sabe de nosotros!

- No seas estúpido. Ni siquiera sueña que existimos, como todo el mundo. Nuestra estrategia de pasar desapercibidos, que nuestros actos sean ignorados por la mayoría de los hombres materializados, continúa funcionando. Son materialistas y no creen en nada. Y así, podemos actuar libremente, aquí y allá con nuestros representantes - Dando un fuerte empujón al oyente, la entidad concluyó:

- ¿No ves que no es uno de nosotros? ¡Él no es! Será un estorbo.

- ¿Y el otro?

Miraron hacia donde estaba Julio, saliendo de la habitación completamente borracho y drogado, flanqueados por tres jóvenes y un muchacho semidesnudo.

- ¡Ese sí es de los nuestros! Él sabe todo lo que hacemos y nos sirve sin resistencia.

Mientras esa entidad espiritual caminaba en dirección al Coronel Alfonso, notó claramente varios espíritus, como él, sintiéndose mal con la presencia de Luigi. Tan pronto como llegó a Alfonso, le habló al oído:

- Necesitamos conversar. ¡Ahora!

Alfonso, el ser espiritual que, siempre que lo deseaba, condensaba el fluido de su periespíritu hasta hacerse pasar por un ser encarnado, respondió, petición:

- Te escucho, puedes hablar.

- ¿No debería ser este Luigi uno de los nuestros?

- Él es uno de nosotros. Su padre nos ha servido durante años...

- Pero con el hijo es diferente. ¿No lo sentiste cuando te acercaste a él?

- Estaba demasiado ocupado con otras demandas...

- Bueno, debería haber prestado más atención. Este definitivamente no es uno de los nuestros. Necesito actuar rápido y alejarlo de nuestro camino, o se convertirá en un obstáculo difícil de eliminar.

- Francisco me convenció que cuidaría sus habilidades espirituales, para que sirvieran a nuestros propósitos...

- Pero fracasó. Tienes que actuar para arreglar esto. Queremos dominar totalmente el planeta y cada uno que vibra contra nosotros representa un incómodo obstáculo a ser neutralizado o removido, eso lo sabes bien. Así que haz lo que tengas que hacer, pero resuelve la situación.

DIECISIETE

LUIGI TOMÓ UN BAÑO CALIENTE antes de acostarse, sintiendo un malestar indescriptible. Acababa de quedarse dormido, cuando el Coronel Alfonso, que había salido de la fiesta y, en un lugar desierto y oscuro, utilizando los recursos de conocimiento y experiencia a su disposición, se desmaterializó y se fue en estado de espíritu, materia enrarecida, al dormitorio del joven ejecutivo.

Incluso antes de llegar a la puerta, notó que la densidad del lugar era diferente. Ambiente de mayor protección y elevación espiritual. Se acercó a la puerta, pero pronto escuchó a Melissa, quien lo detuvo:

- No puedes entrar aquí, hermano.

- ¿Y yo soy hermano de una sonsa como tú? Aléjate de la puerta.

- No puedes entrar. Luigi está bajo nuestra protección.

Alfonso soltó una carcajada y respondió:

-¿Crees que puedes protegerlo de nosotros todo el tiempo? Él sabe que eventualmente abrirá la puerta a nuestras mentes, en un momento u otro. Vamos a derribar la puerta de su alma, arruinando su vida, sus sueños, sus planes. O nos sirve, o no servirá a nadie más.

- Siento decepcionarte, pero tú no eres el que manda - Dijo Melissa, absolutamente serena. Los ojos de Alfonso enrojecieron por el odio que se le escapaba por todos lados.

- ¡Te vas a arrepentir! Después que lo destruya, iré tras de ti - Se alejó, maldiciendo, enojado, expresando el odio que tenía en él.

Melissa lo miró y balbuceó tranquilamente:

- Dios es el único poder; no temo a tus amenazas. Dios es el único poder.

Entró y fue a hablar con Luigi, quien, desdoblándose, estaba sentado en la cama, junto al cuerpo, bastante desconcertado.

- Hola Luigi. Necesitamos conversar.

Él la miró, confundido.

- Soy Melissa, trata de recordar.

Haciendo un esfuerzo por aclarar sus pensamientos, dijo:

Siento un malestar general, angustia y náuseas aquí - Puso su mano sobre la boca de su estómago.

Melissa se acercó a él, se sentó a su lado y colocando su mano sobre su brazo, buscó calmarlo con sus vibraciones de equilibrio y bondad. Hizo una breve oración y luego habló:

- Tu falta de familiaridad con nuestro campo de materia enrarecida aun te causa ese entumecimiento. A medida que te vayas acostumbrando a esta realidad, entrarás en el mundo de los espíritus más consciente, y experimentarás menos molestias.

Él la escuchó y gradualmente se sintió más centrado, con pensamientos más organizados. Entonces ella dijo:

- Necesitas posponer tu regreso a Brasil y quedarse aquí, donde vivirás experiencias importantes.

- No puedo. Tengo compromisos ineludibles que me esperan a que yo regrese.

- Sigo tu día a día y sé que aquí puedes tratar los asuntos más urgentes y reprogramar otros, lo que no puedes posponer es tu despertar espiritual. Y ha llegado el momento.

- Y además está Manuela.

- Manuela te ayudará. Ambos tienen responsabilidades entre los dos planos de la vida, y serios proyectos por realizar. Disfruta de tu encarnación, Luigi. Trabajaste mucho aquí en nuestro plano, preparándote para tu regreso a la Tierra, junto a

Manuela. Ahora están juntos, listos para hacer lo que su corazón sabe que debe hacerse.

- Pero no sé que tengo que hacer... no me acuerdo... ¿Puedes ayudarme a recordar?

- No me necesitas para eso, tu conocimiento, experiencia y habilidades son mucho mayores que las que yo tengo. Pronto entenderás todo. Llegados a este punto, solo falta que pospongas tu regreso y acompañes a Julio a Jerusalén, lo demás vendrá naturalmente.

Hablaron un rato más. Así que ella dijo:

- Que bien. Ella llegó.

Se alejó un poco y Luigi pudo ver llegar a Manuela, en compañía de una señora de cabello gris y muy sonriente. El joven arquitecto lo abrazó cariñosamente:

- Estaba preocupada por ti. ¿Cómo estás?

- Estoy confundida, angustiada y...

- ¿Con miedo?

- Sí, yo creo que sí.

- Sientes este miedo porque temes al fracaso. Necesitas reconstruir tu confianza, Luigi.

- ¿Qué sabes que ignoro?

- Muchas cosas... Ahora tienes que confiar en Melissa y hacer lo que te pida.

- Todo esto me parece un complot. Ustedes dos saben todo y yo no recuerdo casi nada...

- Pero lo recordarás.

Se despidieron poco antes del amanecer.

El sol comenzó a brillar en el horizonte y Luigi despertó trayendo aun los recuerdos de su experiencia durante el sueño del cuerpo denso. Se quedó durante mucho tiempo reorganizando pensamientos y calmando sus emociones. Los recuerdos de su experiencia en Dayton acudieron a su mente y confrontaron sus creencias materialistas, que Francisco tan bien había moldeado en su mente. Finalmente, sintiéndose cansado por la lucha mental, se levantó, se duchó y pidió desayunar en su habitación. Llamó a Pamela y le pidió que cancelara algunas citas y reprogramara su boleto. Prolongaría su estancia en Oriente Media unos días más. Sin dar demasiados detalles, colgó.

Julio llegó con el servicio a la habitación y desayunaron juntos, el tío comenzó a contar las aventuras de su noche, sin despertar interés alguno por parte de su oyente. En la primera pausa, Luigi preguntó:

- Háblame de tu primo que vamos a visitar. Quiero saber dónde vive.

- En Jerusalén, te lo dije. Está a solo unas pocas horas de aquí.

- Yo sé. ¿Cuánto tiempo te quedarás allá?

- Almorzaré con él y luego volveré. Mi vuelo sale mañana. ¿Y el tuyo?

- Estoy confirmando

- ¿No está marcado?

- Todavía no.

Se fueron.

Luigi viajaba en silencio, muy pensativo y aprensivo. No estaba seguro de lo que debía hacer. Acompañó a Julio en su visita y al final, cuando se despedían, Bern dijo:

¿Cuándo volverás, Luigi?

- Todavía no he reservado mi vuelo.

Entonces, ¿por qué no aprovechar tu primera vez aquí para ver Masada?[7] Una de las ruinas más famosas de Jerusalén.

---

[7] Masada significa lugar seguro o fortaleza; y una imponente meseta escarpada, situada en el suroeste literal del Mar Muerto El sitio es una fortaleza natural, con acantilados escarpados y terreno accidentado.

- ¿Masada? Nunca he oído hablar de ella.

Es un lugar simbólico, lleno de historias. Fue donde los zelotes perdieron la guerra contra los romanos, en el siglo I después de Cristo.

Inmediatamente Luigi sintió un fuerte deseo de visitar el lugar.

- ¿Y como hago?

¡No pierdas tu tiempo recorriendo Israel! - Julio argumentó - Tenemos mucho que hacer y...

- Este tiempo extra aquí en Jerusalén fue útil. Necesito pensar un poco, pasar un tiempo a solas, sin demorar para volver. Serán unos días.

Julio, tomado por sorpresa y sin saber qué hacer, refunfuñó un poco más, luego se despidió y tomó el taxi, mientras Bern le indicaba al ejecutivo dónde comprar un paquete turístico por la ciudad.

Después que todo estuvo arreglado, Luigi se despidió y al encontrarse solo en el taxi que lo llevaría al inicio de su aventura sin lógica ni justificación, se apoyó en el asiento del auto y murmuró:

- ¿Qué estoy haciendo?

Mientras observaba la ciudad, que se iba iluminando lentamente a medida que avanzaba la tarde, sintió que una intensa angustia le subía al alma y un miedo injustificado empezó a darle una sensación tan incómoda que casi le pide al conductor que cambie de ruta y lo dejase en el aeropuerto. Pero se acordó de Manuela, William Denton y su libro. Respiró hondo, tratando de calmar su inquietud.

En el fondo de su mente, en los recuerdos más escondidos, estaban los recuerdos dolorosos de un pasado que quería olvidar.

DIECIOCHO

ERA DE NOCHE EN BRASIL, el cielo de São Paulo estaba despejado, aunque no se veían muchas estrellas. Manuela se removió en la cama, en un sueño ligero. Se despertó y trató de volver a dormir, después de todo, tenía muchos compromisos para el día siguiente y no podía dejar que nada se interpusiera en su camino. Estaba a punto de cumplir un ansiado sueño, que era realizar un proyecto para una empresa de renombre, que la proyectara en el mercado donde operaba. Era una persona muy dedicada. Bajo la cara dulce y la voz delicada, había un volcán real, que de vez en cuando entraba en erupción. Ya había tenido problemas cuando era adolescente y casi pierde la vida en un club con amigos. Posteriormente, de la mano de una amiga, conoció la casa espiritual y sintió una conexión inmediata con los principios espirituales que se enseñaban en ese lugar. Aunque tenía una predisposición a rechazar todo lo que tuviera un carácter religioso, en ese núcleo encontró amor y aceptación. Y se desarrolló. Tenía una mente inquisitiva y cuestionaba todo, buscando explicaciones científicas. Pero el amor siempre la tocó y terminó superando sus mayores reservas.

Esa mañana tenía un sueño ligero, al borde del insomnio. Se levantó y se asomó por la rendija de la ventana del dormitorio para observar el cielo, iluminado por las luces de la ciudad. Le impresionó la ausencia de estrellas. Fue a la sala, donde tenía un telescopio apuntando al infinito, y buscó las estrellas.

- ¡Vaya! ¡Qué alivio! - tartamudeó, hablando consigo misma. ¡Estás ahí!, ¡Qué aflicción me da no poder verlas!

Su pasión por el camping estaba más ligada a la posibilidad de ver mejor las estrellas en el cielo, las estrellas fugaces y las estrellas celestiales, que cualquier otra cosa que involucrara la experiencia. De hecho, no le gustaba la incomodidad de las carpas, pero se sometió a tener la oportunidad de contemplar escenas que no podía cuando estaba en las ciudades, ni siquiera en los hoteles.

Luego fue a la cocina, tomó un sorbo de jugo y sintió hambre. Miró en la nevera a ver si encontraba algo, pero estaba casi vacía. Tomó un paquete medio lleno de galletas y se las comió todas. De hecho, la experiencia que había vivido junto a Luigi la había dejado muy intrigada. Quería saber más. Ya había leído todo sobre la investigación de William y Elizabeth Denton; todo lo que estaba disponible lo había encontrado. Quería saber, para asegurarse que esa experiencia no fuera un engaño de su mente, aunque sería un engaño poco probable para dos...

Entonces, rodeada de su mentor espiritual, sintió una enorme calma: "Mañana en el Centro Espírita hablaré con Estela. Como coordinadora de los estudios, ella sabrá ayudarme a encontrar las respuestas que busco. Sí definitivamente."

Volvió a la cama, se acomodó y se quedó dormida, más tranquila. Aunque tenía un temperamento fuerte y a veces terco y retraído, Manuela había estado aprendiendo a remodelar su mente para el bien. Y cosechaba tantos frutos de este dedicado compromiso, que su mente alcanzará una mejor y más alta vibración. Su hogar, más protegido y bien atendido espiritualmente, permitía el acceso a los espíritus más amorosos, que siempre la ayudaban.

Tan pronto como se despertó a la mañana siguiente, su mente volvió a los problemas del día y las cosas que no se resolvieron. Empujó suavemente la avalancha de pensamientos y se concentró en su rutina matutina. Saltó de la cama y se metió en la ducha. Después de ducharse y lavarse, se sentó en la cama, con el Evangelio en las manos. Cerró los ojos e hizo algunos ejercicios de respiración para calmar sus pensamientos. Puso una música suave, que meció sus sentimientos en buenas vibraciones. Leyó un pasaje del Evangelio y luego dijo una oración, comenzando con la gratitud, pasando por la contemplación de la grandeza del Creador, y terminando con algunos versículos que fortalecieron su fe y determinación. Nada de peticiones largas o melancólicas. Prefería oraciones más científicas, basadas en el funcionamiento del cuerpo humano, lo que favorecía su conexión con lo invisible.

Sin embargo, antes de terminar, el rostro de Luigi apareció en su mente. Sintió que su corazón latía más rápido y se dijo en voz alta:

- "Por favor, Manuela, ¿cómo fue enamorarse de tu cliente? Sabes que esto puede complicarte la vida."

Luego cerró los ojos y pidió lo único que siempre pedía en sus oraciones:

- Padre mío, dame sabiduría, guía mi vida como siempre lo has hecho. Muéstrame lo que debo hacer al respecto a mis sentimientos por Luigi. ¿Este es el camino correcto para mí? Gracias de antemano por su cariñosa respuesta.

Sintiéndose llena de energía y alerta, se vistió, desayunó y se dirigió al trabajo. Había muchas cosas que hacer ese día.

Al otro lado del océano, Luigi también había tenido un sueño muy inquieto. Y por un corto tiempo, Melissa estuvo con él, preparándolo para las experiencias que estaba a punto de tener, con la esperanza que las aprovechara al máximo. Sabía que su protegido había sido moldeado en creencias materialistas, en valores ilusorios y mentiras de todo tipo, por lo que el ser espiritual estaba muy obstruido por todos aquellos pensamientos y sentimientos que emanaban vibraciones muy densas, y por lo tanto alejándolo de las verdades espirituales.

Diariamente realizaba una intensa limpieza espiritual en su cuerpo y mente, buscando aliviar la pesada carga que ese conjunto cultural formaba sobre su ser. Si no hubiera sido por el trabajo dedicado de Melissa a lo largo de los años para limpiar su periespíritu, su mente y sus emociones, Luigi habría perdido por completo el contacto con las energías más sutiles de sí mismo. Y esa noche no fue diferente, el trabajo se acentuó. Con inmenso amor e intraducible ternura, lo envolvió en dulces vibraciones, proyectando en su mente imágenes de la naturaleza, del universo, de las centelleantes estrellas del cielo, para que él, en contacto con tan gloriosas imágenes mentales, despertara en sí mismo. la conciencia de la grandeza del Universo, y del amor incondicional de Dios, rodeando a todas sus criaturas de bendiciones, recursos y oportunidades de renovación y crecimiento. Y Luigi se volvió cada vez más receptivo. Al final de los procedimientos, notando las sutiles emanaciones que se habían asentado en la mente de su pupilo, Melissa se sintió feliz y satisfecha.

Luigi se despertó muy temprano, abrió los ojos y disfrutó de una profunda sensación de bienestar y abrió ese sentimiento, dejando que lo dominase. Recordó a William Denton, y pensó que debía estar en el lugar correcto, por la sensación de la que tenía. Se levantó, fue hasta la ventana y abrió la cortina. Observó el tráfico de coches de la gran avenida contigua al hotel. Miró más allá, viendo las montañas a lo lejos. Pensó, entonces, bajo la inspiración de Melissa, que aquella ciudad había sido escenario de la preciosa vida de Jesús. Imaginó la figura del Nazareno, caminando largas distancias por esos lugares, y de repente sintió que lo envolvía una emoción intensa. Estaba en Jerusalén, la llamada Tierra Santa. La ciudad que había sido testigo de la presencia del Mesías. Cerró los ojos y casi podía escuchar los vientos susurrando en sus oídos, las dulces palabras de quien enseñaba solo amor.

Sonó el teléfono, sacándolo de su ensimismamiento. Era el servicio de despertador que había pedido. Terminó de arreglarse y bajó a desayunar, pero no pudo comer mucho. Sintió que una creciente anticipación le quitaba el hambre. Caminó por el vestíbulo, esperando al guía turístico que había contratado para que lo llevara a algunos lugares históricos. El chico llegó un poco tarde, pero pronto apareció buscando a su invitado. Al ser presentados a Luigi, hablaron en portugués.

- Qué bueno que hablas mi idioma.

- Nací en Portugal y viví en Brasil algunos años. Ahora vivo aquí en Jerusalén, la ciudad natal de mis padres. ¿Nos vamos? ¿Llevas agua y bloqueador solar, trajes de baño y protección solar?

- Sí, como me indicaron.

- Así que vamos, el día se está poniendo cada vez más caluroso; será mejor que vayamos a la primera ubicación.

Mientras caminaban hacia el auto, Luigi con ropa ligera y deportiva, cargando una mochila que había comprado en la tienda del hotel, le preguntó a su guía:

- ¿Y por dónde empezamos?

- Comenzaremos con el Parque Nacional de Masada.

Ya escuché hablar. Está cerca del Mar Muerto,[8] ¿no es así?

- Eso mismo. Y un baño en el Mar Muerto suele ser muy refrescante, después de visitar las ruinas de la fortaleza en lo alto de los edificios rocosos.

- ¿Están las ruinas en la cima de la montaña?

- Sí, a cuatrocientos metros de altitud.

- Alto... Escuché historias de amigos que visitaron el lugar. Dicen que el amanecer allí es impresionante.

- Seguramente. Un espectáculo aparte.

Y Osiris continuó contándole a Luigi durante el viaje de casi dos horas sobre la historia de Masada y por qué se convirtió en un lugar turístico tan popular y, al mismo tiempo, en un símbolo de resistencia para los israelíes. Mientras se acercaban al lugar, Luigi sintió ansiedad y miedo.

Cuando vio la alta formación rocosa, quedó desconcertado por la certeza que había estado allí antes.

Caminaron hasta el teleférico y Osiris sugirió:

- Mejor subir por aquí.

- ¿Y hay otra forma de llegar a la cima?

---

[8] El Mar Muerto, que baña Israel, Cisjordania y Jordania, es un lago salado cuyas orillas se encuentran a más de 400 m bajo el nivel del mar, lo que lo convierte en el punto más bajo en tierra firme del planeta.

- El camino de la serpiente. Un camino angosto que bordea la pendiente y conduce a la cima.

Sin pensarlo, Luigi dijo:

- Vamos a pie.

- Está bien, iré con usted señor.

Luigi tocó levemente el brazo del muchacho y dijo:

- Puedes tomar el teleférico. Prefiero subir solo, disfrutando del paisaje, estoy tan poco solo que cuando tengo la oportunidad, me gusta aprovecharla.

- Está bien. Nos encontraremos en la parte superior en una hora.

- ¿Una hora?

- Eso, y más o menos lo que llevará subiendo sin parar demasiado.

Luigi volvió a mirar el lugar y confirmó:

- Quiero disfrutar cada momento. Nos encontraremos allí entonces.

Osiris observó cómo Luigi ajustaba la mochila a su espalda y, con el mapa del lugar en manos, caminó hasta el inicio del sendero. Miró hasta dónde tendría que subir y comenzó la jornada.

Encontró a otros excursionistas subiendo y bajando por el sendero. Y observó el paisaje que se hizo más hermoso a medida que subía. Había caminado durante más o menos media hora cuando sintió mucha sed. Para no molestar el paso de la gente, buscó un lugar donde pudiera sentarse, fuera del camino. Una gran piedra. Fue al lugar, se sentó. Sacó la botella de agua y bebió la mitad. Lo puso de nuevo en su lugar y observó la naturaleza. Cerca de donde se había sentado, notó algo brillante que llamó su atención.

Se levantó, caminó unos pasos y se agachó para ver lo que brillaba. Escondido bajo una roca, brillaba una pequeña punta de metal. Intentó levantarlo, pero estaba enterrado. Cuidadosamente apartó la arena del entorno del objeto y retiró la pieza de metal. Parecía una punta de lanza. Tan pronto como tuvo el objeto en sus manos, Luigi comenzó a ver imágenes, una tras otra. Estaba en medio de una guerra. Regresó a la piedra de la que había visto el resplandor y se sentó de nuevo, sujetando el objeto. Y luego, como si se desconectara por completo de donde estaba, retrocediendo en el tiempo, más de dos mil años.

Varios soldados romanos marchaban por el estrecho camino que acababan de construir. Uno de ellos, después de tomar un sorbo de agua, maldijo:

- ¡Malditos hebreos! ¡Malditos zelotes!

Deja de quejarte como una niña y vamos arriba. ¡Quiero deshacerme de estos idiotas!

El primero, enfurecido, clavó su espada en la piedra con todas sus fuerzas, y una astilla de la punta de la espada salió volando.

- ¿Qué quieres hacer? Métele esa espada en la garganta de esos zelotes para dar rienda suelta a tu ira. Vamos, subamos rápido para terminar lo que empezamos.

Luigi, como si fuera un testigo invisible, vio moverse a los soldados. Pronto se encontró en la cima de la montaña, donde una enorme fortaleza, construida de piedra, ocupaba un gran espacio. Los soldados romanos, encabezados por el general Flavio, derribaron una pesada puerta de madera maciza y entraron gritando. No encontraron resistencia dentro de la fortaleza, solo silencio. Al llegar al centro de la misma, encontraron a los hombres que querían exterminar. Unos encima de otros, fueron empujados hacia atrás por los soldados, que confirmaban:

- Este está muerto.

- Este también.

- Muertos, General, están todos muertos - gritó uno de ellos.

Los soldados se alejaron, mientras su líder caminó hacia donde estaban, confirmando la situación por sí mismo.

- Muertos. Prefirieron suicidarse antes que enfrentarse a la fuerza del ejército romano. ¡Ave César!

- ¡Ave César1 - respondieron los disciplinados soldados, a una sola voz.

Deja todo como está. Enviaremos a los otros fanáticos que son nuestros prisioneros aquí para enterrar a sus muertos.

Están todos lisiados después que destruyéramos su iglesia intocable. No queda nada, piedra sobre piedra que no haya sido derribada.

Luigi sintió un gran escalofrío recorrer su cuerpo, y otra imagen apareció en su mente. Esta vez se encontró sentado en un lugar desierto, con poca vegetación. Había varios hombres y uno en el centro. Se acercó al hombre que estaba hablando, y mirando a su rostro sereno, pero con una fuerza incomprensible, escuchó sus palabras:

- Porque no quedará piedra sobre piedra que no sea derribada[9].

Sorprendido, Luigi murmuró:

- Es Jesús... Jesús de Nazaret...

Su corazón latía salvajemente y tenía ganas de arrojarse a los pies de ese hombre y adorarlo. Pero ¿qué impulso fue ese?

Aunque para Luigi era como si el tiempo pasara lentamente, ya llevaba casi dos horas allí bajo el sol. Estaba completamente en trance cuando Osiris se acercó, hablando en voz alta:

- Todavía me alegro de haberlo encontrado, Sr. Luigi. ¡Sr. Luigi!

Sin respuesta del ejecutivo. Osiris se acercó y vio que el empresario estaba sentado, con la mirada distante, como durmiendo con los ojos abiertos.

---

[9]   Jesús en Lucas 21:5

- ¡Señor Luigi, necesita salir de este sol!

Cuando el otro no respondió, comenzó a sacudir el brazo de Luigi, tratando de sacarlo de su aturdimiento.

- Señor Luigi, ¿está bien?

Y se estremeció tanto que el ejecutivo finalmente salió del estado de trance.

- ¿Qué pasó? ¿Está todo bien?

- ¡Soy yo el que le pregunto! ¡Lo he estado esperando en la cima durante casi dos horas! ¿Qué le pasó? No puede quedarse así, bajo este sol abrasador ¿Qué pasó? ¿Se siente mal?

Serio, Luigi respondió:

- No sé qué decir.

- ¿Qué quiere hacer? ¿Subir o bajar? ¿Estamos más cerca de la cima o de la base?

- De la cima.

- Entonces vamos a terminar el camino.

- ¿Está seguro que está en buenas condiciones? Si no se siente bien, hay paramédicos que pueden venir a buscarlo.

- Estoy bien, no te preocupes. Vamos a subir.

Luigi, sin decir una sola palabra y con vívidos recuerdos de lo que había visto, terminó el ascenso y caminó por los acantilados, en cada piedra que tocaba veía imágenes de lo que había sucedido en el lugar, en diferentes momentos, fue testigo de la historia que se desarrolló en la torre de Masada, a través de los siglos, en una experiencia intensa y emotiva.

Osiris miraba al otro con suspicacia, el hombre era muy extraño, permaneciendo largos ratos con los ojos cerrados, tocando tal o cual objeto, piedra o madera. Nunca había visto una figura tan extraña.

A Luigi no parecía importarle en absoluto. Solo sus habilidades mediúmnicas de psicometría estaban dando rienda suelta, las cuales estaban plenamente manifestadas. El recorrido duró tres veces más del tiempo habitual y el joven guía estaba aburrido, cuando Luigi lo vio a lo lejos, se le acercó y le informó:

- Podemos terminar nuestra visita por hoy. Es tarde y estoy cansado. Quiero volver al hotel.

Sin cuestionar Osiris obedeció y bajaron por el teleférico, en silencio. Y así volvieron todo el camino hasta el hotel. Cuando estaban llegando a su destino, Luigi le preguntó al joven:

- ¿Me puede decir si hay una ruta que pueda hacer, por los puntos más importantes donde Jesús caminó aquí en Jerusalén?

- ¿Eres católico o evangélico?

Luigi pensó por un momento y luego respondió:

- Ninguno de los dos y los dos. Soy cristiano.

Tomando un guion básico de su bolsillo, se lo entregó al otro:

- Este es el itinerario básico de algunos lugares por donde caminó Jesús, a los católicos les gusta hacer el Vía Crucis, a los evangélicos les gustan otros lugares. Este es bastante básico.

- Gracias Osiris.

- ¿Quieres que vaya a buscarte?

- No amigo, gracias. Creo que necesito hacer estas visitas solo.

Sacando un pequeño fajo de dinero de su bolsillo, Luigi pagó a su guía y le dio las gracias.

- Gracias por la paciencia. Hasta la próxima vez.

Se despidieron.

Volviendo al auto, Osiris contó el dinero y vio que tenía el triple de lo que habían acordado. Se guardó el dinero en el bolsillo y murmuró:

Menos mal que no tengo que ir con él. ¡Hombre loco!

DIECINUEVE

CON LA TARJETA QUE ABRIÓ LA PUERTA de su habitación en sus manos, sonó su celular. Era su padre Entró lentamente, tratando de prepararse para la conversación que seguramente sería tensa. Cerró la puerta y contestó.

- Hola papá.
- ¿Estás loco, Luigi?
- Buenas noches papá.
- ¿Qué haces ahí, turismo a estas alturas? ¿Tanto trabajo aquí, y tú paseando por Israel?
- Estoy en Jerusalén, padre.
- ¿Y qué haces allí? Julio ya llegó a Brasil, trayendo los detalles de las negociaciones que debes traer junto con el contrato. Asistirá a la junta de accionistas, seguramente alardeando de los resultados que no le pertenecen.
- Procedimiento normal, ¿no es así, padre mío?
- ¿Qué sucedió? ¿Por qué extendió tu estadía? - la voz de Francisco era grosera, tratando de ocultar sus verdaderas intenciones -. Además, que yo sepa, no querías la compañía de Antonella, y la dejaste en el vacío, si fuera para quedarse paseando por Medio Oriente, podrías haberla encontrado, en vez de viajar con una negrita arquitecta de la periferia.
- Le tomó un tiempo expresar su prejuicio, Sr. Francisco. Ya lo estaba esperando.
- Bueno, entonces deberías haber tomado las decisiones correctas.
- Estoy haciendo lo que es correcto para mí.

- Luigi, debo advertirte que tú, a pesar de ser mi hijo, no llegarás muy lejos si no actúas de acuerdo con lo que se espera de alguien en tu posición.

- ¿Y qué se espera?

Colaboración total y sin restricciones. Están preocupados por tu comportamiento.

- ¿Quiénes son los que están preocupados? ¿Los accionistas? Solo les importan las cifras, y como sabrás, cerramos un contrato sumamente ventajoso para la constructora. No te puedes quejar de nada.

Hubo un largo silencio al otro lado de la línea. Posteriormente, el presidente de Morelli de Luca dijo:

- Debemos colaboración a otros grupos empresariales además de a nuestros accionistas. Tenemos alianzas importantes, con reglas particulares que debemos respetar.

- ¿De qué hablas?, hicimos nuestra parte al pie de la letra en las asociaciones que hemos establecido.

Siguió otro silencio. De repente, Luigi tuvo una idea clara que su padre se refería a entidades espirituales. Sintió como si una luz se hubiera encendido en su interior. Repasó las imágenes de su tía siendo asesinada por desconocidos, se acordó de los extraños visitantes que fueron a la hacienda, en su infancia. Y le vinieron a la mente los recuerdos de lo sucedido al día siguiente del entierro de su tía, así como todo su miedo.

Sintió pena por su padre, por las habilidades que había demostrado y todo el esfuerzo que hizo para que Luigi borrara todo eso de sus recuerdos. ¿Era esto lo que temía el padre, entonces, que se apropiara de sus potencialidades espirituales, e hiciera buen uso de ellas?

Mientras esos pensamientos corrían por la mente del ejecutivo en milisegundos, Melissa lo involucró en intensas vibraciones elevadas, impidiendo que la influencia magnética de las palabras y energías de Francisco llegaran a él. La benefactora espiritual influyó en él y facilitó su razonamiento, dejándole la mente despejada. Y murmuró, satisfecha, mientras trabajaba enérgicamente:

- ¡Así es, Luigi, lo entiendes!

Y todo quedó muy claro para el muchacho. Comprendió que no tendría sentido continuar con esa discusión; el padre tenía intenciones muy específicas y no las abandonaría fácilmente. Mejor desviar suavemente sus chorros nocivos. Rápida y creativamente, respondió:

- Papá, estoy a punto de asumir más responsabilidades en la empresa constructora. Y con Antonella. Sé que mis días de irresponsabilidad están terminando y tendré que cumplir con todas las expectativas de nuestros socios, asociados y simpatizantes. Entonces, decidí que necesitaba unos días a solas para, por así decirlo, despedirme de una etapa de mi vida y emprender otra.

Induciendo a Francisco en la dirección que le convenía, el hijo calmó a su padre.

- Tómalo con calma, no me está pasando nada irregular, te lo aseguro. Solo un poco más desea ser satisfecho, precediendo a grandes compromisos. Solo eso, te lo aseguro. No tardaré. Volveré pronto, serán solo dos o tres días.

- ¿No pasa nada irregular?

- Absolutamente nada.

- ¿Y la arquitecta?

- Una distracción más. Ella me complace.

- Es una mujer atractiva, tengo que admitirlo. Y casi competente.

- Y así es, papá. Entendiste.

- ¿Puedo asegurarle a Antonella que la buscarás tan pronto como regreses?

- Claro que puede. Pero hablaré con ella yo mismo todavía hoy día.

- Muy bien, hijo mío. Te espero para celebrar tu conquista. Expandiremos grandemente nuestras actividades ahora. Será el inicio de muchos contratos en la región, el dinero fluirá aun más a nuestras arcas, y tendremos mayor poder con los gobiernos para velar por nuestros intereses, y los que nos apoyan...

Luigi sintió como si le hubieran clavado una daga en el pecho, debido a la energía que sentía en las declaraciones de su padre.

- Necesito ducharme ahora, papá, estoy sucio.

- Vamos, Luigi, disfruta de tus días libres. Hablaré con el consejo. Después de todo, tienes derechos.

- Gracias si haces esto por mí. ¿Como esta todo por ahí?

- No hay muchas noticias. Solo tu prima que fue hospitalizada nuevamente.

- ¿Bianca? ¿Hospitalizada?

- Guarda esas fantasías sobre la muerte de su madre. Ella no puede aceptarlo y seguir adelante. Tenemos que hacerla entrar de nuevo. Estaba haciendo preguntas, investigando documentos, este tipo de comportamiento paranoico, que no será tolerado en esta familia.

Luigi entendió perfectamente el mensaje y habló, con calma, sin mostrar ninguna reacción:

- Pobrecita. Creo que estará atrapado con estas alucinaciones por el resto de su vida. Es mejor quedarse internada en el hospital por un tiempo para ver si se equilibra más.

- Estamos de acuerdo, después de todo.

Se despidieron y Luigi colgó. Tan pronto como dejó el teléfono sobre la mesa, fue al baño con fuertes náuseas y vomitó de disgusto por lo que había sentido de parte de su padre. Luego se deslizó en el baño, tratando de calmarse. La comprensión repentina y la claridad sobre muchos de los hechos de su vida lo dejaron atónito. Y las amenazas de su padre, su actitud y lo que le sucedería como resultado de las decisiones que estaba tomando, lo dejaron angustiado.

Después de la ducha, que lo había recuperado, llamó a Manuela y hablaron largo rato. Él le contó todo lo que estaba pasando y ella escuchó con mucha atención.

- Y todo esto es muy grave, incluidas tus sospechas.

- No puedo decir mucho más, Manuela, la que vivimos en Dayton es la misma que yo viví en mi infancia, y qué viví hoy en Masada.

- Es tu habilidad como sensitivo psicométrico. Sin duda tienes una gran sensibilidad a la hora de tocar objetos.

- ¿Cuál es el propósito de todo esto?

- Bien, una parte podemos decir que ya la conocemos.

- ¿Qué es?

- Abre los ojos a la realidad del entorno en el que estás inserto.

- Sí comprendo. ¿Y qué más?

- Tengo el presentimiento que descubrirás a lo largo de tu viaje, Luigi, después de todo lo que me has contado, no estás aquí por accidente, hay un propósito en todo esto. Sigue tus intuiciones y ya sabrás lo que necesitas saber. Y lo más importante, qué vas a hacer con toda la conciencia que tienes.

- ¿Qué quieres decir?

- ¿Nunca escuchó la frase: a quien mucho se le ha dado, mucho se le exigirá?

- No.

- Así es. Tienes un don especial que necesita ser usado de manera útil, para el bien de los demás.

- No tengo ni idea de qué hacer con todo esto.

- Lo sabrás, Luigi. Con el tiempo, lo sabrás.

Siguieron hablando durante mucho tiempo. Cuando llamó, vio que había recibido varios mensajes en su buzón de voz. Dos de la prima y cinco de Antonella. Colgó su celular, murmurando:

- Que mujer tan cansona es esta Antonella.

Al otro lado del océano, Antonella se paseaba por la habitación, intercalando sorbos de bebida con maldiciones vulgares. Finalmente, intentó llamar por última vez, esta vez a la habitación del hotel donde se hospedaba el ejecutivo. Como había dejado órdenes expresas de no ser molestado, colgó y arrojó su vaso contra la pared. Luego salió molesta de la habitación y se dirigió a la sala de estar, donde Alfonso navegaba por internet en su tableta.

- Necesitas tomar acción.

- ¿Qué pasa, Antonella?

- Luigi me está evitando y estoy cansada de hacer el papel de interesada. Ya no moveré un dedo. Por mi parte, cerré.

- Prometiste que ayudarías.

- Sí, pero si cooperaba, y definitivamente no está interesado y no voy a perder mi tiempo tratando de impresionarlo más. Encuentra otra manera que lo controlemos.

- La constructora es la prioridad. Está creciendo y nos dará a muchos la oportunidad de actuar en diferentes frentes gubernamentales, inmiscuyéndonos en la economía y en otras áreas de control popular, y ampliaremos aun más los tentáculos de nuestras organizaciones.

- Lo sé, pero Luigi no es uno de los nuestros.

- Claro que es.

- No. Él no es.

- Francisco aseguró que te buscará en cuanto regrese a Brasil. Deja que el chico se divierta y tú haces lo mismo. Cuando regrese, veremos cómo le va.

Antonella respondió bruscamente, saliendo ya de la sala.

- No prometo nada. He hecho mi parte -. Y se alejó irritada.

* * *

Luigi estaba tratando de conciliar el sueño, pero estaba teniendo problemas. Se sentó en la cama y sacó su teléfono celular, mirando a su alrededor y pensando en qué circunstancias se habían dicho las palabras pronunciadas por Osiris en el camino de la serpiente, que no abandonaron su mente: *"no quedará piedra sobre piedra que no sea derribada."* Fueron pronunciadas por Jesús, y se les han atribuido diversas interpretaciones.

Después de buscar durante casi una hora, cerró los archivos y volvió a colocar su celular en la mesita de noche y volvió a acostarse, pensando en lo que acababa de leer. La historia de Masada, la derrota de los zelotes, la destrucción del templo de Salomón. Se sentía extrañamente conectado con todo aquí. Pero la frase martillaba en su mente. Sabía que lo había oído antes, pero ¿dónde? Nunca había leído nada sobre la Biblia o textos religiosos, y el padre se esforzó por mantenerlo lo más alejado posible de cualquier interés religioso. De hecho, lo había criado para ser un ateo que odia todo lo espiritual. Pero, ¿cómo podía negar la naturaleza espiritual que quería brotar de él y manifestarse sin obstáculos?

La mediumnidad estaba allí para recordarle quién era él, y ahora era imposible ignorarlo. Tenía que saberlo todo, comprenderlo todo, seguir adelante con esta investigación.

VEINTE

EN LOS PLANES DE LUIGI, iría de nuevo a Masada, para visitar las ruinas con más calma y darse un refrescante chapuzón en las aguas del Mar Muerto. Luego, visitaría algunos lugares turísticos en Jerusalén y regresaría a casa. Sin embargo, cuando despertó, sintió un impulso incontrolable de ir al llamado Mar de Galilea, llamado mar, pero en realidad un lago de agua dulce, donde Jesús había iniciado su ministerio. Jesús y Galilea lo llamaban aquella mañana inolvidable, en cuanto abrió los ojos.

Cuando bajó a desayunar, sintió una ansiedad, una fuerza indescriptible y casi incontrolable. Disfrutó de las delicias árabes y judías, y se apresuró al vestíbulo, en busca del chofer que había contratado para que lo llevara a los lugares famosos de la ciudad, el joven árabe y musulmán lo saludó con una amplia y amistosa sonrisa y le dio los buenos días en portugués. Saludándolo con un fuerte apretón de manos, Luigi comentó:

- ¿Hablas mi idioma?

- Un poquito...

- Qué alivio.

- ¿Podemos ir?

- Sí, pero hice un cambio de planes. Vamos a Galilea, más precisamente al Mar de Galilea.

- Jesús...

- Sí, donde Jesús comenzó a viajar y obrar sus milagros.

- Buena elección. Vamos.

Bien acomodado en el cómodo asiento del pasajero, Luigi estaba pensando y preguntándose qué estaba haciendo. ¿Por qué ir a Galilea? Y, como si intuyera sus pensamientos, el joven comentó:

- Es un lugar muy popular para los turistas. La naturaleza exuberante y abundante contrasta con la aridez que prevalece en muchas partes de Israel, el lugar es muy hermoso y lleno de historia.

- Bueno saberlo. Mi tiempo en Jerusalén ha sido bastante tumultuoso. Espero poder disfrutar un poco de este lugar.

Siguieron en silencio. Cuando llegaron, Luigi se sintió tan envuelto por la energía del lugar y se sumergió en dulces y placenteras emociones, sintiéndose como si hubiera regresado a casa después de un largo y difícil viaje. La alegría, el alivio, la expectativa y la curiosidad lo dominaban.

Aaron estacionó el auto y le entregó un volante:

- Este es un itinerario básico para visitar el lugar, puedes tomar la barca e ir a Capernaum, donde su profeta realizó muchos milagros. Hay una sinagoga de su época, aun en pie, que se puede visitar.

- Gracias, Aaron.

Mirando muy de cerca al hombre frente a él, Aaron, después de un análisis rápido, preguntó:

- ¿Quieres que te espere o que venga a buscarte al final del día?

- ¿Por qué preguntas esto? ¿Hay tanto que hacer aquí?

- Creo que para ti, sí - y sonrió como si contara un secreto. Habiendo transportado a más de 2000 turistas a lo largo de su corta vida laboral, reconocía a aquellos que simplemente se sentían parte y por eso dedicaban días a visitar la región del Mar de Galilea.

- ¿Puedes quedarte aquí, a mi disposición?

- ¡Por supuesto! Hoy estoy disponible para transportarte hasta la noche.

Se despidieron. Luigi comenzó a caminar cerca de las orillas del lago, observando el hermoso lugar, el día era soleado y cálido y el cielo era azul intenso, claro y lleno de pájaros que surcaban el aire en busca de alimento. Pasó innumerables turistas, que iban y venían; apenas los vio, siendo transportado lentamente a otro lugar, a otro tiempo. En el camino, vio un lugar con sombra donde podía sentarse y disfrutar del hermoso paisaje.

Esa mañana, había llegado bien arreglado, con mucha agua, una toalla grande de yara para sentarse y ropa extra en caso que necesitara cambiarse. Se acomodó donde tenía una vista amplia y colocó su mochila en el suelo sobre la toalla.

Entonces, como respondiendo a un imperativo, colocó ambas manos planas sobre la arena y pronto sintió que una emoción descontrolada lo dominaba. Y viajó mentalmente, a través de las grietas del tiempo, testigos de la historia. Se vio con un grupo de hombres, pescadores, que conversaban a la orilla del mar de Galilea. Entregándose a la experiencia, sin reservas, uno de los hombres llamó inmediatamente su atención, y con él se sintió identificado.

El día era caluroso y el cielo estaba despejado. Pedro parecía irritado, murmurando algo sobre lo mucho que está

Estaba cansado ese día. ...

- André, ayúdame con la red. Hoy esa maldita cosa está más pesada que de costumbre.

Antes que su hermano pudiera alcanzarlo, Simón, más tarde conocido como Zelote, corrió a ayudar a su amigo con la pesada red de pesca. Y luego André se unió a ellos. El sol quemaba los rostros ya dorados de los hombres, quienes estaban vestidos con largas túnicas de algodón, empapados de cintura para abajo.

A unos metros, otro joven sacó los pocos pescados que aun quedaban en la barca, junto con Tiago, y se los entregó a la mujer de Pedro, que acababa de llegar.

- ¿Solo esto? - Preguntó, mientras observaba a su marido inquieto, arrastrando la red fuera del lago.

- Luego traeremos más.

Estaban trabajando con atención cuando vieron a un hombre caminando a lo lejos, rodeado de gente por todos lados. Llegó despacio, pero con pasos firmes y seguros. Lo vieron volverse de vez en cuando hacia los que lo rodeaban, pero no hablaba mucho.

El grupo se dirigía hacia donde estaban los cinco pescadores. Habían dejado de hacer lo que estaban haciendo, magnetizados por el hombre que se les acercaba.

La esposa de Pedro habló, fuerte y emocionada:

- ¡Es Jesús de Nazaret, vino a visitarnos!

- ¡¿Jesús?! - Preguntó Pedro - ¿Estás segura, mujer?

- Sí, lo he visto antes, cuando volvió del desierto después de ser bautizado por Juan, el Bautista.

Y el Nazareno claramente tenía el destino correcto. Caminó hacia ellos y les dio una leve sonrisa.

Cuando Jesús se acercó, los cinco hombres fueron invadidos por una emoción intraducible. Sus almas, que habían esperado mucho tiempo el comienzo de la tarea que les correspondería en aquella encarnación, derrochaban alegría y entusiasmo. El momento había llegado. Jesús permaneció unos minutos en silencio, mirándolos, y luego, al verlos mudos, preguntaron:

- ¿Sería difícil pescar?

- Sí, Rabí - Pedro avanzó en responder.

- Venid conmigo, dejad vuestras redes, y os haré pescadores de hombres. El tiempo ha llegado.

Sus rostros se iluminaron, como si Jesús fuera realmente la materialización de un sol en la Tierra, tal sensación de bienestar que instantáneamente fueron bañados en él. Jesús los llamó de nuevo:

- Venid, los campos están listos para la siega.

Y se necesitan muchos agricultores para unirse a nosotros.

André y Tiago, que había estado siguiendo a Jesús durante unos días, inmediatamente dejaron caer sus redes. André se dirigió a su hermano Pedro y enfatizó:

- Debemos seguirlo, Pedro. Él es el Mesías prometido.

Simón, nacido en Caná de Galilea, conocido como el Zelote, un viejo amigo de Simón Pedro, dudaba. Tenía muchos planes para su vida, y no imaginaba seguir a un Mesías nacido en Nazaret, carpintero, que ayudaba a su padre a mantener a la familia. Mientras los demás dejaron todo y se acercaron a Jesús, Simón mantuvo la cabeza gacha, solo doblando la pesada red. Empezaron a alejarse. Jesús miró a Simón por encima del hombro, se detuvo y se volvió hacia él, invitándolo una vez más:

- Vamos, Simón, hay mucho trabajo por hacer; puedes cumplir los deseos de tu alma. Estaré contigo un poco de tiempo, y luego no estaré más. Ven, sígueme. No hay nada más grande que servir al Dios único que me envió.

Mientras Jesús hablaba, de él emanaba una dulce e intensa ola de energía que vibraba a su alrededor, y llenaba a todos de emoción y de un ardiente deseo de ser útiles.

Jesús miraba a Simón, que ahora no conseguía apartar de él su mirada. Dejó lo que estaba haciendo y se levantó como hipnotizado. Caminó hacia el Maestro y, sin decir una palabra, se unió al grupo. Pedro preguntó:

- ¿A dónde vamos, Rabí?

- Comenzaremos nuestro trabajo aquí mismo en Galilea. Entonces el Padre nos guiará a lo que se debe hacer.

- Quédate en nuestra casa, señor. Comamos, bañémonos y preparemos algunas pertenencias. Entonces te seguiremos.

La esposa de Pedro esperaba ansiosa la oportunidad de estar cerca de ese hombre que admiraba. Tocando el hombro del que sería uno de sus fieles apóstoles, Jesús dijo afablemente:

- Bien mi amigo. Cenaremos en tu casa, dormiremos y seguiremos mañana. Tengo un compromiso con mi familia. Una boda. Quiero que todos ustedes me acompañen.

Se sentaron a la mesa con Jesús por primera vez, el Maestro escuchaba más que hablaba y sonreía amablemente cuando se dirigía a él. Su amor por esos hombres y mujeres era inmensa. Su misión, que había comenzado hace varios siglos, en la minuciosa preparación de su descenso al planeta, estaba ahora en el apogeo de su logro. Y los amaba profundamente. Su alegría de estar con ellos era contagiosa. Y la conversación continuó hasta altas horas de la madrugada, mientras se envolvían en energías saludables. Se sentían bien como niños jugando sin cuidado en un jardín grande y divertido. Finalmente, vencidos por el cansancio, se durmieron allí mismo, en la sala.

Temprano en la mañana fue Simón, el Zelote quien se despertó primero. Había tenido un sueño breve e inquieto. Tenía recelos y dudas que se interponían entre él y Jesús. Era un hombre ambicioso: quería conquistar el mundo, realizar grandes cosas y, sobre todo, como miembro del grupo de los zelotes, abrigaba el ideal de liberar al pueblo judío de la opresión romana.

Simón despertó con el canto de los pájaros, que se preparaban para el majestuoso amanecer. Comenzó otro día de oportunidades renovadoras. Cuando despertó, vio que Jesús no estaba entre ellos. Se envolvió en una manta y salió a ver si lo encontraba. Enseguida vio al Maestro, lejos de la casa, sentado junto al mar, atento, parecía estar orando.

Observó salir el sol, comenzando a iluminar el paisaje verde alrededor del mar de Galilea. Y entonces, notó que Jesús emanaba una luz chispeante que mezclaba sutiles rayos de azul y rosa, formando un verdadero halo alrededor de su cabeza. Nunca había visto algo así. El espectáculo ante sus ojos era luminoso. Jesús y la Naturaleza parecían ser uno, completamente integrados. Y sin poder controlar su emoción, Simón dejó que las lágrimas que brotaban de sus ojos corrieran por su rostro. Este era ciertamente un hombre especial, diferente a cualquier otro que hubiera conocido. ¿Quién, después de todo, era ese carpintero de Nazaret? ¿Era él realmente el Mesías prometido, que había venido a liberar a su pueblo?

VEINTIUNO

LUIGI SE LIMPIABA LAS LÁGRIMAS DE SUS OJOS, cuando sintió que una mano lo tocaba y alguien lo llamaba. Sintiéndose entre dos mundos, no estaba seguro si el toque provenía de su visión de los tiempos de Jesús o del momento presente. Pero solo se hizo más fuerte, y fue despertando del letargo en el que reconocía de inmediato quién lo llamaba.

- Señor Luigi, ¿se siente bien? Señor.
- Sí, Aaron está bien.
- ¿Cuánto tiempo ha estado sentado allí?
- No puedo decir, creo que ha pasado bastante tiempo... ¿Qué hora es?
- Son las tres. ¡Y está en el sol!

Luigi notó que estaba recibiendo el sol de la tarde. Cuando se había sentado allí en la mañana, estaba en completa sombra.

- ¿Está bien? ¿Puede ser que haya tenido un golpe de calor?
- No, mi amigo, estoy bien.
- ¿Se quedó aquí todo el tiempo? ¿No quería conocer los otros lugares?

Totalmente perdido, Luigi se bebió una botella entera de agua. La sensación de estar de vuelta en el presente lo hizo sentirse dividido, como si su cuerpo estuviera allí, pero su espíritu estuviera lejos. Y la sensación era extraña y angustiosa. Después de tomar la segunda botella de agua, comenzó a sentirse más presente.

Estoy bien, acaba de salir el sol, ni siquiera estoy quemado. El lugar estaba bien protegido ¿Qué sugieres ahora?

- Sugiero Capernaum, al otro lado del lago.

Buscando el papel que le había dado el joven, preguntó:

- ¿Y qué tiene de especial?

- Varias cosas. Primero visitaría las ruinas de la sinagoga.

- Se dice que Jesús enseñó a sus seguidores en este mismo lugar. Inmediatamente sintiendo que continuaría su viaje en el tiempo, Luigi se puso de pie y habló emocionado, habiendo recuperado completamente su energía:

- ¡Entonces vamos!, ¿qué estamos esperando?

Tomaron el siguiente barco que cruzaba el llamado Mar de Galilea hacia Capernaum. De pie en el borde del barco, Luigi observaba la belleza del lugar con anticipación aprensiva, como un dulce susurro en la piel del ejecutivo. Aunque en ese preciso momento no estaba viviendo las imágenes del pasado lejano, aun estaba conectado a las sensaciones que había experimentado, a través de la energía que lo dominaba. Todavía estaba como dividido entre dos mundos. Al observar el lugar, le preguntó a su guía:

- ¿Pasó Jesús mucho tiempo aquí?

- Dicen que sí, cuando no viajaba, casi a diario. Cruzó este mar muy a menudo, era prácticamente su vida diaria, ir a Capernaum.

- ¿Y de verdad crees que predicó en este lugar, en las ruinas de la Sinagoga que vamos a visitar?

- Es lo que dicen...

- ¿Y, qué piensas?

- No hay forma de demostrarlo, ni sí ni no. Todo es posible Lo que sé y que me siento bien cada vez que visito el lugar. Puede ser que mi respeto por el Jesús cristiano sea mayor de lo que me doy cuenta.

- Eres musulmán, ¿no?

- Sí, pero creo que el Jesús cristiano es un Maestro. Genuino enviado desde Alá.

Luigi sonrió y fijó su mirada en el pequeño puerto donde pronto atracarían para visitar la conocida ciudad de Capernaum. Sintiendo crecer su aprensión, fue uno de los primeros en bajarse del barco.

- Me gustaría ir directo a la sinagoga, Aaron.

- Hay varios otros lugares que podemos visitar de antemano.

- No es necesario. Quiero ir directo a las ruinas de la sinagoga. Quiero ver a Jesús predicado allí mismo.

El joven miró sorprendido a Luigi, pero no dijo nada, caminando tranquilamente, entre los muchos turistas, directo a las ruinas.

A medida que se acercaban, Luigi se sintió aun más involucrado por las energías del lugar. Sin prestar mucha atención a los detalles de construcción, letreros o señales, ni siquiera la historia del lugar le interesó. estaba ansioso por reencontrarse con Jesús. Entró y caminó, dejándose envolver por la atmósfera y, encontrando un lugar más tranquilo, se volvió hacia Aaron y le advirtió:

- ¿Puedes dejarme aquí por un rato, solo? Quiero sentarme y solo mirar.

- ¿Cuánto tiempo?

- No sé. Nos encontraremos afuera cuando termine.

- Hay mucho que hacer por aquí... si pasas demasiado tiempo en la sinagoga, es posible que no tengamos tiempo para ver el resto.

Luigi sonrió y respondió:

- No te preocupe. Si es necesario, volveremos aquí de nuevo. Pero...

Aaron iba a responder, pero se dio por vencido, al darse cuenta que este turista era diferente a los demás. Tenía sus propios métodos e intereses.

- Está bien. Lo estaré esperando. Vamos a su ritmo.
- Gracias.

Al encontrarse solo, Luigi se sentó cerca de un lugar donde podía tocar fácilmente las piedras del antiguo edificio. Y tan pronto como puso sus manos sobre ellos, su cuerpo espiritual rápidamente viajó más de dos mil años en el tiempo, hacia el pasado.

La sinagoga estaba repleta. En las galerías, que estaban a los lados, había mujeres y niños y no había sitio para nadie más. Todos estaban ansiosos, como esperando un gran evento. Jesús apareció en la puerta, con varios discípulos, y entre ellos, los doce apóstoles. Al notar que el lugar ya estaba lleno, Jesús se dirigió a sus seguidores y llamó a los doce apóstoles para que entraran con él:

- Pedro, su hermano André, Tiago, Filipe, Bartolomé, Mateos, Tomás, Tiago, Simón y Judas. Me acompañarán. A los demás, les pido que se queden aquí mientras enseño a la gente sobre el reino espiritual, del cual todavía están tan lejos. Estén en oración para que aquellos que están listos sean despertados. Apoyen a sus hermanos en la oración.

Entonces se oyó un discreto estruendo. Muchos estaban molestos porque el Maestro había seleccionado solo a unos pocos de todos para participar. Y estaban heridos. Jesús, conociendo todos sus pensamientos y emociones, se dio vuelta, casi entrando al salón, y preguntó:

- Mis hermanos, los amo a todos. Pero el lugar está repleto, con espacio para unos pocos hombres en el área cercana a la mesa de lectura. La próxima vez, túrnense. Calmen vuestros corazones y vuestras mentes, y haced lo que os he pedido que hagáis.

La mirada de Jesús era firme y serena, como si escrutara sus corazones y conociera cada uno de sus inconfesables pensamientos. Ante esa autoridad que emanaba del Maestro, se vieron obligados a callar por dentro y por fuera. Jesús entró. Como era de esperar, abrieron espacio para que pase, llegando a la mesa de lectura. Con un gesto de agradecimiento, Jesús asumió el lugar destinado a los maestros judíos, que enseñaban en el nombre de Dios.

Los apóstoles, que lo habían seguido, se pararon en al fondo, mientras el Maestro permanecía en la mesa, donde estaban los pergaminos que se iban a leer, los textos de la Torá, del Antiguo Testamento hebreo.

Luigi podía sentir las emociones en el aire, particularmente de Simón, el zelote.

Jesús miró a los rostros de cada uno de los presentes, como si penetrara en su alma. Y así permaneció, mirando con amor a su público, en ambos planos de la vida.

El grupo que lo asistía desde la dimensión espiritual era todavía mucho más numeroso que el grupo de hombres del cuerpo denso. Varios espíritus que trabajaban con Jesús, le sonreían, cariñosos, felices de estar allí, pudiendo servir y colaborar con el Mesías. Y bajo las influencias amorosas de los espíritus, pero sobre todo, emanados por Jesús, poco a poco el grupo se fue calmando, dejando el ambiente en silencio. Jesús cerró brevemente los ojos, en una búsqueda visible de una sintonía más profunda con la Fuente y la Sabiduría Suprema, de la que era el mensajero. Luego, abriendo uno de los rollos, leyó el texto y comenzó a enseñar.

Los espíritus de luz trabajaron arduamente en la mente de los oyentes, buscando abrir los ojos espirituales de aquellos que estaban preparados. Como luces que se encendían, algunos despertaban lentamente del letargo en el que estaban sumergidos, el ambiente estaba bañado de tal luz que se podía identificar espiritualmente a kilómetros de distancia. Mientras enseñaba, Jesús podía sentir el intento de interferencia espiritual de aquellos que lo odiaban, así como a toda la humanidad, haciéndolos esclavos, dominando sus mentes y manteniéndolos en un estado espiritual vegetativo, como verdaderos sonámbulos.

Bajo la intensa interferencia de los malos espíritus, uno de los presentes fue dominado por uno de ellos, y de repente gritó:

- ¿Qué quieres de nosotros, Jesús de Nazaret? - Habló el hombre bajo la influencia total de los espíritus - ¿Viniste aquí para destruirnos?

La voz ronca y cavernosa sobresaltó a todos, y los más cercanos al hombre retrocedieron, apretándose contra las paredes, dejándolo aislado. Continuó:

- Sé que eres el enviado del Altísimo.

Jesús salió de detrás de la mesa donde estaba y caminó lentamente hacia el hombre. Cuando se acercó a él, anunció el espíritu que se manifestaba a través de él:

¡Deja a ese hombre en paz y aléjate de él! Inmediatamente, el infeliz espíritu que lo manipulaba, dio un grito y se alejó, dejando al hombre en el suelo. Jesús se inclinó, lo tocó suavemente y dijo:

- Ahora, estás libre de tu perseguidor. No dejes más espacio para que vuelva a molestarte.

El hombre, entre lágrimas, tomó las manos de Jesús y dijo:

- Maestro, me ha estado persiguiendo durante tantos años, nunca me deja solo... ¿Qué debo hacer?

- Ama, hermano. La oscuridad no puede soportar el amor. Esta luz que brilla en el alma de todos ahuyenta las tinieblas y nos trae la paz. Ama indiscriminadamente. Amar cada día. No ames con palabras, sino con todo tu corazón. Y así Dios se manifestará a través de ese amor, llenando tu vida de bendiciones.

El hombre se puso de pie, como si escuchara una fuerza inmensa en las palabras del Maestro, sonrió y asintió, retirándose a un rincón.

Jesús, en lugar de volver a su lugar, continuó desde allí y terminó las enseñanzas que quería transmitir ese sábado.

Muchos de los presentes quedaron profundamente conmovidos e impresionados y dijeron entre ellos:

- Qué hombre es este, que enseña con tanta autoridad, y hasta los espíritus impuros le obedecen inmediatamente. De hecho es el libertador prometido.

Los apóstoles estaban igualmente conmovidos por la fuerza energética que los envolvía.

Luigi, a su vez, al presenciar los hechos, también se sintió fuertemente impactado, siguiendo cada paso de Jesús y sus apóstoles. Sin embargo, se sintió obligado a seguir a Simón más de cerca.

Cuando salían del templo, un grupo de siete hombres, algunos amigos de Simón, se le acercaron.

- Queremos hablar contigo y Judas. ven.

Jesús iba a casa de Pedro, donde almorzaría ese sábado. Simón sintió una ligera vacilación, queriendo ir con Jesús, pero pronto fue jalado por uno de los hombres:

- Vamos, Simón, tenemos que hablar.

Cuando entraron en la casa de uno de ellos, almorzaron mientras conversaban. Judas y Simón, y diez hombres más. Absalón fue quien trajo a colación el tema que le interesaba.

-Tú, que estás cerca de él, debe comenzar a actuar en nombre de nuestro grupo. Nosotros, los zelotes, estamos convencidos que este Jesús de Nazaret es el libertador que nos liberará del yugo de los romanos y, finalmente, nos hará libres, tomando el lugar del príncipe de Israel, que es su lugar.

- No estoy tan seguro - reflexionó Simón.

- ¡¿Cómo no, hombre?! ¿No es él del linaje del rey David?

- Sí, así es, ya lo hemos verificado. José, el padre de Jesús y descendiente directo del rey David - Asintió Simón.

- Pues entonces. Él es quien vencerá y humillará a los romanos y nos devolverá nuestra tierra. Él será rey de Israel.

Pero su mensaje es demasiado pacífico... - argumentó Judas.

Ignorando la objeción, Absalón continuó:

- Su fama se está extendiendo rápidamente por toda Galilea y pronto llegará a Jerusalén. Y cuando tenga a Jerusalén en sus manos, podrá tomar posesión de su reino.

- El pueblo lo seguirá en una revolución y estaremos preparados para apoyarlo con armas y hombres, lo que necesite para recuperar el trono y nuestra libertad.

- ¿Y qué quieren de nosotros?

- Ustedes son nuestros ojos dentro del grupo que sigue a Jesús. Deben influir en los demás, los apóstoles y todos los demás seguidores, hablándoles de nuestras ideas. Vamos a incendiar Jerusalén cuando llegue la hora. Y recuperaremos nuestro país...

Simón sonrió satisfecho y brindó por aquellas ideas e ideales que sustentaban el movimiento zelote. Sí, pensó Simón, Jesús era el libertador seguro. Tenía mucho poder y no dudaría en usar ese poder a favor de los hebreos, subyugados por la violencia de los opresores romanos. Después de todo, sintió el amor de Jesús por su pueblo. Pronto los liberaría del dolor, cuando llegara el momento oportuno.

Luigi sintió el toque de Aaron, llamándolo.

- Sr. Luigi, el lugar cerrará pronto, tenemos que irnos.

Como si despertara de un sueño profundo, regresando de un sueño placentero, Luigi se levantó y comenzó a caminar hacia la salida de las ruinas de la sinagoga. Las palabras de Jesús, herido durante tantos siglos, aun resonaban en su mente, y al salir del lugar miró al muchacho y le dijo:

- Sí, la respuesta es sí.

- ¿Señor?

Cuando te pregunten nuevamente si Jesús realmente predicó en este lugar, puede responder sin duda que lo hizo. Jesús de Nazaret enseñó aquí.

VEINTIDÓS

CUANDO REGRESARON AL HOTEL, Luigi recordó cada imagen, cada frase, cada emoción y sentimiento. Su corazón latía de manera diferente. Sintió fuertemente la presencia de Jesús con él, como si de sus recuerdos le hubiera traído energías renovadoras que lo transformaron íntimamente, de una manera que no podía entender.

Y así, totalmente absorto en sus recuerdos, llegó al dormitorio esa noche. Después de un largo baño, en el que finalmente pudo relajarse, no quería salir más. Verificó su celular y vio que tenía varios mensajes. Sabía que sus responsabilidades gritaban su presencia y atención, pero no tenía ningún deseo de involucrarse en nada más que lo que estaba experimentando. La pureza y sublimidad de los pensamientos y sentimientos que surgieron en él después de esa experiencia le generaron una especie de repulsión interior por todo lo que le era tan familiar.

Después de cenar en su habitación, llamó a Manuela. Y tan pronto como ella contestó, el joven ejecutivo sintió como si las angustias y aprensiones que intentaban dominarlo se hubieran disipado por completo. Le contó detalladamente todo lo que había vivido ese día: el encuentro con Jesús, sus palabras, y sobre todo las sensaciones que trajo de esa experiencia. Manuela estaba conmovida por lo que estaba pasando con Luigi. Y después de casi dos horas de conversación, aseguró:

- No tengo ninguna duda que eres un sensible y que tu experiencia se llama psicometría. Qué impresionante, Luigi. Y es tanta la energía, que a medida que hablas, casi puedo sentir las emociones que te ha dado tu experiencia. ¡Qué cosa tan maravillosa! Qué experiencia tan especial para ti. Qué oportunidad única, Luigi, de estar con Jesús...

Después de estas palabras de Manuela, se hizo un largo silencio.

- ¿Qué es? ¿Qué te preocupa?

- Es que preveo un futuro problemático con muchos obstáculos para mí en el futuro. No me imagino cómo podré conciliar estas experiencias con mi vida actual, con mis proyectos y mis planes para el futuro.

- Si estos planes son realmente tuyos, se harán realidad.

- ¿Qué quieres decir, si son realmente míos?

Me refiero a que si tus planes fueron hechos por tu ser más interno y no fruto de influencias externas, muchas de las cuales ni siquiera eres consciente, llegarán a buen término.

- ¿Eres arquitecta o psicóloga, de todos modos?

- Soy arquitecto seguro. Pero me encanta la psicología y el conocimiento de la naturaleza humana. Y, además, sin el conocimiento de la naturaleza interna del ser humano, de la mente, de cómo funciona la mente humana y las emociones, no es posible lograr transformaciones sólidas, conscientes y duraderas. Y me gusta liderar mi proceso de evolución en lugar de ser arrastrado o constreñido por él.

- Me sorprendes, Manuela. A pesar de lo sublime de lo que estoy viviendo, me siento perdido...

- Es natural. Todo proceso de cambio nos deja un poco perdidos al principio. Pero entonces, todo se aclara y podemos elegir el mejor camino...

- No me imagino que pasará, pero la verdad es que no cambiaría la experiencia que estoy viviendo por nada más. Necesito terminar este proceso.

Luigi compartió con ella el guion para las próximas visitas y quiso saber cómo avanzaba el proyecto de paisaje del centro comercial. Antes de colgar dijo:

- Ojalá estuvieras aquí conmigo, Manuela.

- Me encantaría. Pero parece que este es un derrotero que tienes que hacer solo, Luigi; un momento decisivo que podría transformar tu vida.

- No quiero ni pensarlo... lo que pasará después de todo esto me da miedo.

- Piensa en lo que dijo Jesús: tu todo es suficiente para cada día. No anticipes nada. Vive el momento, cada momento es precioso. No dejes que los temores, miedos o cualquier otra presión se interpongan en el camino del esplendor de esta hora. Tendrás mucho tiempo, cuando regreses, para pensar qué hacer. Ahora, ríndete, Luigi, vive esta extraordinaria experiencia. Este momento es solo tuyo y nadie puede interponerse en el camino, excepto tú mismo.

- Tienes razón, Manuela, toda la razón. Una cosa a la vez.

Se despidieron. Luigi durmió profundamente, un sueño apacible y sereno.

A la mañana siguiente se levantó temprano y de buen humor, listo para el viaje del día. Apenas llegó Aaron, lo vio en el lobby del hotel y lo saludó:

- ¡Buenos días! ¿Vamos?

- ¡Qué disposición, señor Luigi!

- Sí. Me siento especialmente bien hoy.

- ¿Para dónde?

- Capernaum, quiero visitar los atractivos turísticos del lugar.

- ¿Alguno en particular?

Sentado en el asiento del pasajero, ya en camino, Luigi respondió:

- Sí. La Iglesia de la Multiplicación y el Monte de las Bienaventuranzas. Aaron miró al pasajero por el espejo retrovisor y sonrió. Seguramente no había lugar más hermoso para visitar ese día.

El cielo estaba particularmente azul, sin nubes, y una suave brisa llenaba el aire de vida.

Luigi siguió su guion con ansiosa anticipación: ¿qué experimentaría ese día?

Mientras navegaban por el Mar de Galilea, Luigi observó la naturaleza y se sintió más conectado con ella de una manera diferente. Como si pudiera sentir el pulso de la vida; la respiración de los pájaros, la vida bajo el lago, el susurro de las alas de las mariposas. Sintió como si su percepción se hubiera ampliado. Y se dio cuenta que todo era vida. Todo estaba vivo, lo veía, emanando energías. Y el ejecutivo sonrió, como si le invadiera una alegría inesperada.

Visitaron las ruinas de lo que se decía que había sido la casa de Pedro. Quería entrar, pero el lugar estaba cercado y no podía caminar por las ruinas, solo los bancos. Al observar el lugar, Luigi sintió como si hubiera estado allí antes, pero sin recuerdos claros que le vinieran a la mente.

Pasearon por los callejones del centro y almorzaron en el mercado, donde se vendía de todo. Luego fueron al llamado Monte de las Bienaventuranzas, la Iglesia de la Multiplicación, donde se dice que Jesús pronunció el conocido Sermón de la Montaña.

- Esta es la Iglesia de las Bienaventuranzas.

Luigi siguió a su guía sin hacer comentarios, el lugar, lleno de jardines, era hermoso, bien cuidado y con una vista impresionante al mar. Mientras caminaban por los pasillos exteriores de la iglesia, se cruzaron con los innumerables turistas que visitaban el sitio todos los días.

Ellos entraron. La iglesia, construida en 1938 en formato octogonal, menciona las ocho Bienaventuranzas. El interior sencillo, con un altar central y sillas a su alrededor, exhibió numerosas obras de arte, conocidas en todo el mundo. Algunas personas, visiblemente tocadas por las energías del lugar, se sentaron en contemplación y estaban encantadas de entrar en un lugar donde Jesús vivió y pasó tanto tiempo mientras estuvo en la Tierra.

Después de pasar los puntos principales de la iglesia, se cosecha.

- ¿Ahora hacia dónde?

Desde el balcón donde estaban, podían ver la amplia área que se extendía justo en frente de la iglesia.

- Algunos dicen que el lugar más conocido donde Jesús entregó su mano fue aquí, donde se encuentra la iglesia.

Luigi, que ya había tocado algunos lugares dentro del templo y visto muchas cosas que sucedieron durante la construcción, no vio nada relacionado con el sermón de Jesús.

- No creo que fuera aquí...

- ¿Por qué dices eso? - Aaron ya sospechaba que Luigi tenía habilidades extrasensoriales.

- Un presentimiento.

- Muchos; sin embargo, aseguran que fue allí, en esa zona, donde habló a la multitud que lo acompañaba. Por la topografía del lugar - ¿ves?

- Sí.

- Dicen que forma un anfiteatro natural, y que la voz del orador se escucha desde muy lejos, y por eso Jesús habría escogido ese lugar para hablar a la multitud y ofrecer a los oyentes su famoso y muy importante Sermón de la montaña.

- A los oyentes y a la posteridad...

- Y, sus palabras continúan siendo enseñadas y seguidas.

- Enseñadas sí; seguidas, creo que todavía no.

Aaron miró a Luigi sin decir nada. Y comenzó a caminar hacia el campo abierto justo debajo de la iglesia.

- Conozcamos el lugar. He visto que está interesado.

Mientras caminaban, se encontraron con un grupo de turistas que se habían reunido en un semicírculo. Se tomaron de las manos y rezaron. Adelante, otro grupo de turistas, sentados en silencio, meditaba, el lugar ciertamente invitaba a las más profundas reflexiones. Llegaron al amplio espacio y tan pronto como entró en el lugar, Luigi sintió que se estremecía. ¿Qué secretos guardarían esas piedras? Casi podía oírlas murmurar.

- Me quedaré aquí por un tiempo. Voy a sentarme y dejar que mis pensamientos divaguen, como lo he hecho en otros lugares.

- Sí señor. ¿Y cuánto tiempo quieres quedarte aquí?

- No estoy seguro, pero creo que aquí es donde quiero pasar el resto de la tarde.

- Pues bien. Volveré en un par de horas, para ver si estás listo para volver.

- De acuerdo.

Aaron se alejó mientras Luigi encontraba un lugar cómodo y sombreado para sentarse. En el amplio espacio, vio algunas rocas y caminó hacia ellas. Se sentó en uno de ellos, viendo al inmenso lago a sus pies. Miró el cielo azul, donde ahora se insinuaban algunas nubes. Y pensó: Hermoso escenario para una prédica al aire libre...

Cuando se acomodó en la roca, tocó un poco de grava cercana. Una de ellas llamó su atención. La tomó y la apretó entre sus manos. Pronto se encontró transportado a otro tiempo.

Sentado en la misma roca estaba Simón el Zelote, mirando a la multitud que se había reunido a los pies de Jesús y se extendía hasta donde alcanzaba la vista.

> Soplaba una ligera brisa llenando el aire de un dulce aroma, el sol se hundía en el horizonte, tiñendo mantos y valles con un esplendor de luz dorada y amando moverse. Entonces los ojos de Jesús se encontraron con los de Simón, y Luigi sintió como si Jesús lo estuviera penetrando con esa mirada, sabiendo exactamente lo que estaba sintiendo y

pensando. Su corazón se aceleró y sus manos estaban frías. Entonces Jesús le sonrió y comenzó a enseñar.

"Bienaventurados los pobres en espíritu, porque de ellos es el reino de los cielos;

Bienaventurados los que lloran, porque son consolados;

Bienaventurados los mansos, porque ellos heredarán la tierra;

Bienaventurados los que tienen hambre y sed de justicia, porque ellos serán saciados;

Bienaventurados los misericordiosos, porque ellos alcanzarán misericordia;

Bienaventurados los limpios de corazón, porque. verán a Dios;

Bienaventurados los pacificadores, porque son llamados hijos de Dios;

Bienaventurados los que padecen persecución por causa de la justicia, porque de ellos es el reino de los cielos..."

Luigi observó con atención la mirada de ternura que Jesús había dirigido a sus asistentes. Los miró como si conociera a cada uno de ellos, bañándolos de amor, fuerza y luz. Luego siguió la mirada de Jesús, fijándose en cada una de las personas que estaban allí, cientos de criaturas hacinadas, sedientas de escuchar las palabras del Maestro. Ancianos temblando, campesinos, mujeres del pueblo aferradas a sus hijos, ciegos, leprosos, niños enfermos, hombres harapientos y sufrientes eran la gran mayoría de ellos, además de las decenas de discípulos del Maestro. Mirando esos rostros de sufrimiento, esas criaturas que parecían desheredadas de todo y desvalidas de la suerte, sentía por ellas una inmensa compasión. Mientras su mirada más atenta se posaba en cada uno, podía aprehender sus angustias y sufrimientos. Muchos no tenían qué comer y deambulaban dolorosamente en busca de lo esencial.

Otros lucharon con enfermedades graves que les robaron la energía y la alegría; aun otros, con pesadas cargas morales, oscilaban entre la culpa y el miedo, y bebían las palabras de Jesús, como si les penetrase en los intestinos eliminando miasmas y severas obstrucciones emocionales. Y a medida que posaba en ellos la mirada, veía sus dramas, problemas, traumas y los dolores que se desarrollaban. Y allí, mirando a los que vivieron hace tantos cientos de años, Luigi sintió una inmensa compasión, que dominó su alma.

Al sentir su alma llena de amor por los que sufrían, Luigi notó que Jesús se levantaba de donde estaba, como si toda la escena estuviera congelada, y se acercaba a él. Lo miró con sus ojos luminosos y, tocándole el brazo, dijo:

- Bienvenido, Simón, te espero desde hace dos mil años. De ahora en adelante serás bendecido también tú, como todos los que oyen y entienden la palabra de Dios.

Luigi quedó profundamente impactado por las palabras y el tacto de Jesús. Sintió la intensa energía del Maestro tocando cada fibra de su ser. Como si hubiera sido impactado por un meteoro, inmediatamente regresó al lugar donde se encontraba, en el momento presente. Su mente estaba corriendo como nunca antes. Y con la misma velocidad con que desfilaban sus pensamientos, sus emociones se transformaban. Y entonces se encontró, en contacto con los recuerdos del pasado, y se reconoció en aquellos tiempos, murmurando:

- Soy yo. Soy Simón, el zelote. Yo estaba allí, con Jesús. Y no entendí su mensaje... ¡Fui yo! ¡Sé que fui yo!

Se levantó sin saber qué hacer ni a dónde ir. Quería volver atrás en el tiempo, pero no podía.

Melissa y otros amigos espirituales trabajaron en el cuerpo espiritual de Luigi, buscando ayudarlo a absorber las experiencias que estaba experimentando. Caminó sin rumbo fijo por los senderos que rodeaban el Monte de las Bienaventuranzas. Caminó, pero no vio casi nada. Como si una inmensa claridad hubiera dominado su alma, una luz que él mismo había impedido entrar durante dos milenios. De vez en cuando repetía las últimas palabras de Jesús: *"Bienaventurados todos los que oyen y entienden las palabras de Dios."*

La energía, el gozo, la luz, la satisfacción que había sentido al tocar a Jesús no se parecían a nada que hubiera experimentado antes. Esto era nuevo, especial y maravilloso. Era real. Concreto. Verdadero. Y había despertado en él una fuerza interior que no había conocido. Todavía estaba vagando por los senderos cuando Aaron lo encontró.

- ¡Luigi, gracias a Alá! ¡Me alegro de haberlo encontrado! Estaba preocupado. ¡Pronto oscurecerá y no sabía qué más hacer!

Mirándolo, Luigi abrió una amplia sonrisa y lo envolvió en un abrazo, dejando al primero avergonzado.

- Lo siento, Aaron. Es que estoy feliz de verte.

Después de deshacerse sutilmente de su turista, el chico preguntó:

- ¿Está todo bien con usted, señor?

- ¡Nunca he estado mejor! - Respondió Luigi sonriendo.

Alegre, realmente se sentía como si acabara de ser rescatado de una larga y aburrida prisión. Quería abrazar a todo y a todos, y sintió la necesidad de abrazar árboles, animales y turistas, pero se contuvo. Sentí una explosión de alegría y felicidad que no se podía explicar ni compartir.

El camino de regreso al hotel, lo hizo en silencio, con una leve sonrisa. Se sentía en estado de gracia. Al despedirse de Aaron, ya en el lobby del hotel, dijo:

- Mañana me quedaré aquí. Necesito arreglar algunas cosas.

- ¿Después de mañana, entonces?

- Sí, llamo para confirmar.

Se despidieron y él fue directo a su habitación, abrió su computadora y comenzó a investigar quién era, después de todo, Simón, el zelote. Quería saber todo lo que pudiera sobre el que estaba seguro era él mismo en una vida anterior, en la época de Jesús.

El ejecutivo, heredero de una de las mayores constructoras del país, quería saber ahora todo sobre Jesús: su vida, sus discípulos, y sobre todo, sus enseñanzas, sentía sed de aprender las verdades eternas, las leyes que regían el universo; a lo largo de su vida, no había aprendido nada sobre asuntos espirituales, todo lo contrario. Le habían enseñado a creer única y exclusivamente en el poder, en el dinero, en los negocios, en la familia.

- Siempre que para defender sus intereses, que eran los más importantes de todos. Había sido diligentemente apartado de toda religión, y sagazmente guiado e iniciado en todo lo que excitaba los sentidos, estimulaba el egoísmo y la vanidad; era todo lo que se quería y se esperaba de él. Enterrada bajo los valores y creencias cuidadosamente esculpidas para conducir a los intereses de la familia estaba la preciosa habilidad psíquica, la sensibilidad que todos conocían en esa familia, y ahora, se abría y revelaba su tesoro.

Luigi pasó la mayor parte de la noche leyendo e investigando; Fue allí por la mañana, cuando el sol comenzaba a derramar su luz sobre Jerusalén, que dejó a un lado su cuaderno y se durmió.

VEINTITRÉS

ERA CASI LAS DOS DE LA TARDE cuando, adormilado, Luigi escuchó su celular sonar una y otra vez. Con los ojos aun cerrados, estiró los brazos y alcanzó el dispositivo en la mesita de noche.

-Hola.

¿En qué orgías te estás entregando, sin contestar mis llamadas?

-¿Quien habla?

- ¿No reconoces mi voz?

- ¡Antonella, por supuesto!

- ¿Cómo estás, Luigi?

- Dormido, como puedes ver...

- Pero es hora de despertar y disfrutar de este hermoso día, el cielo es maravilloso y hay mucho que ver. Además, la brisa fresca, poco probable a esta hora de la tarde, está ayudando.

- Sí... En la ciudad, ¿cómo sabes lo de la brisa fresca?

- Mi habitación está al lado de la tuya y tiene la misma vista.

Luigi saltó y se sentó en el borde de la cama.

- ¿Estás en Jerusalén?

-Sí.

- ¡¿Qué haces aquí?!

- Vine a acompañarte. Después de todo, me debes un viaje, querido. Vine a cobrar lo que me debes...

- Ya estoy a punto de volver, Antonella. No creo que sea buena idea...

Pero claro que es una buena idea, que tontería. Ya he alquilado un yate y podemos viajar por tierra y mar. Aunque no tengo ningún interés particular en esta parte del mundo, no podemos olvidar que ellos son eximios referentes de cómo obtener y aumentar la riqueza y mantener una hegemonía siendo aplastados a lo largo de la historia. Es un pueblo resiliente, y eso siempre es interesante conocer.

Luigi sintió como si algo le estrujara el cuello, como si fuera a asfixiarse.

- Lo entiendo... Estás bromeando. Aquí no hay nada... pero fue divertido.

- Qué amable de tu parte pensar eso, porque estoy justo aquí, al lado de tu habitación. Veo por la ventana dos palmeras datileras con fruta, una limusina blanca mal aparcada y... una mujer en un jihab azul.

Luigi se acercó a la ventana y vio, completamente atónito, que era exactamente lo que veía desde la ventana de su dormitorio.

- ¿Por qué estás aquí? ¿Fue tu idea?

- La mía y la de tu padre.

- Lo supuse.

- Pero vine porque quería, cariño. Me encanta viajar, y como tardabas tanto en devolverle las llamadas a tu padre, no contestar los correos electrónicos, no dar ninguna noticia, él estaba preocupado. Vine a hacerte compañía y tranquilizar a tu padre y otros directores. Después de todo, un heredero como tú, que acaba de cerrar el contrato más grande en la historia de esta empresa, perdido por Jerusalén, sin enviar noticias, podría no ser algo bueno. Tienes a todos preocupados. Pero ahora todo está bien. Tan pronto como llegué, verifiqué con el hotel que estás bien, ya le mandé un mensaje a tu padre. Todos tranquilos. Te acompañaré y mantendré informados a todos, puedes seguir tranquilo, haciendo tu recorrido por estas tierras, que te acompañaré sin exigencias.

Luigi tuvo que pensar rápido y no se le ocurrió nada. Quería terminar lo que había comenzado, quería tener mayor contacto con los lugares por donde pasó Jesús, quería visitar el pasado y tener contacto directo con las palabras, las enseñanzas de aquel Maestro de Nazaret que le llegaban al alma, y transformó gradualmente su ser. Necesitaba deshacerse de Antonella... ¿qué hacer?

Melissa, que lo seguía de cerca, sabía muy bien en qué condiciones se encontraba el entorno espiritual de Luigi. Los continuos intentos de invadir a los espíritus menos felices que querían entrar en la habitación para dominar más fácilmente su mente. Le habían avisado de la llegada de Antonella, y le susurró al oído del alma de Luigi, dando su mente como una intuición.

- "Ella puede ser útil. Sé más inteligente que ella. Saber usar su presencia aquí te permitirá calmarte en Brasil. Hay muchos intereses en juego y todos quieren que regreses y no tengas ningún contacto con tu pasado, mucho menos con las lecciones liberadoras de Jesús. Sé más listo que ellos."

✶ ✶ ✶

Tres días antes, en su amplia y sofisticada oficina, en el corazón financiero de São Paulo, Francisco estaba terminando una reunión con algunos directores, cuando sonó el teléfono. Respondió enojado:

- ¿No escuchaste lo que dije? No quiero ser interrumpido hasta el final de la reunión.

- Es que... es que... ya no podré retenerla.

- ¿Retener a quién?

La puerta se abrió y entró el Coronel Alfonso, pronto seguido por el secretario sin aliento y desesperado:

- Lo siento señor, no pude detenerlo.

Francisco miró la mirada gélida de Alfonso y le gritó a la joven:

¡Realmente eres una incompetente! Sal de mi oficina.

Ya no quiero ver tu cara, vete.

Sin poder contener las lágrimas, la joven se fue llorando y Francisco se dirigió al inoportuno visitante: Siéntate, sírvete un whisky escocés y hablaremos. Tranquilamente, sin decir una palabra, Alfonso se sentó y se dispuso a ajustarse el traje impecable. Cuando finalmente la reunión terminó y los tres directores salieron de la presidencia del edificio, Francisco se sirvió un trago y se sentó al lado de Alfonso, en la sala que tenía en su despacho. Atendiendo también al visitante, comentó:

- ¿A qué debo tu visita inesperada?

- Tienes que controlar a tu hijo, o lo haremos nosotros.

Sin expresar una reacción, el presidente preguntó:

- ¿De veras? ¿Y qué hizo esta vez?

- Representa un peligro para nuestros planes, y lo sabes bien. ¡Queríamos acabar con él cuando era niño, pero prometiste que lo corromperías hasta el último cabello! ¡Y fallaste!

- Pero, ¿de qué estás hablando? ¿Dónde fallé?, ¿Qué hizo?

- El problema no es lo que hizo, es lo que va a hacer, tarde o temprano.

- ¿Y qué hará?

- Tu hijo está protegido por la luz. Hay iluminados que lo acompañan. No lleva la misma firma vibratoria que tú, ni los nuestros, los que nos pertenecen.

- ¡Claro que sí! Me encargué de ello personalmente. Le inculqué todos nuestros valores y creencias, nuestra forma de pensar. Él es uno de los nuestros. Y si no es completamente mío, lo será una vez que se una a Antonella. Ella lo habrá dominado por completo.

El visitante sonrió y respondió:

- Oh, sí, ella es una de las nuestras. ¿Son estos tus planos para domarlo?

- Sí. Todo está arreglado con ella.

- ¿Y por qué está solo, vagando por Jerusalén? ¿Y por qué nuestros informantes ni siquiera pueden entrar en su habitación? Están todos parados en la puerta. Y cuando se va a sus andanzas, ¿no podemos seguirle el ritmo? Lo pierden de vista, como si sus señales vibratorias pronto fueran ocultadas. Lo que está pasando es inconcebible, Francisco.

Alfonso hizo una larga pausa mientras miraba al otro sin quitarle los ojos de encima. Tomó el resto de la bebida que tenía en su vaso, lo colocó sobre la mesa de café. Y dijo, en tono solemne:

- Tienes poco tiempo, y esta es nuestra última advertencia. Si no lo arreglas tú, lo haremos nosotros. Tal como está, nunca podrá controlar la empresa; debes preparar otro sucesor inmediatamente. Hay mucho dinero, muchos intereses en juego, y nuestra planificación para destruir los valores cristianos en Brasil, que se están forjando en los últimos años con detalles minuciosos, no puede demorarse. Como bien sabes, el mundo avanza hacia el control único, hay una agenda en marcha y tú y tu familia son una pieza importante en este sistema que hemos establecido. Sin embargo, no permitiremos que nada ni nadie se interponga en nuestros planes.

- Soy consciente de nuestra agenda para el control de la Tierra y trabajamos para contribuir a ella. Haré lo que me pidas. Voy a empezar a preparar a mi hija mayor para que también sea una posible sucesora, en caso que Luigi no pueda.

¿Una mujer a cargo? Es una buena idea. Ella es de hecho una de las nuestras?

- Sí, inactiva, pero fácilmente procesable: ama el dinero, el poder, nuestro poder y es muy, muy orgullosa.

- Excelentes atributos. Buena candidata.

Pero no tengo la intención de renunciar a Luigi sin probarlo todo primero.

- El tiempo corre...

- Yo sé. Le pediré a Antonella que se reúna con él en Jerusalén y lo traiga de vuelta. Ella cooperará sin dudarlo.

- Bueno, si realmente puede controlarlo. De lo contrario, será inútil.

- Conoces a Antonella.

- Conozco los poderes de este espíritu, que ha servido a la oscuridad durante cientos de años.

- Para que sepas lo mucho que sabe mentir y lo convincente y seductora que puede ser.

Ya preparándose para salir, dirigiéndose hacia la puerta, Alfonso dijo serio, sin parecer impresionado por los esfuerzos de Francisco:

- Ella es eficiente, pero si él logra mantenerse en un estado de vibración muy superior al nuestro, corremos el riesgo que ella no pueda dominarlo, y tú lo sabes.

- Está inoculado con nuestro veneno, y aunque tenga otras ideas en la cabeza, Antonella le recordará quién es y despertará en él las energías que nos interesan.

- Por su bien, espero. Te deseo éxito en tus planes.

Sin esperar respuesta, Alfonso se fue, dejando la puerta abierta detrás de él. Francisco le gritó enojado al secretario:

- Llama ahora mismo a Antonella y pásame la llamada.

VEINTICUATRO

MIENTRAS SE ARREGLABA, Luigi desarrolla su estrategia para escapar de Antonella. Siguiendo las intuiciones que fluían por su mente, actuó sin pensar demasiado, con una tensa convicción que lo que pensaba iba a funcionar.

Bajó las escaleras para encontrarse con ella, que lo estaba esperando en el vestíbulo y atraía la atención de los hombres del vestíbulo. Con un lujoso vestido morado oscuro de Maison Prada de alta costura, tenía una gran abertura en el costado que llegaba hasta sus muslos, dejándolos expuestos. Lentes de la misma marca encima de su cabeza, su cabello largo estaba atado como una tiara. Y un zapato muy alto, de tacón fino, de la misma Maison, componía y completaba su impecable *look*. Apenas lo vio, abrió una amplia y amistosa sonrisa y habló con voz aterciopelada:

- ¡Aquí está el durmiente, después de todo! Me alegro de verte, Luigi, te extrañé.

Reprimida, ofreció su rostro para saludarlo. Intercambiaron dos besos y ella se quedó con una leve sonrisa preguntando:

- ¿Hambre de qué?

- Algo sencillo...

- Pero claro – respondió ella solícitamente – tienen un lindo restaurante con comida brasileña, ¿qué opinas? Eso mata la nostalgia.

Las emanaciones que salían de Antonella se dirigían hacia Luigi, como envolviéndolo en los tentáculos de un pulpo. Pero en cuanto se acercaron a él, se desvanecían, deshechos por las altas vibraciones que emanaba, provocando un malestar inmediato en la atractiva joven.

Luigi; sin embargo, siguiendo las intuiciones que le llegaban, estaba extremadamente atento e interesado en lo que ella decía, como si estuviera completamente involucrado en sus redes energéticas.

Ella, a su vez, estaba confundida. No sintió que lo tuviera en sus manos, pero se comportó como si lo fuera. Todas estas percepciones sucedieron muy rápidamente, como miradas de reojo y sonrisas, tonos de voz y gestos, todo registrado precisamente por ambos. Siguieron hablando en animada conversación, y ella, avanzando cada vez más en sus intenciones, se mostró dulce y contenida, buscando enredarlo cada vez más en sus vibraciones.

Llegaron al agradable restaurante que tenía el Mar Muerto como telón de fondo. Almorzaron y hablaron durante casi dos horas. Eran casi las 5:30 pm, cuando estaban esperando que el valet trajera el auto. Ella lo tomó del brazo y habló, con una voz aun más dulce:

- ¿Alguna vez has probado a nadar en el Mar Muerto?

- No tuve tiempo.

Entonces será perfecto. Hay un resort cerca con una playa privada. Podemos bucear sin nadie alrededor.

Aunque sintió una inmensa repugnancia, las palabras que salieron de su boca lo extrañaron, y dijo sonriendo:

- No traje trajes de baño...

- Tienen toallas disponibles en el complejo. Y para bucear, ¿quién necesita traje de baño? El lugar es muy discreto... Me entiendes...

Abrazándola como si estuviera listo para ser dominado, él respondió:

- ¡Por supuesto! Vamos, me encantaría tener esa experiencia.

Nadaron, bebieron y hablaron. Estaba segura de avanzar hasta el momento en que lo tuviera entre sus manos, seductora, interesante y atractiva, esforzándose por demostrar sus mejores aspectos. Si pudieran ver lo que los ojos de la materia no ven, se encontrarían frente a una forma monstruosa, mitad mujer y mitad animal, llena de enérgicos tentáculos partiendo de su columna vertebral, en dirección a su objetivo. Algunos incluso involucraron a Luigi, pero pronto se disolvieron. La esencia espiritual de Antonella coincidía con sus verdaderas intenciones y comportamiento, pero no tenían nada que ver con su apariencia en ese momento. Su objetivo era, a través del acto sexual, establecer de una vez por todas su conexión energética con Luigi, dominándolo magnéticamente.

Él, por su parte, también simuló un interés que no tenía. Repelió a esta mujer, pero comprendiendo intuitivamente que había mucho más sucediendo aquí de lo que podía comprender, siguió las instrucciones de Melissa, actuando en la influencia de sus pensamientos.

Las luces alrededor del borde del Mar Muerto estaban todas encendidas. Eran casi las nueve de la noche cuando tomó la iniciativa del último acto, invitando:

- Podemos tomar un baño bien relajante ahora, ¿qué te parece?

- ¿Tienen una habitación reservada?

- Sí, por supuesto. Soy una mujer cautelosa.

- Me encantaría pasar la noche contigo, Antonella.

Ella sonrió, atándolo. beso largo y ardiente. Luigi no sabía qué hacer. Quería huir de allí, pero parecía que ya no podía seguir el ritmo de sus acciones.

- *No me voy a acostar con esa mujer* – repitió mentalmente, como si le hablara a Melissa.

- "No, no lo harás. Pero tendrás que confiar en mí y seguir mis indicaciones. Sal de la situación libre, sin corromperte en nada. Confía y sígueme. Va muy bien." - Contestó Melissa, concentrada y firme. Él captó sus palabras y respiró hondo, como si tomara un respiro.

- ¿Qué fue eso? ¿Suspirando? - Preguntó Antonella, en. incomodidad visible, casi incapaz de controlar la aspereza.

- Sí, por ti, querida. No puedo creer que esté aquí -. Esta vez fue él quien avanzó hacia ella y la besó.

- Vamos, estoy ansiosa... ¡Te quiero ahora!

Luigi la siguió, sintiéndose como uno. prisionero condenado.

En el dormitorio, sirvió champán y bebieron. toda la botella. Así que sugirió:

- ¿No quieres tomar un baño y prepararte para mí, Antonella?

- Ven conmigo...

Prefiero esperarte aquí. Contener el deseo y luego dejarlo fluir será más placentero.

- Pues bien. Vuelvo luego.

Ella se fue y él se sentó en el borde de la cama pensando:

- ¿Y ahora qué?

Miró las almohadas prolijamente dispuestas y sintió un impulso irresistible de meterse debajo de las sábanas. Se acostó, cerró los ojos y, con la ayuda de Melissa, se durmió profundamente.

Su cuerpo espiritual fue liberado y Melissa lo estaba esperando.

- Allí, ella no podrá despertarte, amigo mío.

- Pero... ¿no sospecharás?

- Observa.

Antonella salió del baño envuelta en una toalla, pronunciando palabras de deseo y sedición. Cuando vio al joven ejecutivo durmiendo, tuvo ganas de matarlo.

- ¿Qué es esto? – Ella murmuró, se acercó a él y lo llamó suavemente.

- Luigi, despierta. Despierta. Luigi, mi amor, despierta.

Luego lo sacudió más y más fuerte, hasta que se convenció que realmente era débil para las bebidas. En el intento de emborracharlo para manejarlo mejor terminó durmiéndolo.

- Despierta, Luigi, gritó, perdiendo completamente el control -. ¡No es posible que seas tan estúpido, tan débil! ¡Eres un Morelli de Luca!

- ¿Y ahora? ¿Cómo voy a escapar de ella, Melissa? Esta mujer no se va a rendir tan fácilmente -. Preguntó Luigi, quien, en espíritu, miraba su propio cuerpo tendido en la cama.

- No, no vayas. Pero estamos atentos. Cuando ella salga de la habitación, esperarás un rato y luego te irás también, volverás a Galilea y terminarás lo que empezaste.

- ¡Imbécil, idiota! - gritó Antonella, paseándose por la habitación -. ¿Cómo lo haré ahora?

Su celular sonó y ella contestó. Era Francisco.

- ¿Y entonces? ¿Como van las cosas?

- Ya faltaba poco, Francisco, pero el idiota de tu hijo se durmió justo a tiempo.

- ¡No es posible! ¿Has llegado a este punto y lo has perdido?

- No me perdí nada. Tan pronto como se despierte, mañana por la mañana, no escapará, no podrá. Lo poseeré y lo dominaré por completo. Todo estará bien.

- Espero que hagas tu parte, querida, si quieres tomar el control de la empresa constructora más grande del país.

Colgaron. Luigi se movió en la cama y ella, mirando a lo lejos a su presa, murmuró:

- Mañana no te escaparás de mí.

Un poco más tarde se vistió y se fue.

Poco después que ella se fue, Luigi se despertó, se vistió en silencio y salió de la habitación. Regresó a su hotel, se duchó y se cambió. Todavía en ayunas, se fue a la región de Galilea.

Con la ventanilla del pasajero abierta, sintió una suave brisa soplando en su rostro, como si fuera la voz de Jesús que le susurraba: *Hace dos mil años que te espero.*

VEINTICINCO

AL CRUZAR EL MAR DE GALILEA, Luigi sintió que su corazón se envolvía en dulces vibraciones, como si estuviera a punto de encontrarse con alguien a quien amaba profundamente y que no veía desde hacía mucho tiempo. No estaba seguro de lo que haría cuando llegara al otro lado. Pero aun estaba tranquilo, seguro que algo invisible lo guiaba. Y se entregó a la experiencia sin resistencia.

Una vez que desembarcó, caminó lentamente, disfrutando del aire fresco de la mañana y la soledad del lugar, que aun no contaba con muchos turistas. Caminó hacia las ruinas donde se creía que había estado la casa de Pedro, se quedó allí, mirando las piedras y reflexionando sobre cuántos momentos de gozo y bendiciones intraducibles habrían tenido lugar mientras Jesús estaba allí con sus apóstoles y sus familias. ¿Cuántas lecciones se trajeron dentro de ese hogar?

Entonces, miró a su alrededor, y vio un cartel turístico que le llamó la atención, que indicaba: Iglesia de la Multiplicación. Siguió las señales y encontró la iglesia. Nunca había oído hablar de la multiplicación de los panes y los peces, pero sentía que sabía todo al respecto. Entró en la iglesia, visitó el lugar, pero no había nada que lo tocara. Entonces, se alejó lentamente y vio a lo lejos un rincón extremadamente acogedor debajo de un olivo frondoso y milenario. La maleza y los cantos rodados formaban un agradable rincón alrededor del árbol, aunque no ofrecían nada especial para el turista medio. Fue allí. Se sentó debajo del árbol y se recostó contra su enorme tronco. Cerró los ojos, respiró hondo y sintió desprenderse del lugar donde estaba, viajando una vez más en el tiempo y el espacio. Cuando volvió a abrir los ojos, se vio allí mismo, debajo del olivo, pero el entorno era completamente diferente.

Grandes multitudes se reunieron alrededor de Jesús. Las madres criaban a sus hijos más pequeños para que pudieran ver el rostro del hombre que sanaba a los enfermos, restauraba vidas destruidas por el dolor y el odio, alimentaba a la gente con comida y palabras, y liberaba almas atormentadas por la culpa y la duda. Luigi notó inmediatamente que Jesús hablaba a la gente con un profundo sentimiento de amor y compasión. Con calma, enseñaba cosas espirituales, a aquellas mentes aun tan poco iluminadas, pero llegaba a sus corazones, llevándose lo que más necesitaban.

Se acercó y escuchó cuando Jesús terminó lo que estaba enseñando, y volviéndose a uno de sus insensatos apóstoles, preguntó:

Se está haciendo tarde ¿Qué le vamos a dar de comer a esta gente? Veo que muchos tienen hambre.

- Rabí, incluso si tuviéramos una fortuna no podríamos alimentar a todos -. Comentó Judas -. Vamos a despedirlos y dejar que busquen comida donde están acostumbrados. Tenemos poco dinero; no hay manera de alimentarlos.

Jesús fijó en Judas su mirada serena y le tocó los hombros, sin decir nada. Luego, volviéndose hacia Tiago, dijo:

- Siempre hay recursos disponibles. Y podemos multiplicarlos cuando confiamos en la Divina Providencia. No hay nada que Dios no pueda hacer. Nunca digas que algo es imposible, lo imposible no existe. Todo es posible para el que es, y sabe mover los recursos divinos con amor y para el bien de todos.

Aprovechando cada una de las oportunidades que tuvo para enseñar, abrió entonces una amplia sonrisa, como invitando a sus seguidores más cercanos a tener la actitud adecuada ante sus palabras.

Después de unos momentos, en los que el murmullo de las conversaciones fue aumentando entre la gente, que esperaba atenta a lo que Jesús iba a hacer a continuación, sin el menor interés en salir de allí, apareció André, el hermano de Pedro, con un adolescente, y habló a Jesús.

- Maestro, encontramos a este chico. Tiene cinco panes y tres peces con él. Eso fue todo lo que obtuvimos. La gente no tiene nada.

Jesús volvió a sonreír y dijo:

- La gente tiene de todo, André, pero todavía no saben bien. Dame lo que encontraste aquí.

Entonces Jesús, tomando el canasto ancho y hondo, que solo contenía los pequeños recursos, fue a un lugar un poco más alto, y poniendo el canasto a sus pies, elevó su voz en oración.

- Padre nuestro que estás en los cielos, tú conoces todas nuestras necesidades, mucho antes que las reconozcamos y las manifestemos. Todo lo que existe es tuyo. Todo lo que tenemos te pertenece a ti, Señor de la vida, del cielo y de la tierra.

Hizo una pausa, luego continuó, visiblemente emocionado y lleno de intensa energía. Luigi podía ver la luz alrededor del cuerpo denso de Jesús y su aura que era enorme, gigantesca e inalcanzable, abarcando a todas las personas presentes y muchas más.

- Te agradecemos por suplir todas nuestras necesidades. Te damos gracias por darnos la vida, por la chispa que diste, que vive dentro de cada uno de nosotros. Eres vida en nosotros. Agradecemos el alimento material que nos llega en este momento, proveniente de tus manos. Porque tú, Señor, eres nuestro suministro. Eres todo lo que necesitamos. El principio y el fin, el alfa y el omega. Todo gozo y paz. Toda la belleza y la serenidad. Te damos gracias por sostener nuestras vidas, cada uno de nosotros, y cuidar de todo lo que necesitamos. Amén.

Cuando Jesús terminó su oración, Pedro se le acercó y le dijo:

Rabí, un pescador de Galilea, a quien salvaste la vida de su esposa, trajo una gran cantidad de pescado, con inmensa gratitud. Pensé que lo necesitarías. Y también trajo pan, que su mujer producía, sin saber por qué, para dos días seguidos.

Jesús sonrió y dijo:

- Coge la cesta y trae todo lo que puedas. Alimentemos a la gente.

La canasta volvió llena de comida, y los apóstoles y varios discípulos comenzaron a distribuir a la gente. A lo lejos, el pescador miraba a Jesús, quien al verlo sacudió la cabeza en señal de agradecimiento, el hombre no pudo contener las lágrimas que corrían por su rostro en profusión. Su alegría era contagiosa. Quería pagar cada vez más por todo lo que Jesús había hecho por sí mismo y por la gente de su aldea. Y la comida no dejó de ser servida y multiplicada en abundancia.

El sol se estaba poniendo en el horizonte, tiñendo el cielo de tonos anaranjados y lilas. Las nubes eran escasas, y los que allí estuvimos pudimos disfrutar de otro atardecer monumental bajo los cielos de Palestina. Al final, más de cinco mil hombres, seis mil mujeres y dos mil niños fueron alimentados.

Mientras aun estaban comiendo, Jesús se fue y se fue a la cima de una montaña. Después de estar satisfechos, muchos de los que estaban allí se dispusieron a descansar y comentaron con gran alegría que Jesús era lo mejor que les había pasado a los judíos, y que lo seguirían y harían lo que él quisiera. Al escuchar esto, varios seguidores de Jesús, comentaron entre ellos, incluidos Judas y Simón:

- El pueblo está listo para aclamarlo rey. Es hora de hablar con Jesús. Tú, Judas y Simón, que son los más cercanos a él, necesitan hablar con él. Es la hora. Después de este verdadero milagro que sucedió hoy aquí, la gente está lista para seguirlo. Haré lo que él quiera. Debe asumir que es del linaje de David, y reclamar su trono, devolviendo prestigio y dignidad a nuestro pueblo. Tienes que hablar con él, Simón. Él los escucha.

- Se preocupa mucho por las personas y sus necesidades, pero no muestra ningún interés por la política o los problemas que rodean el dominio romano. He intentado hablar con él varias veces - le aseguró Simón -, pero no le interesa. Siempre desvía el tema hacia algo práctico y, sin falta, en el ámbito religioso.

- Pero él es el libertador que hemos estado esperando.

- No estoy tan seguro – reflexionó Judas.

- Pero tiene todo el potencial para serlo - dijo Absalón, sin esperar otro comentario, y prosiguió -, lo haremos rey de los judíos, aunque no quiera. ¿Están conmigo? - Judas y Simón estuvieron de acuerdo y él dijo:

- Perfecto. Siento que se acerca el momento en que finalmente venceremos a César y a sus gobernantes y los expulsaremos de nuestras tierras, de nuestros hogares, de nuestras vidas. Si hay que derramar sangre, ¡que así sea! Retomaremos nuestros derechos, que nos fueron arrebatados, y expulsaremos a los verdugos de nuestra amada Jerusalén. ¡Y Jesús nos ayudará! Él inspirará y guiará a nuestro pueblo a dar su vida, si es necesario, para liberar a nuestro país de la esclavitud.

Luigi siguió la discusión, observando la emoción de Simón mientras hablaba. Luego levantó la cabeza y vio a Jesús, de lejos, solo en el monte lejano. Y dejando al grupo, que aun estaba emocionado, haciendo planes, se dirigió a donde estaba Jesús, el silencio en la cima de la montaña fue roto por el suave ruido del viento que soplaba sobre el mar de Galilea, que formaba pequeñas olas justo a la derecha debajo de donde estaba Jesús, lleno de estrellas que brillaban intensamente. Alrededor de Jesús, la luz se había intensificado y rayos azules y rosas emanaban de él en profusión. Brillaba como una luz en la oscuridad. Y Luigi lo escuchó, en oración:

- Gracias, padre, por honrarme una vez más al traer todo lo que necesitábamos. Ayúdame, Señor de la vida, a alimentar las almas sedientas de mis hermanos, que ignoran por completo quiénes son y el poder que llevan dentro. Ayuda a despertarlos del letargo en que se encuentran, de la ignorancia que los deja enfermos y moribundos, sin conocer las verdades eternas. Ayúdalos, sobre todo, para comprender las enseñanzas, que son vida y luz y a aceptarlas en sus almas, para que comprendan las verdades espirituales que Yo porto, y se liberen del dominio de las tinieblas, que se ha apoderado de ellos; piensan que son esclavos solo de Roma, cuando en realidad son esclavos de sus propias creencias limitadas y tímidas. Yo vine para que tengan vida, y la tengan en abundancia. Ayuda, Padre, para que puedan comprender y puedan ser verdaderamente libres. Sé que no me comprenden, porque ven solo cosas materiales, sin llegar a la enorme realidad que les rodea, pero que no pueden ver con los ojos del cuerpo y palpar con los sentidos de la carne. Abre los ojos, Padre, evitando encarnaciones más dolorosas y casi sin beneficio para el ser espiritual, que en realidad son.

Jesús levantó los ojos al cielo, y su luz se intensificó aun más:

- Te amo, Padre mío, y quiero mostrar tu esplendor a mis hermanos, para que crean que tú me enviaste, que te preocupas por ellos, por cada uno de ellos, por sus flores y sentimientos, por sus debilidades y dificultades. Que no los juzgas ni los condenas, sino que los amas intensamente y quieres que sean felices. Sé que estoy aquí para enseñarles a relacionarse con lo invisible, con el Padre que llevan dentro de ellos mismos. Para que tomen conciencia de la presencia divina dentro de cada uno y vivan en estrecho contacto con su esencia espiritual. Estoy agradecido, Padre mío, por la oportunidad que me das y por confiarme una tarea de tanto amor.

Al final de la oración, Jesús miró fijamente a los ojos de Luigi, quien sintió temblar todo su cuerpo. ¿Jesús lo estaría viendo? ¿Cómo podría mirarlo, hacía milenios? Y oyó en su mente la respuesta de Jesús:

- Todavía espero que despiertes, Simón, y respondas a mi llamada. Sé que me escuchas. Te amo, querido amigo, y te necesito. La tierra, convulsa, retorciéndose de dolor, te necesita. Todavía te espero.

Los ojos de Luigi se llenaron de lágrimas. Sabía que Jesús le estaba hablando. Y allí, en lo alto de la montaña, al ver la imagen de Jesús, dos mil años antes, balbuceó:

- Aquí estoy, Señor, para seguir tu voluntad y ya no la mía. No encontré paz ni felicidad en ninguna parte. Quiero aprender de ti, Jesús, el verdadero camino de la liberación.

VEINTISEIS

LUIGI SEGUÍA, sentado a la sombra del gran árbol, su viaje espiritual por el pasado. Se vio, entonces, en un ambiente oscuro, un comedor. Varios de los seguidores de Jesús, rostros familiares para él, estaban reunidos en una tensa conversación. Entre ellos, Judas y Simón.

El joven ejecutivo escuchó los diálogos, entre sorprendido y entristecido:

- Tenemos que tomar medidas, Simón. Se suponía que debías hablar con Jesús, traerlo aquí para una reunión. Y nada hasta ahora. Debemos convencerlo para que asuma su papel y se enfrente a los romanos. Seremos miles para apoyarlo.

- Ya he intentado hablar con él.

¡Pero no pudiste convencerlo!¿Qué pasa? ¿Por qué no consigues que venga a mi casa a cenar con nosotros? Si no puedes obtener lo que queremos de él, apártate para que nosotros lo hagamos.

Simón bajó la cabeza, luego la levantó de nuevo, hablando irritado:

- ¿Crees que eres mejor que yo? ¿Más capaz? - Soltó una risa forzada - ¡Pues inténtalo! Ya hablé con él varias veces. Jesús parece no tener interés en hablar de la situación del pueblo en manos de los romanos. Esta cuestión, de liberación, la plantea mucho, pero no toma ninguna medida. Ya estoy cansado de ver a la gente a su alrededor, hambrienta, sedienta, enferma y desprovista de todo. Hombres que fueron destruidos por los poderosos romanos. Familias que han sido oprimidas por impuestos abusivos. Él también ve. Habla a la gente, pero no parece tener ninguna intención de actuar para liberarlos.

Simón se recostó en su silla y habló con frustración:

- Tengo mis dudas de si él mismo es el enviado que liberará a nuestro pueblo...

Absalón, el líder de los zelotes, se acercó al discípulo de Jesús, colocó sus fuertes manos sobre sus hombros y dijo, apretando sus hombros:

- Eso ya no nos importa, Simón. Si lo envía, genial. Si no, supondremos este papel. No más arrodillarse ante los poderosos de Roma, no más ser oprimido por sus leyes paganas. ¡Basta! Tenemos que actuar. Y Jesús es nuestro mejor activo en este momento. Él tiene el cariño y yo se lo debo a la gente. Irrita a los sacerdotes, nuestros compatriotas, que van mano a mano con los intereses romanos. Pero el pueblo seguirá y nosotros, amigo mío, estaremos listos para enfrentar el poderío de los romanos.

Simón miró por encima del hombro a su interlocutor, que seguía de pie, y dijo:

- ¿Crees que podrás hacer frente a la fuerza belicosa de los soldados romanos? Solo un milagro puede hacer que los superemos.

Y Jesús es ese milagro. ¿No ha hecho tantos milagros entre la gente? Escuché que convirtió el agua en vino. ¿Es verdad?

- Sí, bebí el vino yo mismo.

- E hizo que los ciegos vieran, los cojos andaran, los endemoniados para ser sanados, así como los leprosos y tantos otros. ¿Él hizo eso?

- Sí...

- ¡Pues bien, amigo mío! Tiene algo especial, capaz de vencer a los romanos.

- Pero no está interesado. Está obstinado en enseñar ese reino de los cielos...

Alejándose de Simón y ocupando su lugar al final de la mesa, Absalón miró al grupo en silencio por unos momentos, luego dijo:

- Mis amigos, si él no toma partido en esta historia, y no nos ayuda, que se entregue a los romanos y a los sacerdotes.

- ¿Qué es estás diciendo? - Preguntó Simón.

- Vamos a forzarlo a tomar posición, entregándolo a las autoridades de Judea. Y se defenderá a sí mismo, y no hará nada que deba hacerse.

- No sé, amigo mío – intervino Judas – él no parece ser un hombre que se deja intimidar.

- Bueno, eso es exactamente de lo que estoy hablando. Se verá obligado a actuar.

Simón llenó otra copa de vino, la bebió y luego dijo:

- No estoy convencido que consigamos lo que queremos. Jesús no está a nuestro alcance...

- Después de todo, Simón, ¿de qué lado estás?

Simón dejó el vaso sobre la mesa, se levantó lentamente y caminó hacia la puerta. Antes de abrirla, dijo:

- Quiero la liberación de mi pueblo. Mi familia perdió todo lo que tenía a causa de la ocupación romana. Sin embargo, Jesús es un misterio para mí. Trato de entender lo que enseña, pero no puedo; no entiendo a dónde quiere llegar con sus lecciones de paz, amor y mansedumbre. No entiendo cómo podemos vivir en un mundo como este, lleno de violencia, agresión e ira, hablando palabras suaves. Tal vez sea muy bueno entregarlo a los sacerdotes y a los romanos, para que le enseñe cómo hacer frente a la brutalidad de los hombres de nuestro tiempo...

Cerró la puerta detrás de él y salió, vagando por las calles. Esa noche, había muchos soldados romanos por todas partes... Y se deslizó por los callejones oscuros, evitando encontrarse cara a cara con los romanos que odiaba.

En casa de Absalón la reunión se prolongó un poco más. Tan pronto como Simón se fue, Judas dijo:

- Estoy contigo. Haré lo que sea necesario, y solo dímelo.

- Perfecto, Judas, confiamos en ti. Habla con Simón y ve si puedes convencerlo para que nos ayude de manera más consistente. Parece dudoso a veces.

- No creo que sea eso... - hizo una breve pausa, buscando las palabras adecuadas - Es que cuando estamos con Jesús, estamos envueltos en un sentimiento tan dulce, tan bueno, que podemos olvidarnos de todo lo demás. Pero cuando se aleja, la luz se apaga y volvemos a nuestros problemas. Confunde.

- Haz lo que quieras, Judas. Pero debemos retener la ayuda de Jesús, ya sea por nuestra propia voluntad o por convicción forzada. ¡Actúa para que sea de libre albedrío!

En las semanas siguientes, los viajes con Jesús mantuvieron a Judas y Simón alejados del jefe de los zelotes. Y vieron más milagros y prodigios hechos por el Maestro, quien con amor y paciencia les enseñó verdades espirituales lo mejor que pudo. Sus relatos hicieron reflexionar a aquellos hombres sencillos, acostumbrados a pensar de forma tan materializada, sobre las sutiles cuestiones del espíritu. A menudo les explicaba las parábolas cuando estaban solos, tratando de abrir su entendimiento para que pudieran comprender las verdades del sutil e invisible reino de Dios. Los que estaban menos apegados a sus intereses sintieron la luz brillar en sus corazones, y poco a poco fueron cambiando, cambiando sus creencias inútiles por aquel conocimiento traído por el hombre de Nazaret.

Al llegar a Betania seis días antes de la celebración de la Pascua judía y hospedarse en la casa de Lázaro, a quien días antes había rescatado de la muerte[10], Jesús informó a su grupo:

- Prepárense. Vamos a Jerusalén, antes de celebrar la Pascua.

- ¿Celebramos la Pascua allí, señor?

- No, Simón, pero es necesario que el Hijo del Hombre sea glorificado ante todos.

Judas y Simón se miraron. ¿Sería posible que Jesús finalmente tomara su lugar como príncipe de los judíos, para liberarlos?

- Le daré instrucciones específicas sobre cómo se llevará a cabo nuestra visita. Saldremos al amanecer.

Jesús les habló y salió a un lugar apartado, poniéndose en estado de meditación. Los apóstoles observaban a la distancia y Juan comentó:

- ¿Por qué Jesús permanece tanto tiempo aislado?

- El Maestro necesita pensar. Todavía eres joven y no entiendes bien estas cosas. Necesita pensar en lo que va a hacer, planificar las próximas acciones.

María Magdalena, que pasaba y escuchó la conversación, intervino diciendo:

- No creo que sea eso.

Pedro y Juan la miraron, el mayor, reprobando su intrusión. Ella lo ignoró y pasó a dar su sensible opinión:

- Creo que Jesús se aleja para buscar el contacto con Dios. Hablar con Dios y escucharlo, y yo pienso que solo hace algo cuando se le indica que lo haga. Eso es lo que nos

---

[10] La resurrección de Lázaro es uno de los milagros de Jesús, relatado en Juan 11:1-46, el miércoles. Jesús resucita a Lázaro de Betania después de cuatro días de sepultura.

está enseñando, Pedro. Este contacto con Jehová. De esta fuente suprema extrae la sabiduría para actuar y la fuerza para ayudar y sanar a tantos que lo buscan. De ahí su colección constante.

- ¿Así que crees que no sabe qué hacer? ¿Qué no es capaz de tomar decisiones?

- Creo que lo sabe, pero busca confirmar sus pasos, escuchando la voz de Dios, para asegurarse que está actuando de acuerdo con la voluntad divina. Él no hace lo que quiere, sino lo que recibe orientación para hacer. Es el mensajero divino, enseñándonos el camino al Padre.

- No entiendo lo que dices, María. De hecho, las mujeres por aquí callan. ¡Tú hablas demasiado! - Regañó Pedro y se alejó. Juan la miró con ternura y dijo:

- Eres la que más entiende al Maestro... ¿Cómo haces eso?

- Lo amo, Juan. Y tú también lo amas. Esa es la clave para entenderlo.

Después de eso, Jesús se dirigió a Jerusalén, caminando delante de los discípulos. Cuando estaban cerca del monte de los Olivos, envió por delante a dos de sus discípulos para que le trajeran un asno, explicándole detalladamente cómo proceder.

Luego, siguiendo sus instrucciones, regresaron con el burro y se lo entregaron a Jesús. Pusieron sus mantos sobre el lomo del animal, y este montó y se fue a las puertas de la ciudad de Jerusalén.

A su paso, la gente extendía sus capas por el camino. Al llegar a la bajada al Monte de los Olivos, toda la procesión de los discípulos alababa a Dios con alegría por todos los milagros que veía, y exclamaba:

- "¡Bendito sea el Rey que viene en el nombre del Señor!

¡Paz en el cielo! ¡Gloria en las alturas!"

Ya más cerca de Jerusalén, cuando vio la ciudad frente a él y vio el templo de Salomón, Jesús se conmovió mucho y habló, dirigiéndose hacia la ciudad, como si hablara con una persona:

- "¡Ah, Jerusalén, si comprendieras, al menos hoy, lo que podría traerte la paz que tanto anhelas! Pero aun no puedes comprender. Y por eso, tus enemigos tramarán un plan para conquistarte, rodeándote y atacándote. Serás aplastada por tierra junto con tus hijos dentro de ti. Tus enemigos no dejarán piedra sin remover, porque has rechazado la oportunidad que Dios te ha ofrecido."

Y entonces, rodeado de una gran multitud, Jesús entró por las puertas de la ciudad, montado en un asno, y aclamado por la gente que le seguía, como su Maestro y Señor.

La gente colocaba ramas de plantas en el suelo, en señal de reconocimiento y honor; Jesús era aquel que los veía, miraba y ayudaba. Ellos querían que Jesús los librara del dolor y del sufrimiento. Y Jesús los miraba, al pasar, con ojos dulces e intensa ternura. Miró profundamente en sus ojos tristes, deseando que despertaran a la vida triunfante que él les había mostrado pero que aun no podían poseer, continuando como mendigos y siendo entregados cuando eran reyes espirituales.

VEINTISIETE

SEGUIDO POR UNA GRAN MULTITUD, Jesús fue al templo y observó el comercio que se había llevado a cabo alrededor de él. Conociendo el alma y las intenciones de cada uno, vio que no había otro interés ni deseo en aquellos hombres que aprovechar la celebración de la Pascua. Poco recordaban que esta era una fecha muy especial para los judíos, pues les recordaba la liberación que habían obtenido sus antepasados cuando aun eran esclavos en Egipto.[11] Era hora de recordar lo que Dios significaba para ellos. Pero, en cambio, habían olvidado todo lo espiritual, como si fueran historias sin importancia. El significado de la Pascua era lo que le importaba a Maestro en ese momento, porque sabía que la gente haría lo mismo con sus enseñanzas: tomarían como si fueran historias bonitas, que no tuvieran nada que ver con sus vidas y acciones cotidianas.

Después de echar fuera a muchos de los mercaderes, y de acosar a los fariseos y a los sacerdotes, que lo observaban a distancia, fue vigilado de cerca a cada paso, y reconocieron la admiración y el respeto que tenía por parte del pueblo, y de muchos escribas y autoridades romanas, que lo seguían, mostrando gran interés por sus enseñanzas.

Simón, Judas y el resto de los discípulos de Jesús estaban emocionados. Envueltos en la euforia que el pueblo

---

[11] La Pascua, conocida por los judíos como *Pesach,* significa "paso" y recuerda la liberación del pueblo hebreo de la esclavitud en Egipto hace unos 3500 años. Se celebró por primera vez poco antes que los hebreos fueran liberados; y una de sus fiestas religiosas más importantes, celebrándose hasta el día de hoy.

mostraba por él, pensaron que el Maestro sería finalmente reconocido y aclamado como su rey.

Simón volteó hacia Judas y comentó:

- Por fin, Judas, el Maestro tomará su lugar y nos conducirá a la victoria sobre Roma. ¿Dónde está Absalón? Él necesita estar listo. Creo que no es raro que el pueblo lo aclame y asuma su reinado.

- Nuestro grupo está listo. Ellos nos acompañan yendo desde hace días, a la distancia, esperando el momento oportuno. Están debidamente armados y listos para recibir nuestra señal para unirse al Maestro y marchar al trono y luego a los verdugos romanos.

Simón se inflamó al hablar, alzó la voz, su rostro y su pecho enrojecieron por el calor de las emociones. Finalmente, pensó, había llegado el momento del triunfo. Él, que había estado frustrado estos últimos días, sospechando que Jesús los decepcionaría, ahora estaba eufórico. También Judas.

- Pedro, tenemos que prepararnos - dijo Simón, tomando del brazo a Pedro, quien pasaba rápidamente junto a ellos.

- Tenemos que irnos -dijo Pedro con brusquedad.

- ¿Cómo que te vas? ¡Jesús está a punto de ser coronado! Nuestro libertador finalmente había tomado posesión de su puesto.

- Se quiere ir, Simón - Pedro también estaba visiblemente frustrado y molesto.

- ¿Irse ahora? Mira las caras de los sacerdotes. Están asombrados por la fuerza de Jesús. ¡Es hora de actuar!

- Jesús dijo que ellos quieren arrestarlo.

Sujetando la túnica de Pedro, el zelote continuó:

- Nuestro grupo está listo para proteger y apoyar a Jesús, están cerca. Y todos están armados.

Jesús dio órdenes expresas para que nos fuéramos ahora. Dijo que esta tarde y deberíamos regresar a Betania. Sosteniendo su cabeza con ambas manos, Simón dijo desesperado:

- ¡No es posible, esto no está pasando!

Pedro se liberó de las manos de Simón y siguió adelante. Antes que Simón pudiera hacer algo, Jesús se acercó. María Magdalena vino de frente y miró a Simón sin decir nada. Entonces Jesús los alcanzó:

- Vamos, Simón. Tenemos que prepararnos para la Pascua.

- Pero Maestro...

Simón, Simón, ¿he estado contigo día y noche y aun no has comprendido la naturaleza de mi misión? Libérate de tus expectativas y podrás ver lo que aun no ves.

- Pero Maestro, la gente te quiere...

- Vine a hacer la voluntad de Dios, y no la mía, ni la tuya, Simón. Hay muchos intereses en juego en este momento, y el único que me interesa conocer es el divino.

Simón iba a hablar de nuevo, pero Judas le advirtió:

- Deja al Maestro, Simón. Quiere retirarse.

Y Jesús siguió su camino, hacia Betania, dejando a Simón, Judas y muchos otros discípulos profundamente desilusionados e insatisfechos. Se quedaron allí, vagando, perdidos, sin saber qué hacer. Un mensajero de Absalón se acercó a Judas, preguntando:

- ¿Qué sucedió? ¿Dónde está Jesús? ¿Por qué la gente se está dispersando?

- Jesús se fue.

- ¡No puedo creer que se haya perdido este momento perfecto para tomar la situación en sus manos y cumplir su destino! ¿Cuándo habrá otro momento como este?

- Yo no sé...

- Los sacerdotes están convocando una reunión; escuché que quieren arrestarlo. Lo odian... ¡Lo quieren matar, Simón! Necesitamos hacer algo...

Judas miró perdido en sus ojos durante mucho tiempo, al igual que Simón. Entonces el zelote comentó:

- ¡Necesitaríamos algo que hiciera que Jesús tomara una posición, tome una actitud! Es demasiado manso, demasiado simple. Debe ser por eso que no actúa... Podríamos hacer algo para acelerar su acción.

- Habla con Absalón para que se mantenga listo y no se vaya. Le enviaré noticias. Tan pronto como sepa lo que Jesús va a hacer, se lo haré saber. Tuve una idea. Y bastante radical, pero yo creo que con todo el poder que tiene Jesús, nada malo le va a pasar.

- ¿Qué vas a hacer, Judas? - Preguntó Simón.

- Seguir su consejo y forzar a Jesús a actuar. Voy a entregar a Jesús a los sacerdotes.

- No, Judas, lo quieren matar.

- ¿Cuántas veces hemos visto que esto suceda, Simón? Lo han estado persiguiendo durante mucho tiempo para arrestarlo. Pero siempre se escapa. Lo entregaremos y finalmente se rebelará contra esta banda de parásitos religiosos que hacen todo lo que los gobernantes romanos les dicen que hagan. Jesús se librará de ellos, Simón. Él es poderoso. Sabes todo lo que tiene. Incluso de la muerte ha traído de vuelta a muchos.

- ¿Podría ser esto lo mejor?

- Él no nos escucha. Ya le hemos pedido que hable con Absalón, pero ignora nuestra petición. De igual manera que parece ignorar las oportunidades que tiene para asumir su reinado. Actuemos ahora y hagámoslo rey de los judíos.

- No estoy seguro, Judas...

- Pero estoy... - Y volviéndose al mensajero, le dio la guía - Avisa a Absalón para que esté atento. Enviaré noticias.

Sin discutir, el joven caminó entre la multitud, dejando a Simón pensativo y dividido. No se sentía bien actuar a espaldas de Jesús. Pero al mismo tiempo, sentía una inmensa frustración, que parecía querer devorarlo, un resentimiento que brotó en su alma, porque Jesús no había actuado como lo había imaginado, según sus anhelos y esperanzas.

Judas buscó contacto con los sacerdotes, mientras Simón regresaba, cabizbajo, a Betania.

Observando cada evento que sucedía y sus emociones, Luigi no estaba satisfecho con lo que estaba pasando. ¿Cómo pude haber sido tan ciego? ¿Cuál era esa idea de obligar al Maestro de Maestros a actuar según la voluntad de hombres tan limitados? ¿Por qué no había detenido a Judas? Y fue acometido de una inmensa angustia.

VEINTIOCHO

EN LOS DÍAS QUE SIGUIERON, Jesús se preparó para su celebración final junto con sus apóstoles. Se acercaba el momento de su partida, y él lo sabía bien. Mientras se preparaba para el momento en que sería entregado en manos de la humanidad cruel, ignorante y egoísta, Jesús trabajó incansablemente con los hombres aun rudos, pero amados que había escogido para difundir sus enseñanzas, consciente que aun eran muy limitados en su entendimiento, y por tanto, muchas de sus enseñanzas puras, verdaderas y reveladoras en la realidad del Universo y de la supremacía soberana de un Dios bueno y amoroso, que todo lo ordena con su perfecta y sabia voluntad, se perderían con el paso de los milenios, mientras él seguiría amando e invitando a esa misma humanidad a seguirlo, sometiéndose a la voluntad divina, tal como él haría en ese momento extremo.

A cada uno de sus apóstoles, el sabio Maestro dio palabras e indicaciones según sus necesidades y capacidad para hacer uso de ellas. Algunos ya estaban más preparados para dejar las ilusiones y seguir la verdad. Otros, como Judas y Simón, aun necesitarían mucho tiempo antes de comprender el significado profundo y libertador de sus enseñanzas, aceptándolas sin reservas, y haciendo de estas enseñanzas el conjunto de creencias que las guiaría.

El Maestro sabía perfectamente bien la fuerza de las creencias y cómo moldean a los seres humanos, y cuán bien necesitan elegir aquellas creencias que abrazarán. Estas mismas creencias, que son la raíz de todos los pensamientos y emociones, por lo tanto, vibraciones que emanan del individuo, creando su destino, por lo cual atraen hacia sí. Todo en el universo es vibración. Al igual que todo es sintonía y se une a la longitud de onda que se parecen. Aunque aun no podía tocar estos temas, limitándose a ejemplificar más que a hablar, Jesús dejó sus parábolas, donde compuso la esencia de sus enseñanzas.

Plenamente consciente de los planes de Judas y Simón, así como de Absalón, les habló a ambos, buscando disuadirlos de sus intenciones y planes.

En la mañana de lo que sería la última cena que compartiría en cuerpo denso con sus apóstoles, se levantó muy temprano. Se alojaba en casa de Lázaro, disfrutando de la hospitalidad de aquellos amigos queridos en su corazón. María, que se había levantado muy temprano y estaba preparando los panes sin levadura[12] para la cena, escuchó cuando Jesús se acercaba.

- ¿Qué estás haciendo, María? Siento que preparas nuestra comida con tanto cuidado - Comentó, poniendo sus manos sobre sus hombros.

María sonrió ante su tierno toque. Ella no respondió, solo lo miró fijamente a los ojos, absorbiendo todo el amor que emanaba de él.

- ¿Cómo puedes amarnos tanto, Jesús?

- ¿Cómo no amar, María? Son como niños.

Los más pequeños, perdidos en un bosque oscuro, lleno de peligros ocultos, y depredadores sedientos de causar dolor y sufrimiento a sus hermanos.

- Son como monstruos devoradores...

Jesús acarició la cabeza de su querida amiga, observando la belleza de su larga cabellera castaña oscura, que le llegaba desde los hombros hasta casi la cintura, y habló con ternura:

---

[12] El pan sin levadura, pan sin levadura, *matzá* - en hebreo - o *matzo* – en yiddish - es un tipo de pan horneado sin levadura elaborado únicamente con harina de trigo u otros cereales...

- Actúan como monstruos, María, pero en realidad no lo son. No hay monstruos, solo criaturas heridas que reaccionan a su dolor, causándose aun más dolor y sufrimiento. Pasarán muchos milenios, mi querida amiga, hasta que muchos se liberen de tales ataduras.

Manteniendo sus ojos amorosos en él, María habló:

- No entiendo, Maestro.

El amor, María, es el que puede salvar, rescatar y reconstruir el alma humana, es el único remedio, la única solución posible, pero por ser tan simple, el orgullo y el egoísmo humanos no se pueden entender por ahora.

- Señor, debes desterrar lejos a los que nos traen el mal.

- El mal será vencido individualmente, María, cuando cada uno comprenda que el príncipe de las sombras, quien domina este planeta, tiene el poder que le damos. Este poder que ejerce el mal crece a medida que la gente le da lugar.

Jesús hizo una larga pausa y luego dijo:

- Necesito orar ahora. La victoria de la luz está cerca. Pero debo irme primero, dejar plantada la semilla que germinará a lo largo de los milenios, despertando a los que están dispuestos a dejar las ilusiones y mentiras del príncipe de este mundo, y permitir que la luz divina brille en sus corazones.

Ella se quedó en silencio y siguió sonriendo cuando Jesús se fue. Su corazón sintió una dicha intraducible desde que conoció al Nazareno. Luchó por entender sus enseñanzas, pero las encontró difíciles. Sin embargo, aceptó el amor del Maestro con el corazón abierto, y de esa poderosa energía fue beneficiado en las fibras más profundas de su ser. Cuando Jesús estaba hospedado en su casa, notó que lo visitaban muchas aves raras, las cuales rondaban su morada. Jesús iluminó su hogar, su vida con su simple presencia. Ella no cuestionó. Solo guardó todas aquellas enseñanzas en su corazón y alimentó para él la más profunda y sincera devoción. Sintió que si tenía que hacerlo, moriría por él. Por eso, días antes, decidió derramar el perfume más caro sobre los pies y el cabello de Jesús. Quería honrarlo, y no sabía de qué otra manera hacerlo. Y se alegró cuando Jesús aceptó su gesto sin reprocharla. ¡Cómo lo amaba!

Luigi, sintiendo la devoción que aquella mujer tenía por el Maestro, se conmovió y le costó contenerse. Se sintió tocado por Jesús.

Caminando lentamente, bajo las estrellas que cubrían el cielo en ese frío amanecer, Jesús encontró a Simón.

- ¿Ya de pie, amigo? - Preguntó el Maestro al llegar a él.

- No pude dormir – respondió Simón y bajó la cabeza, evitando mirar a los ojos a Jesús.

- Sé prudente, Simón. Simple como un niño, pero sabio. Muchos ignoran el origen de sus impulsos más íntimos. Y así será por muchos siglos, hasta que los hombres aprendan a conocerse a sí mismos, comprendan su verdadera naturaleza y se liberen de las pesadas ataduras que pesan sobre su ser interior, el que es invisible.

Simón miró fijamente a Jesús, tratando de entender sus palabras, pero no pudo. Era como si Jesús le estuviera diciendo tonterías. Y Jesús continuó:

- Como aun no pueden controlar estos impulsos, deben ser prudentes. Toda acción tiene una consecuencia, Simón, el libre albedrío humano es relativo y está sujeto a las necesidades generales de mejoramiento de las almas humanas. Por eso, amigo mío, el amor es siempre nuestro mejor termómetro para medir si nuestras acciones van por buen camino o no. Basa tus decisiones en él, Simón, y encontrarás libertad y alegría en tu camino. No te dejes dominar por las fuerzas externas de tu siglo. Libera tu conciencia, Simón. incluso si no entiendes hoy, amigo mío, algún día entenderás. Te espero, el momento en que me acompañes en el rescate de la humanidad.

- Pero ¿cómo nos vamos a librar de tanta opresión que nos carcomía el alma? ¿Cómo haremos frente a tanta injusticia, al dolor de las personas sin hogar y hambrientas? ¿La maldad que se propaga como una enfermedad entre el pueblo?¿Qué hacer? ¿Aceptar todo pasivamente? ¿Cómo es posible vivir y tener paz con el crecimiento de las sombras?

- Crea un lugar de paz dentro de ti, Simón. En tu alma. Que Dios viva dentro de ella. Toma el reino de Dios dentro de ti. Y tan pronto como el cielo nace en la Tierra, así llegará la liberación a toda criatura. La liberación no es externa, Simón. Sucede primero dentro del alma que se entrega al Creador. Dios, no puede actuar con violencia, solo con amor. Y Él gobernará sobre la Tierra, cuando los hombres decidan escuchar más a la luz que a las tinieblas; cuando eliges la luz, el amor, la alegría, la paz y la armonía. cuando ya no permites que la ira y el dolor te abrumen. Las sombras trabajan el miedo, los sentimientos negativos, la tristeza, todas estas emociones, son como malas hierbas que se extienden y se apoderan del alma humana. La iluminación es individual y llegará uno a uno, a medida que cada ser despierte, y actuando según las enseñanzas de mi Padre, según la Verdad, según el amor, sin importar las circunstancias, porque el príncipe de las tinieblas y las sombras solo tienen el poder que cada uno le da. Entonces entenderás el significado de las palabras del Salmo 91.[13]

Jesús hizo una pausa mientras Simón repetía mentalmente el salmo citado por Jesús.

---

[13] Salmos 91:1-16

"El que habita en el escondite del Altísimo, la sombra del Todopoderoso había descansado.
Diré del Señor: Él es mi Dios, mi refugio, mi fortaleza, y en él confiaré.
Porque él os librará del lazo del cazador, y de la pestilencia dañina.
Con sus plumas te cubrirá, y bajo sus alas confiarás; su verdad os será escudo y adarga.
No temerás el terror de la noche ni la flecha que vuela de día,
Ni de la peste que anda en tinieblas, ni de la matanza que asola al mediodía.
Caerán a tu lado mil, y diez mil a tu derecha, pero no te llegó.
Solamente con tus ojos mirarás, y verás la recompensa de los impíos.
Porque tú, oh Señor, eres mi refugio. Has puesto tu morada en el Altísimo.
No te sobrevendrá mal, ni plaga llegará a tu tienda.
Porque a sus ángeles mandará acerca de ti, para que te guarden en todos tus caminos.
Te sostendrán en sus manos, para que tu pie no tropiece con piedra.
Pisarás sobre el león y la serpiente; calcaras a los pies el hijo del león y la serpiente.
Porque me amó tanto, yo también lo libraré; Lo pondré en alto retiro, , porque ha conocido mi nombre.
El me invocará, y yo le responderé; estaré con él en la angustia; Lo quitaré de ella y lo glorificaré.
Lo saciaré de largura de días, y le mostraré mi salvación."

Entonces el Maestro continuó:

- No tengas miedo de lo que está por venir. No le temas al futuro. Llena tu corazón con la presencia divina y actúa de acuerdo a Sus instrucciones. Entonces caminarás sobre las serpientes más venenosas sin lastimarte.

Con la mirada perdida y el pecho lleno de angustia, Simón no pudo decir nada. Sabía que Jesús sabía muchas cosas y no podía responder. Él también debe haber sabido lo que estaban planeando. El Maestro se alejó un poco, luego se dio la vuelta y dijo:

- El amor cubre la multitud de defectos humanos. Tu tarea no es buscar el amor, Simón, sino dedicarte a retirar de tu camino interior todo lo que impide que este amor, que ya tienes y traes dentro de ti, irradie. Pero para eso, y necesitas humildad, dejar a un lado el orgullo, tus razones personales, tu voluntad exclusivista, para venerar el amor y su poder para resolver todas las cosas.

Simón observó al Maestro alejarse con calma. Tenía los ojos llorosos y su angustia era inmensa. Regresó a casa rápidamente. Quería sacar a Judas de sus planes. No podía dejar que se llevaran a Jesús. Se sentía confundido, pero en su corazón sabía que ningún interés podía ser mayor que su lealtad a ese ser amoroso.

Al buscar a Judas en la casa, se dio cuenta que no había regresado de Jerusalén. Y Simón se sentó en la cama donde dormía y lloró amargamente durante mucho tiempo.

Luigi se quedó allí, mirando la escena, sintiendo toda la angustia de Simón, la misma angustia que había sentido innumerables veces a lo largo de su vida. Y en ese momento, descubrió dónde nació y por qué era tan intensa como para molestarlo, incluso cuando su vida parecía, en la superficie, tan exitosa. Y balbuceó:

- ¿Por qué no fuiste tras Judas? ¿Por qué no lo detuviste? ¡Eras un debilucho temeroso! Siento esa culpa hasta el día de hoy... Y entonces recordó las últimas palabras que había oído decir a Jesús a Simón: *el amor cubre la multitud de los defectos humanos. Humildad, amor, renovación...*

VEINTINUEVE

LUIGI NO TUVO TIEMPO PARA REFLEXIONAR. De repente se encontró en medio del Monte de los Olivos.

Los apóstoles y discípulos más cercanos a Jesús estaban sentados, esparcidos sobre la hierba. Era tarde en la noche y el cielo estaba salpicado de estrellas, parcialmente ocultas por la cegadora luz de la Luna. Las gotas de rocío caían imperceptiblemente sobre los olivos, humedeciendo el aire seco y frío de la noche. Hubo un silencio diferente, haciendo que uno sintiera un momento serio por delante.

Pronto Luigi notó que Jesús no estaba entre ellos. ¿Dónde estaba el Maestro? ¿Por qué algunos de los discípulos susurraban en voz baja y parecían aprensivos, mientras que otros, sucumbiendo al cansancio, dormían descuidadamente?

Jesús apareció entre ellos, con un semblante aun más grave. En su rostro, no había la dulce sonrisa de antaño, sino una firme seriedad, como si estuviera a punto de lograr algo para lo que necesitaba toda su energía. Sus hombros, ligeramente encorvados, parecían llevar todo el peso del mundo sobre ellos. Su misión era liberar a la humanidad, y ahora, estaba a punto de dar el paso decisivo para realizarla.

¿Qué lo estaría preocupando?

Jesús se acercó a los discípulos, caminando despacio. Miró a los que dormían, casi todos. Pedro, que había estado despierto, pronto sacudió a los que estaban a su alrededor.

- Él ha regresado, despierten. Jesús regresó.

Rostros soñolientos observaron cómo Jesús, sacudiendo la cabeza con leve molestia, dijo:

- ¿Ni por una hora pueden ustedes mantenerse despiertos orando conmigo? Se acerca el momento extremo, y deben estar preparados, amigos míos. La humanidad atravesará momentos difíciles, de dolor, sufrimiento, frustración y desesperación. Ustedes son la luz del mundo. Tendrán que brillar intensamente para mostrar el camino a los débiles, enfermos y necesitados de amor y apoyo. Todavía no entienden mi misión o la parte que les corresponde.

La habitual implicación dulce y gentil del Maestro había dado paso a un discurso firme y contundente. Algo definitivamente serio estaba a punto de suceder. Jesús se quedó en silencio por unos momentos, luego bajó la cabeza pensativo, y levantándola de nuevo, dijo:

- Oren y vigilen sus pensamientos. Estaré ausente de nuevo. Necesito fortalecer mi corazón, porque pronto ya no estaré físicamente con ustedes, pero será entonces, que mi misión tomará fuerza y se extenderá sobre la Tierra. Es necesario que la semilla muera para que nazca el árbol. Es necesario que me vaya, para poder seguir trabajando con ustedes, para cambiar la vibración del planeta

- ¿No sería mejor descansar un poco, Maestro? Pareces cansado.

Jesús colocó sus manos sobre los hombros del hombre en quien vio un enorme potencial y dijo:

- Para todo hay tiempo bajo el cielo, Pedro. Época de siembra y época de cosecha. Tiempo de llorar y tiempo de reír.

Tiempo de duelo y tiempo de danzar... - Pedro completó con versos del Eclesiastés.[14]

---
[14] Eclesiastés 3:4

- Conoces las palabras, Pedro, pero necesitas apropiarte de las energías que las originaron. Se acerca mi hora de partir. Escucha lo que digo, Pedro.

Es hora de prepararse para llorar.

Y se alejó con pasos tranquilos pero firmes.

Los discípulos lo vieron alejarse. Pedro, angustiado, se sentó, inquieto. Observó al grupo y, al notar que Judas no estaba, le preguntó a Simón:

- ¿Dónde está Judas?

Visiblemente angustiado, Simón respondió con agresividad:

- ¿Y por qué debería saberlo?

Siempre están juntos, Simón. Tú, Judas con los zelotes. Observo tus movimientos.

- Ya no tengo nada que ver con los zelotes. Ellos no entienden la misión de Jesús - entonces él bajó la cabeza y dijo entristecido - Y creo que tampoco entiendo, yo sé que es el Mesías, no solo por lo que siento, sino principalmente por lo que lo veo hacer. Ningún hombre es tan poderoso y a la vez tan suave y humilde como él. Tiene que ser él, Pedro. Es él. Pero en lugar de llevarnos a la victoria, parece a punto de dejarnos... No puedo entender sus palabras, no entiendo lo que quiere de mí...

En ese momento escucharon el ruido de caballos y personas que se acercaban. Debe haber sido un gran número, ya que el ruido aumentó. Jesús se acercó a ellos, caminando lenta y serenamente. Su mirada había recuperado la desnudez que alguna vez tuvo, aunque su rostro permanecía serio.

Jesús aceleró el paso y alcanzó a los discípulos, quienes ahora, alarmados, estaban todos de pie y bien despiertos. Un grupo de soldados romanos, precedidos por varios sacerdotes judíos y otros destacados representantes religiosos, llegaron justo después de Judas, que caminaba adelante, con pasos firmes.

Frente al círculo íntimo de los seguidores de Jesús, sobre quienes recaía la responsabilidad de difundir la buena noticia en la Tierra, Judas se acercó y lo besó. Jesús lo miró y dijo:

- Lo siento, Judas, que no me entendiste.

Inmediatamente dos soldados agarraron los brazos de Jesús, uno de cada lado, como si tuvieran miedo de que escaparía u opondría resistencia a su arresto.

Pedro, al ver a Jesús, a quien amaba, en manos de los soldados romanos, desenvainó la espada que llevaba y se lanzó sobre uno de los soldados, casi cortándole la oreja, que le quedó colgando de un extremo, el soldado gritaba de dolor, y Pedro estaba a punto de golpearlo de nuevo, cuando Jesús lo agarró del brazo y lo detuvo:

- No, Pedro. Quien vive por la espada, muere por la espada. Tienes un trabajo que hacer y no debes dejar que nada te distraiga. Tomará toda tu dedicación y todo ese amor que me tienes a mí y a mis enseñanzas. Ha llegado el momento que el Hijo del Hombre sea entregado en manos de las tinieblas. Y todo lo que quieren es dolor y sufrimiento. Mantén la confianza, Pedro. Todos esto como debe ser, para que el bien mayor triunfe. Confía en todo lo que te he enseñado.

Se acercaron más soldados, rodeando completamente a Jesús. Pedro se alejó, al igual que los demás, que estaban asustados por la cantidad de romanos y las autoridades de Israel.

Jesús se excusó y, antes que se lo llevaran, volvió a colocar la oreja del soldado en su lugar, deteniendo inmediatamente la hemorragia.

- ¿Alguien más quiere hacer algo estúpido? Pero, ¿alguien quiere venir con él? - Gritó Caifás, uno de los sacerdotes.

Entonces los discípulos, asustados, se dispersaron, corriendo en varias direcciones. Solo Judas permaneció en su lugar, mirando con asombro cómo el gran grupo se alejaba, cargando a Jesús, hasta que desaparecieron en la noche. Se quedó allí solo, totalmente desconcertado. Estaba absolutamente seguro que cuando trataran de arrestarlo, Jesús se rebelaría, tomaría la actitud que creía que debía tener, y no solo se libraría de los soldados, sino que declararía la liberación de Israel y usaría todo su poder, todo el poder que sabía que tenía Jesús, a favor de sí mismo y de su pueblo. Pero no. En cambio, lo vio tomado por los romanos, arrestado, inmovilizado, inconsciente.

Cuando el lugar volvió a quedar en silencio, Simón apareció de entre los árboles y alcanzó a Judas, que estaba parado justo en medio del Monte de los Olivos.

- ¿Qué hiciste, Judas?

- Pensé que... que se defendería... Pensé... que no querría...

- ¿Dónde están los zelotes?

- Estuve de acuerdo en que se quedarían en la base del montículo hasta que les dijera. Estaban listos para ayudar a Jesús tan pronto como los soldados trataron de arrestarlo.

- Judas, Judas... Se lo llevaron... El Maestro está preso... ¡¿Qué fue lo que hiciste?!

Y poniéndose en cuclillas, como si un profundo dolor lo hubiera dominado, Simón se llevó las manos a la cabeza y gritó a gran voz:

-¡¿Qué hice, Dios?! ¡¿Qué hice?!

Su grito resonó dolorosamente, como un lamento, a través del silencioso jardín, tal como resonará en el alma de Simón en los siglos venideros.

TREINTA

LUIGI TRAÍA EL ROSTRO BAÑADO EN LÁGRIMAS. Quien pasase junto a él, lo consideraría un loco en ese momento. Sentado bajo un frondoso árbol, su cuerpo estaba en el presente, pero su espíritu trascendió el velo del olvido, y revivió ese momento que lo había marcado por milenios.

De repente, Luigi se encontró en otro lugar. Ya no estaba en el Huerto de los Olivos. Había árboles, muchos de ellos, pero no podía verlos claramente, solo veía claramente sus contornos. Una luz intensa inundó el lugar, brillante, como un sol. De repente, la luz se volvió más intensa, al punto que Luigi apenas podía abrir los ojos. Y la imagen de Jesús apareció claramente en medio del resplandor. La vista fue cegadora. Luigi lo reconoció y, abrumado por una emoción sublime e incontrolable, se arrodilló ante esa luz.

El Maestro se acercó a él y le tocó los hombros.

- Levántate, Simón, y ven a recibir mi abrazo.

- No puedo, Maestro, no puedo enfrentarlo. ¿Cómo podría no entender tu misión? ¿Cómo podría estar tan confundido?

Haciendo que Luigi se pusiera de pie, Jesús continuó refiriéndose a él coma en tiempo pasado:

- Simón, pasaste el resto de tus días tratando de redimirte. Te retiraste entre los esenios, anotando todo lo que aprendiste de mí, en un claro intento de recordar todo lo que te enseñé. Algunos de sus escritos han sido localizados y actualmente están siendo estudiados en el planeta, conocidos como los Escritos del Mar Muerto.[15] Deja de castigarte, es hora de trabajar conmigo para la

---

[15] Los Escritos del Mar Muerto son una colección de cientos de textos y fragmentos de texto encontrados en cuevas en Qumrán en el Mar

regeneración de la Tierra impondrá muchas dificultades a los que todavía ignoran la realidad del espíritu y de las leyes divinas. Muchas almas desatentas están siendo arrastradas como la corriente de un río, sin lugar a donde agarrarse. Arrastrados por las olas del materialismo.

Necesitan despertar, pero el cambio les parece difícil de hacer. Están hipnotizados y no pueden despertar, viviendo días de pesadilla. Las miserias humanas se extienden, alcanzando continentes enteros. Nunca la humanidad ha tenido acceso a tanto y ha logrado absorber tan poco. No introyectan. No toman lo que escuchan y lo usan para una transformación constructiva. Oyen, ven, pero no distinguen lo que es bueno de lo que les causa sufrimiento. Hay tanta maldad camuflada en los sistemas del mundo de hoy que solo quien se conecta con Dios, en su esencia interior, alcanza el discernimiento.

Jesús se detuvo por un largo tiempo, mirando con amor al hombre frente a él, luego continuó:

- Ha llegado el momento, Simón, de la gran renovación. En respuesta a la voluntad del Padre de la Vida, necesito mensajeros humanos capaces de proyectar las maravillas del rey en el mundo hasta los cielos. Intermediarios con quienes pueda establecer armonía, que estén dispuestos a suscitar pensamientos y sentimientos, su condición vibratoria, para que los mensajes de luz lleguen a los corazones más endurecidos. Aquellos que no pueden entender, y por lo tanto no pueden renovarse. Muchos se irán a mundos aun más difíciles para vivir. Y quiero rescatar a tantos como pueda. Cada alma que se va me entristece. No quiero que nadie se pierda de este hogar que hemos construido, llamado Tierra.

Muerto a fines de la década de 1940 y durante la década de 1950. Fueron recopilados por una doctrina judía muy conocida, como los esenios, que vivían en Qumrán. desde el siglo II a.C., hasta aproximadamente el 70.

- Señor, no sé qué hacer, cómo poder responder a tu llamado mientras esté vivo. Mi familia, mis exigencias profesionales, ¿tendré que abandonarlo todo para volver a seguirte?

- No, Simón. Necesito que cumplas tu misión, justo donde estás ahora.

- Mi familia hace cosas con las que no estoy de acuerdo.

- Así que encuentra una manera de detenerlos, de interponerte en sus planes. No estás entre ellos por casualidad. Fuiste colocado allí, como nuestro mensajero, así como se infiltran los representantes de las tinieblas entre los sirvientes de la luz. Tu tarea es desbaratar y debilitar lo que están haciendo, sus avances. Quiero que seas luz en medio de la oscuridad. Necesitamos a alguien fuerte como tú, Simón, con tu experiencia y tu sensibilidad, tus conocimientos pasados y presentes, para obstruir tu progreso. Ha llegado el momento de tomar su lugar en la orquesta divina y desempeñar su papel. ¿Podemos contar contigo?

- Es una tarea arriesgada...

- Sí, y peligrosa. Tu vida podría estar en riesgo. Pero solo la vida del cuerpo físico, que ahora, más que antes, comprendes que es efímera, fugaz y necesita ser entendida como lo que realmente es: una oportunidad para aprender y contribuir a la acción del Creador, que gobierna los mundos, contando con cada ser inteligente, que tiene su parte de acción. Dios vigila incesantemente la ejecución de las leyes que ha creado, y tiene en los espíritus que pueblan el espacio y en muchos otros, que están en el cuerpo denso, a sus ministros, encargados de atender a los detalles de la concreción de sus perfectos y amorosos planes. Estos espíritus tienen sus asignaciones de acuerdo con el grado de avance que ya han alcanzado. Todos están conectados, y serán más fieles, ya que entienden esto. Mientras haya un solo ser en sufrimiento en el planeta, todos los seres sufrirán. Las inteligencias dominadas por el orgullo y el egoísmo, aquellas que niegan el amor, la bondad, y son lo que llaman espíritus malignos, siguen sus nefastos planes. Si, por un lado, el universo es la proyección de la mente divina, en la

Tierra, que conocemos con su contenido político y social, es un producto de la mente humana, en gran parte controlada por estos malos espíritus. De nosotros depende continuar con nuestra agenda de transformación, ya que este es el deseo del Padre. Y para eso, es imperativo que quienes están despertando a la realidad, liberándose de las ilusiones que estos dominadores han perpetuado durante milenios, presten atención al trabajo de superación personal. Solo con la sublimación de nosotros mismos podemos rescatar nuestras conciencias para Dios.

Después de una breve pusa, continuó.

- Mi lucha siempre ha sido pacífica, sin transgredir las leyes del amor. Sin transgredir las leyes divinas de ninguna manera. Sé que lo entiendes ahora. Nunca permitas que los sentimientos y emociones negativas te dominen de nuevo. Aprende a lidiar con los asuntos negativos sin contaminarte con ellos. Aprende a vivir en el mundo, sin ser del mundo. Esta es la esencia de mis enseñanzas. Este es el camino de la felicidad que alcanzan aquellos que entienden y viven lo que les estoy enseñando.

- Amor, siempre amor... Que difícil es... Los sentimientos contrarios al amor están siempre presentes -. Luigi se refirió a su dificultad para dejar fluir el amor.

- Sí, mi amigo. Ama siempre, la energía que sana, libera, restaura y acerca las almas a Dios. Ve sin miedo, Simón, dejando que el amor florezca en tu alma, y sabrá tomar las mejores actitudes y decisiones. Es innegable que la ira y el rencor son sentimientos contrarios al amor. Sin embargo, otro aun más destructivo para las personas y que pasa desapercibido es el miedo, que crea una intensa oposición al fluir de esta poderosa fuerza. Se nota su acción en el cuerpo material, porque mientras el miedo contrae el corazón, el amor lo dilata. Por la sensación que ambos causan en su cuerpo, siempre sabrán cuando están actuando por amor o por miedo, en oposición a él.

Luigi se arrodilló de nuevo y dijo:

- Estoy aquí Maestro, listo para servir a tus propósitos. Deseo volver a ser digno de estar cerca de ti. Perdóname por no haber entendido tus enseñanzas tan sencillas y liberadoras. Fue tan difícil dejar de lado aquello en lo que creía, para que tu buena noticia me transformara... Creo que todavía tengo muchas dificultades, pero quiero entender y continuar, quiero hacer el trabajo de superación en mí mismo, para poder vivir a tu lado todos los días de mi existencia...

Jesús lo abrazó cariñosamente y le dijo:

- Simón, hoy el cielo está de fiesta.

Luigi abrió los ojos, sintiendo el viento fresco soplando en su rostro. Se encontró de nuevo bajo el frondoso árbol, donde había pasado todo el día. Observó el cielo teñido de tonos anaranjados, rosas y lilas, el sol se ocultaba en el horizonte, anunciando el final de otro día. Pero no para él. El sentimiento que el joven ejecutivo llevaba en el pecho era intraducible. Sublime, alegre, sereno, en paz. Finalmente, había alcanzado el perdón y se había liberado de la culpa y el remordimiento que había cargado a lo largo de su vida, tanto en el mundo espiritual como al regresar al cuerpo denso.

Cuando se levantó y comenzó a caminar hacia la montaña junto al mar, no estaba caminando, estaba flotando. Sintió como si sus pies no tocaran el suelo. El alma era luz, y el corazón en paz. Permaneció de pie, frente al espectáculo de la tarde, hasta que el sol quedó completamente oculto por el horizonte. Gradualmente, tu mente comienza a regresar a tu realidad. Había mucho por hacer, empezando por Antonella.

TREINTA Y UNO

ÉL TOMÓ EL ÚLTIMO BARCO y emprendió el camino de regreso, hasta llegar al hotel. Sabía que se enfrentaría a una mujer enfadada, pero estaba preparado para tratar con ella. Entró en silencio al hotel y subió a su habitación. Fue entonces cuando sacó su celular y vio que había más de cincuenta llamadas. Respiró hondo y luego escuchó los mensajes. Antonella estaba realmente furiosa, y lo dejó claro en su último mensaje: "No sé por qué hiciste eso. Vine a resolver nuestros mandados, pero me ignoraste y te hiciste un enemigo. Ni siquiera pienses en buscarme de nuevo. Nuestro período de paz termina aquí. Tuviste tu oportunidad, y la desperdiciaste."

Colgó y murmuró:

- Mejor así. Me había ahorrado trabajo y desgaste.

Las llamadas y mensajes del padre también fueron cada vez más agresivos, claramente impactados por sus contactos con Antonella. Los escuchó todos. Luego dejó su celular en la cama y se metió en la ducha. Había mucho en qué pensar. Se dio una ducha larga y refrescante y bajó a cenar.

Le dijo a la recepción que saldría del hotel a la mañana siguiente y que estaba subiendo cuando un asistente lo llamó:

- Señor, la mujer que se hospedaba aquí, déjeme ver – Antonella - le dejó este paquete.

Luigi le agradeció y tomó el pequeño paquete, sintiendo una enorme incomodidad ¿Qué tramaba esta mujer? Sacudió el paquete, sin escuchar casi ningún ruido, era muy ligero Dejó la cajita sobre la cama, sin tener valor para abrirla. Empacó su maleta, luego hizo algunas llamadas telefónicas, avisó a la secretaria y a Manuela, que estaría en Brasil al día siguiente. Después de todo el trabajo de preparación para el viaje, tomó el paquete - una pequeña caja envuelta. Abrió el papel de regalo, y estaba abriendo la caja, cuando sintió una fuerte intuición para hacerlo a distancia. Luego colocó la cajita sobre la mesa, todavía sujeta por cintas adhesivas, con un cuchillo, aflojó las cintas laterales, y la caja se abrió, saliendo inmediatamente de ella, un escorpión adulto, quien luego atacó el cuchillo. Luigi se congeló. Era una amenaza concreta. Buscó un objeto más grande y se deshizo del peligroso animal, tirando los restos por el inodoro.

Así que se sentó en el borde de la cama y pensó que tendría que aprender mucho para poder lidiar con lo que vendría a partir de ese día. Las amenazas apenas comenzaban. Entonces recordó la conversación que había tenido con Jesús, en el mismo jardín donde lo había visto entregado a sus verdugos, y murmuró confiado, casi en oración:

- Jesús me guiará.

Antes de acostarse, se acercó a la ventana y observó la concurrida avenida frente al hotel. Envuelto en una profunda melancolía, pensó que si podía, se quedaría allí para siempre experimentando esos sentimientos sublimes. Pero sabía que el Maestro contaba con él.

Durante el vuelo de regreso, la mente de Luigi bullía de ansiedad. Se sentía completamente perdido, sabía que tendría que reírse de tantas cosas, de tantos hábitos, que no podría vivir con la nueva conciencia que tenía ahora. No sabía por dónde empezar.

Agarró la pequeña caja, que había guardado vacía en el bolsillo de su chaqueta. Siempre quería tenerla a mano, para recordarse a sí mismo que viviría, a partir de ese momento, bajo constante amenaza. Todavía no tenía claro qué debía hacer, por dónde empezar, pero de una cosa sí estaba seguro: siempre tendría que estar preparado, alerta. Perspicaz, ya que las amenazas pueden llegar de formas y lugares inesperados.

Cuando el avión despegó, el cielo estaba despejado. Al dar un giro brusco, pudo divisar la ciudad desde lo alto, y pronto localizó el Mar de Galilea, donde había vivido aquella profunda experiencia, que lo había renovado por completo. Nunca podría contarle a la familia sobre esa experiencia. Ellos no entenderían. La única persona con la que podía contar plenamente era Manuela.

Cuando el avión alcanzó la altura de crucero, ya no pudo ver los inolvidables paisajes de Palestina. Apoyó la cabeza en el respaldo del sillón, cerró los ojos y comenzó a recordar en detalle la extraordinaria experiencia que había vivido. Sintió una intensa necesidad de compartir con alguien todo aquello. Y no podía cantar la ansiedad que sentía en ese momento, por encontrar de nuevo a la joven arquitecta. Así que muchas preguntas asaltaban su mente, sabía que su familia no aceptaría ninguna decisión que fuera en contra de los intereses de la empresa constructora, su padre, en especial, se sentiría profundamente molesto. Y aun quedaba Antonella, y ese mensaje amenazador. Realmente estaban tratando de matarlo. Pero, ¿por qué representaba tal amenaza?

Luigi ni siquiera pudo tomar una siesta en el camino. Pero fue cuando el vuelo se acercó a Brasil cuando sintió que se acumulaba la tensión. Tu mente estaba hirviendo con pensamientos de miedo y angustia. Dejaría atrás la experiencia más intensa y hermosa que había tenido en toda su vida. Todavía sentía el toque suave de Jesús. Pero la realidad de su vida se cernía ante él como un muro infranqueable. Pronto él, que había escalado tantas montañas, se sintió débil ante ese muro escarpado que ahora se alzaba ante él.

Todavía estaba perdido en sus pensamientos, cuando el piloto de la aeronave anunció:

- "Pasajeros, bienvenidos a Brasil. En unos momentos aterrizaremos en el Aeropuerto Internacional de Guarulhos. Gracias por volar con nosotros, y deseamos ellos una excelente estancia."

Luigi acomodó la silla y se abrochó el cinturón de seguridad. Miró por la ventana y vio la ciudad debajo. Cerró los ojos y mentalmente preguntó:

- "¿Cómo puedo hacer lo que Jesús me pidió? ¿Cómo podré vencer todas las resistencias? ¿Tendré fuerza?"

Melissa, quien felizmente lo acompañaba, murmuró en sus pensamientos:

- Vencerás, Luigi. No estás solo. Y ahora, sabed la verdad de una manera profunda. Lo lograrás, además, solo estás comenzando de nuevo algo que dejaste atrás hace mucho tiempo. Y recuerda, amigo mío, lo importante no es cómo empiezan las cosas, sino cómo acaban. Cómo terminan es lo que dice mucho más sobre nosotros mismos y sobre toda la experiencia. Bienvenido de nuevo, zelote.

Al contacto de las energías alentadoras de Melissa, y asimilando sus palabras en su mente, Luigi esbozó una leve sonrisa y murmuró:

- Sí, ahora sé que Jesús está siempre conmigo y tendré la fuerza para superar todas mis dificultades y responder a su llamado.

El tren de aterrizaje tocó el suelo y pronto el ejecutivo estaba desembarcando. Sacó su equipaje y caminó, sin prisas, por la zona del aeropuerto que lo llevaría al lugar donde tomaría un taxi. Extrañando el café brasileño, buscó donde mataría ese antojo ahí mismo. Fue a una cafetería y pidió un café. Se sentó a la mesa y esperó. Mientras esperaba, sacó su celular del modo avión. Se recostó en su silla y respiró hondo.

Cerca de doscientos mensajes nuevos en su aplicación de mensajería, así como varios correos electrónicos relacionados con sus responsabilidades. Uno de los mensajes llamó su atención. Era de Antonella, un mensaje grabado. El escuchó:

- "Entonces, ¿te gustó mi regalo? Espero que te hayan picado, bastardo. ¿Cómo te atreves a dejarme de ese modo? ¿Yo, que crucé el océano solo para estar contigo? Espero que hayas disfrutado de mi regalo, pero si no lo has hecho, no te preocupes. Habrá otros..."

Colgó enojado, casi tirando su celular sobre la mesa, llegó el café y sorbió cada gota con satisfacción, matando el antojo que había sentido por el café brasileño. Cuando terminó, pagó la cuenta, se levantó, guardó su celular en el bolsillo y se enderezó pensando: ¡vamos! A ver que me tiene preparado el destino...

TREINTA Y DOS

CARGANDO LAS MALETAS, caminó hacia el servicio de transporte del aeropuerto.

- Quiero un auto para la región de Morumbi, en la capital.

- Sí señor -. Respondió la mujer y algo en su tono de voz llamó la atención de Luigi, quien la observaba mientras presentaba la tarjeta de crédito, que sería la garantía de la carrera. Al devolverlo, ella dijo:

- Aquí está señor, tenga un buen viaje a su destino.

Continuó acechándola sospechosamente. seguido hasta el lugar que la joven le había indicado, y ella estaba esperando. Pronto se detuvo un gran auto negro, con vidrios polarizados y un chofer bien arreglado, de traje y corbata, especializado en el transporte de ejecutivos, se bajó del auto, abrió la cajuela y se ofreció, solicito:

- Permítame ayudarlo.

Guardó las maletas mientras Luigi subía al auto. Volvió al asiento del conductor, tomó las indicaciones para llegar a la dirección que Luigi le había dado en el vestíbulo del aeropuerto y la confirmó.

- Sí, esta es la dirección.

Luigi se acomodó cuando el auto salió de las instalaciones del aeropuerto rumbo a la carretera, el conductor lo siguió en silencio, manejando diligentemente, y el ejecutivo más relajado. Pero de repente, el conductor comenzó a detenerse a un lado de la carretera.

- ¿Algún problema? - preguntó Luigi.

- Está bien, señor. Necesito confirmar uno de los neumáticos.

Luigi nuevamente sintió algo en el tono de su voz, en la energía que rodeaba la situación, que estaba en peligro inminente. Respiró hondo y buscó confianza en todas sus experiencias pasadas y logró mantener la calma, aunque al mismo tiempo estaba en alerta máxima.

El auto se detuvo detrás de una camioneta negra, y pronto salieron tres hombres armados. Uno de ellos abrió la puerta del pasajero y ordenó:

- Sal del coche y mantén la boca cerrada.

Los otros dos se quedaron muy cerca, brindando cobertura.

Luigi salió del auto lentamente, y estaba a punto de levantar los brazos, cuando el hombre habló, bruscamente, golpeándose el brazo con la pistola:

- Sin levantar los brazos, sin llamar la atención. Solo camina despacio hacia la camioneta.

Luigi obedeció. Entró en la camioneta en silencio y con movimientos tranquilos.

- Veo que estás muy tranquilo - Fue recibido por Alfonso.

El hombre que había abordado a Luigi se sentó en el asiento delantero y el conductor salió a la carretera.

- ¿A dónde vamos?

-¿Me reconoces?

Luigi observó de cerca a Alfonso y notó lo diferente que era. Su mirada se dirigió instintivamente a los ojos del hombre.

- ¿Qué estás mirando?

Luigi apartó la mirada y guardó silencio.

- ¿Me estás reconociendo? - insistió el otro.

- Sí, coronel Alfonso. No puedo decir, dadas las circunstancias, que es un placer conocerte. ¿Y por qué abordarme de esa manera? ¿No podríamos simplemente arreglar una reunión?

- Disculpe las molestias, pero tengo un asunto importante que atender que no podía esperar.

Luigi siguió mirando al hombre, tratando de mantener la calma. Melissa actuó intensamente sobre los centros de fuerza del ejecutivo, ayudándolo a mantener bajo control sus reacciones físicas y sus pensamientos en una esfera alta, confiada, firme, serena.

- Y qué extraña es su calma, señor Luigi – Prosiguió el otro -. Pero pongámonos manos a la obra, ¿qué hiciste en Jerusalén?

- Por lo que tengo entendido, no te debo ninguna satisfacción.

- Le pido que responda, por favor – El hombre abrió mucho los ojos intimidante, acercándose al último pasajero. La camioneta avanzaba lentamente por la carretera, hacia el interior de São Paulo.

- Estaba aprovechando mi estancia en Israel para conocer un poco del país.

- No tienes negocios con Israel. ¿Tiene intención de hacer algún nuevo cliente en la región?

- No entiendo... ¿Cuál es tu interés en eso?

- No tenemos ningún interés en el Estado de Israel. Tenemos algunos socios en la región, pero no son, por así decirlo, las personas más fáciles de tratar...

- ¿Y los árabes son?

- Sí, más fáciles de manipular.

- Después de hacer exactamente lo que había acordado con mi padre, con la gerencia de la constructora, trayendo uno de los contratos más lucrativos ya firmados con países de Medio Oriente, concluí que podía descansar por unos días.

Casi tocando su nariz con la cara de Luigi, el hombre preguntó:

- ¿Cree que soy un tonto, Sr. Luigi?

El hedor que olía Luigi era repugnante y quería adormecerse. Se controló y respondió:

- Jamás tendría tal opinión a su respecto. Sé que es un fuerte aliado de la constructora y de mi padre.

- Es en interés de un gran grupo que controla muchas instituciones. No te dejes engañar por mi apariencia discreta son muy poderosos,

- No lo dudo

- ¿Qué hiciste en Jerusalén?

- Turismo. Debes saber que viajé con Julio y visité a su primera Berna. Entonces decidí alargarlo unos días más, conociendo mejor la ciudad.

- ¿Visita los sitios religiosos tradicionales de la región? Señor, ¿qué religión tiene? ¿O tienes una y no lo sabemos?

La mirada del otro era intimidante. Luigi sintió que cada vello de su cuerpo se erizaba, después de un intenso escalofrío.

- Ya que me conoces, también debes saber que soy coleccionista de piedras y fanático de los parques arqueológicos.

- Sí, nos enteramos de su visita a Masada, pero ¿el resto? ¿Y las visitas a la región de Galilea? ¿Quieres decirme que estabas buscando rocas?

- Estaba conociendo la región, aprovechando para traer algunas piedras raras, como esta - el joven sacó una pequeña piedra de su bolsillo, que había traído de la región del Mar Muerto -. y una roca de sal. No podía perder la oportunidad.

- ¿Y por qué te escapaste de Antonella?

- ¿Así que trabajas para ella?

El hombre esbozó una sonrisa cínica mientras respondía:

- No tienes idea para quién trabajo... responde la pregunta.

- Ella no me gusta. Y me sentí invadido, irrespetado por su visita. Creo que sabe que no la aprecio, pero insiste en tratar de fingir. De hecho, no soporto su compañía.

- Esto es intrigante. Antonella es una mujer exuberante, atractiva y poderosa. ¿Por qué uno de los herederos Morelli de Luca no estaría interesado en ella? ¿Cuáles son tus verdaderos intereses? Después de todo, ¿quién eres tú?

- Soy el primero en la línea de sucesión de la empresa constructora, capacitado para liderarla cuando llegue la hora.

- Así que compórtate en consecuencia, o ese día nunca llegará. Hay muchas cosas que no sabes sobre el negocio de la empresa constructora. Ya le había advertido a Francisco que lo preparara mejor, que lo introdujera en los asuntos paralelos de la constructora. Él se demoró mucho tiempo para responder. Finalmente, llamó a Antonella, mientras estaba en el hospital para recuperar el tiempo perdido, pero tú la esquivaste, lo que dificultó que estuviera debidamente preparado.

- ¿Y qué tiene que ver Antonella con mi preparación para dirigir la empresa constructora?

Alfonso respondió:

- No sabes nada sobre el negocio secundario, y no sé si algún día estará listo para ellos. Estos son los temas más importantes para la empresa constructora. Y es en este núcleo paralelo donde lo que realmente importa sucede. Los acuerdos que conduce la empresa para cerrar contratos, para crecer. Tu padre se ha adaptado bien a este núcleo, cumpliendo con nuestras expectativas. Él es uno de los nuestros.

- ¿Entonces la constructora no es de la familia? ¿Trabajamos para ustedes? ¿Y quiénes son ustedes? ¿Qué es este núcleo paralelo?

El hombre sacó una daga de su bolsillo, la colocó en el cuello de Luigi y dijo:

- Es tu padre quien debe prepararte e informarte adecuadamente. Te digo que todo tiene su precio, el éxito de la empresa, los miles de millones en paraísos fiscales y el poder de la familia Morelli tiene origen en los más que inteligentes acuerdos firmados por tu abuelo, y tu padre, después de él. Un día te tocaría a ti, fuiste elegido por tu padre. Pero no creo que haya tomado la decisión correcta. No seas ingenuo. Piensa mejor en el origen de la fortuna y el poder de su familia y a quién tu familia sirven...

El corazón de Luigi latía rápido, con el auto en movimiento y el puñal siendo casi se clavado en su cuello.

Sabía que un frenazo, o cualquier otro incidente, podía matarlo.

- Veo que tienes miedo después de todo. Y es bueno que lo tengas. Podemos permitirte ser el sucesor de tu padre, pero solo cuando demuestres que es alguien en quien podamos confiar. Quédate con Antonella. Haz lo que tu padre te pida.

- Voy a hablar con mi padre, necesito entender lo que está pasando.

Hundiendo un poco más la punta de la daga en el cuello del ejecutivo, Alfonso amenazó:

- No entiendes, no necesitas entender nada, necesitas ser sensato y hacer lo que te estamos diciendo. ¿O serás un problema que tendremos que solucionar pronto?

Luigi sintió ese pico helado en su garganta y solo respondió:

- No seré un problema.

El conductor redujo la velocidad y dijo, mirando por el espejo retrovisor:

- Una barrera policial más adelante. Están deteniendo algunos coches utilitarios.

- ¿Le advertiste a alguien?¿Como podría hacerlo? Su ayudante tiene mi teléfono celular.

Bueno, creo que el mensaje llegó. Sacó la daga, la metió en una funda de cuero y la metió en el bolsillo de su abrigo -. Espero que lo hayas entendido bien. No seremos tan cordiales la próxima vez. De ahora en adelante, espero encontrarte solo en nuestras reuniones oficiales.

Tomó el celular de Luigi y se lo devolvió. Tan pronto como el vehículo se detuvo debido al tráfico, el hombre dijo:

- Salga del auto y camine en la dirección opuesta. Cruce la calle y espere a su conductor. Se da la vuelta y lo recoge. Espero que no te importe esperar bajo el sol, ya que has disfrutado mucho caminando por las regiones áridas de Israel.

Luigi se fue sin responder e hizo lo que el hombre le pedía sin perder de vista la camioneta, que se alejaba lentamente, midiendo la distancia de donde el tráfico siguió lentamente. Cuando logró cruzar la calle, la camioneta ya se había alejado lo suficiente y él se agachó y dijo, en un estallido:

- ¡Jesucristo!, ¿qué fue eso? ¿Qué pasa con estas personas?

No pasó mucho tiempo y el coche que había alquilado en el aeropuerto se detuvo a un lado de la carretera. El conductor, que tenía una palidez morbosa, se bajó del auto y se le acercó:

- ¿Está bien? Me quitaron el celular, y me impidieron salir, hasta que alguien llamó y dio la dirección de donde estaría, y que era para venir a buscarlo.

- Estoy bien, creo. ¿Y tú?

El otro sonrió levemente mientras respondía:

- He pasado por algunos problemas en este trabajo, pero ninguno se compara con esta experiencia.

- ¿Qué quieres hacer? - Preguntó Luigi, viendo el estado emocional deplorable en el que estaba el hombre.

- Lo llevaré a su casa y luego me tomaré el resto del día libre. O la semana... ¿quién sabe?

Luigi asintió y subió al auto. Ahora, lo que más deseaba era llegar a casa.

TERCERA PARTE
EL RETORNO DEL ZELOTE

TREINTA Y TRES

BAJO LA DUCHA CALIENTE, Luigi trató de calmarse y comprender mejor lo que había sucedido. Ciertamente estaba bajo una fuerte intimidación; ¿qué negocio paralelo manejaba la familia que lo había expuesto a tal situación? ¿Quién era el padre de todos modos? Recordó, entonces, las palabras de Jesús, diciendo que él era parte de esa familia, como un verdadero "infiltrado." Mientras el agua tibia tocaba su cuerpo, calmando sus extremos nerviosos, su mente estaba acelerada. Había preguntas sobre su familia, la peligrosa situación en la que había vivido, su compromiso con Jesús, y cómo haría ese cambio. Salió de la ducha y fue al dormitorio. Observó la comodidad, el lujo, todas las ventajas que disfrutaba. ¿Tendría que renunciar a todo?

El celular sonó una vez más. Era su padre

- Buenos días, papá.

- ¡Por fin puedo hablar contigo! ¡¿Qué diablos pasó?! ¿Te has vuelto loco?, ¿Qué te pasa, Luigi? Tienes que darme un informe completo. Estoy siendo cuestionado y presionado.

- Me imagino, mi padre. Pero no te preocupes. Tengo el contrato firmado, y fue incluso mejor de lo que habíamos imaginado. Establecí una excelente relación profesional con el equipo que trabajará en nuestras obras. Todo va incluso mejor de lo esperado.

- Esto ya lo sé. Quiero saber el resto. De tu desaparición, de tu desaparición por Jerusalén, de tu inaceptable conducta con Antonella...

- Ya dije que necesitaba un tiempo para mí, solo eso. Ahora estoy de vuelta, listo para trabajar. Tómalo con calma, papá.

- No entiendes la amplitud de nuestro trabajo.

- En esto estamos totalmente de acuerdo. Hay muchas cosas que tienes que explicarme.

- Estaba listo para ampliar su participación en los negocios de la empresa, pero...

- En el negocio secundario, querrás decir.

- Eso mismo. Pero aun no has pasado la prueba...

- ¿Cuál sería esa prueba?

Para estar realmente listo, necesitas estar con Antonella. Es el portal para que entres… - Francisco no encontraba la palabra más adecuada.

- ¿En los sótanos de nuestra corporación, quieres decir?

Luigi anticipó.

- En la cima del mundo, creo que lo describe mejor.

Hubo un largo silencio entre los dos, hasta que intervino el hijo:

- Acabo de llegar. Hoy me voy a quedar aquí, actualizándome. Ver mis mensajes, responder emails y agilizar lo urgente. Mañana vuelvo a la oficina.

- Espero que no vuelvas a desaparecer -. Respondió el padre bruscamente.

- Mañana vuelvo a la oficina - repitió el hijo sin emoción.

Colgaron y Luigi murmuró:

- ¡Qué mal humor crónico! Va a ser duro enfrentarse a ese muro.

Se sentó en el borde de la cama, visiblemente desanimado. Se sentía como si estuviera a punto de escalar la montaña más alta que había, sin ropa, sin equipo, sin herramientas. Sentía que le faltaban herramientas. Por mucho que disfrutara de la vida que tenía, sabía que no podía volver a ella, ya no le servía. No sabía por dónde empezar, para construir su nueva vida. Al mismo tiempo la presencia dulce y tierna de Jesús estaba presente en todo su ser. Se puso de pie, y mientras tomaba otra taza de café, se repetía a sí mismo:

"¡No hay montaña que no se pueda escalar! "

* * *

En la constructora, Manuela estacionó el auto afuera del estacionamiento del edificio y caminó apresuradamente por el vestíbulo hasta la recepción. Bianca estaba hablando con la recepcionista:

-¿Mi primo ya volvió? Tengo muchas ganas de verlo.

- El señor Luigi todavía no ha venido a la oficina.

- ¡Nadie sabe el paradero de este hombre! ¡Ni la secretaria ni mi tío! No me devuelve los mensajes...

- Creo que llegó hoy de su viaje - intervino Manuela, que estaba justo detrás de Bianca, siguiendo la conversación. Se volteó y miró con curiosidad a la extraña.

- Lo siento, soy Manuela, fui contratada por Luigi para el paisajismo del centro comercial - Extendió la mano para saludar al otro.

- Me habló de ti. Mucho gusto.

- ¿Habló de mí?

- Sí, y con mucho cariño.

Manuela no pudo contenerse, abrió una amplia sonrisa, que contagió a la prima del ejecutivo.

- Bien se puede ver por qué le gustas tanto - Y mirando la carpeta que ella sostenía, preguntó:

- ¿Mucho trabajo?

- Y que más tengo..., pero me gusta mucho lo que hago, así que no me importa tener mucho trabajo. Me gusta.

- Así que Luigi ya está de vuelta. ¿Has estado en contacto con él desde que se separaron del viaje a Estados Unidos?

- Un poco. Ha estado bastante ocupado.

- Me imagino. No me devolvió las llamadas – respondió Bianca bajando la mirada, entristecida – Acabo de salir de un proceso difícil y necesito hablar con él.

- ¿Estás ocupada ahora? - Manuela rompió el ciclo normal de conversación, que pasó a despedirse.

- Vuelvo a casa después de una larga estancia en un lugar no deseado...

- ¿Quieres tomar un café? Tienen una pequeña cafetería y agradable cerca de aquí. Podemos ir a pie.

- ¿Por qué no?

- Deja que solo entregue algunos documentos aquí en la recepción.

Tan pronto como terminó, se volvió hacia Bianca y le dijo:

- ¿Vamos?

Las dos caminaron tres cuadras hasta la cafetería y pronto las unió una fuerte simpatía. Hablaron durante mucho tiempo. Bianca rápidamente sintió que podía confiar en Manuela, quien a su vez sintió lo vulnerable que era emocionalmente la prima de Luigi, consumiendo drogas medicadas durante años que no favorecían su verdadera recuperación. Casi dos horas después, Manuela consultó su reloj y comentó:

- Vaya, son casi las 13:00. Necesito irme. Tengo una cita en la oficina a las 2:00. Pero me encantaría que nos volviéramos a encontrar. ¿Quieres anotar mi número de celular? Así podremos combinar cuando tengas un tiempito libre.

Bianca lo anotó y antes de despedirse preguntó vacilante e insegura:

- ¿Me llevarías a ese lugar que frecuentas?

- ¡Pero claro! Podemos combinar cuando quieras.

- Voy este viernes. ¿Quieres venir conmigo?

- ¿Me sentiré bien?

- Solo lo sabrás si lo pruebas. pero te aseguro que es un ambiente iluminado por el cariño y la fraternidad.

Manuela sonrió y sugirió:

- Puedo pasar a recogerte a tu casa, ya que no conduces...

- Sería perfecto. Arreglamos todo el jueves, entonces.

Se despidieron y Bianca se fue a casa sintiendo una alegría que hacía mucho tiempo que no experimentaba.

Cuando Manuela entró a la oficina, sonó su celular.

Era Luigi.

- Qué bueno que llamaste; ¿está todo bien?

- Ahora sí. Pero tengo mucho que compartir contigo, si puedes encontrarme.

- Tengo muchas ganas de verte.

- ¿Podemos cenar juntos hoy?

- Sí.

- Así que te recogeré a las 8:00 p.m.

- Conocí a Bianca, tu prima, hoy. Nos reunimos en el lobby de la constructora, y terminamos tomando un café acompañado de una larga conversación.

- ¿Y cómo está ella?

- Estaba enojada contigo, ella te extrañaba mucho.

- Es una persona dulce, pero está sufriendo mucho. Y no puede lidiar con la pérdida de mi tía, incluso después de todos estos años. Y escuché que ha estado internada los últimos días.

- ¿Sabías que se habían peleado y que Bianca no hablaba con su madre? ¿Haciendo un berrinche? Y por cierto, el día que se fue Flora, habían quedado en comer helado juntas, hacer un show de chicas, solo madre e hija. Y entonces todo sucedió. Siente culpa, remordimiento y un mar de sentimientos que la asfixian.

- ¿Se hicieron amigas entonces?

- Me gustaba mucho y creo que lo recíproco es cierto.

Y sobre todo, siento que necesita ayuda.

- Oh, eso es lo que realmente necesita. ¿Se encontrarán de nuevo?

Te lo contaré todo esta noche.

Pero quiero hablar solo de asuntos personales. Del trabajo, hablamos en la oficina más tarde.

- De acuerdo. Te espero a las 20:00. Voy a unirme a una reunión ahora.

- Hasta más tarde entonces.

Luigi colgó con una leve sonrisa en su rostro. Estaba feliz que las dos se hubieran conocido y entendido bien. Manuela y Bianca eran las dos mujeres que más amaba.

TREINTA Y CUATRO

ESA NOCHE, mientras cenaba con Manuela, mientras conversaban, Luigi sintió que su serenidad y confianza se fortalecían. Rodeados por las energías benéficas que ella emanaba, a los mentores espirituales les resultó más fácil involucrarlo e inspirarlo. Cuando terminó de relatar detalladamente las escenas que había vivido bajo los cielos de Palestina, en especial las conversaciones que tuvo con Jesús, los ojos de Manuela brillaron intensamente. ¡Cómo amaba a Jesús!

- ¡Qué experiencia tan fascinante! Entonces tú, Luigi Morelli de Luca, ¿eres Simón el zelote?

- ¿Me crees? ¿No parezco un loco psicótico y lunático al contar estas experiencias?

Manuela abrió una sonrisa afectuosa y lo miró con ternura.

Poniendo sus manos sobre las de él, dijo:

- ¡Jamás!, Sé que todo esto es verdad, no tengo la menor duda sobre la realidad de las vidas sucesivas, que todos tenemos múltiples encarnaciones. Mucho menos sobre la veracidad de sus visiones. Sé que todo lo que vivimos, todo lo que sentimos, todo lo que sucede está grabado en la memoria cósmica, y que es posible acceder a ella, a través de la sensibilidad, la psicometría, en tu caso.

- ¿Cómo puedes estar tan segura de todo esto? A mí, que he vivido las experiencias, me parecen un sueño... ¿Cómo puedes confiar tanto? ¿Cómo puedes tener tanta fe?

- Bueno, querido, en primer lugar, he estudiado asuntos espirituales durante muchos años. Y actualmente, estudio en profundidad los temas que me llaman la atención. Estudio el Espiritismo, sus descubrimientos, sus investigaciones, sus conceptos y las leyes que de él se derivan. También estudio todo lo que puedo sobre investigación científica, y lo que me ha llamado la atención en este momento son los estudios sobre física cuántica y cómo sus premisas fortalecen los conceptos formulados por Allan Kardec.

- ¿Allan Kardec? Qué nombre tan raro.

- Es un seudónimo.

- ¿Y quién era él? ¿Por qué usó un seudónimo?

- Kardec fue el hombre que investigó los fenómenos espirituales de su tiempo, que se extendieron por todo el mundo y organizó sus investigaciones y conclusiones, en preguntas y respuestas, de una manera muy didáctica, de fácil comprensión. Cuando puso todo esto en un libro - *El Libro de los Espíritus* - sin saberlo, constituyó la base del Espiritismo, tal como lo conocemos hoy. Pero, a pesar de ser el más destacado en Brasil sobre este tema, muchas otras personalidades. desde su época estudiaron los fenómenos de los espíritus. Solo para darte un ejemplo, puedo citar al famoso escritor de Sherlock Holmes.

- ¿Que? ¿Sir Arthur Conan Doyle era un investigador de espíritus?

- Sí, lo era. Y escribió un libro muy interesante, la *Historia del Espiritismo*, donde se menciona al conocido codificador del Espiritismo. Conan Doyle fue un verdadero historiador, podemos verlo en sus obras de ficción, ricas en detalles. Fue un hombre brillante, intelectual, investigador, del dolor y del espíritu.

- No tenía ni idea...

- Bueno, el Espiritismo no es un montón de hipótesis sueltas sin una experimentación exhaustiva. Todo lo contrario.

- Interesante...

- Bueno, eso es parte de mi experiencia, la teoría.

- ¿Y tiene la parte práctica?

- Sí, y se vuelve más y más grande, como la experiencia que tuvimos juntos en Dayton. Fue una de las experiencias más impresionantes que he tenido. ¿Cómo iba a suponer que alguna vez fui un sensible psicométrico? Pero ciertamente explica mucho de mi pasión por el aspecto científico del Espiritismo, mi deseo de entender siempre la espiritualidad de una manera práctica que pueda ser aplicada. ¿Yo, esposa de William Denton? ¿Quién lo diría?

Luigi, que sostenía las manos de Manuela entre las suyas, sonrió, las soltó y se recostó en su silla, mirando hacia abajo.

- ¿Qué fue?, ¿Qué te turba? ¿Sigues pensando que tengo una fe ciega?

- No eso no es.

- ¿Entonces qué es? Hay un fuerte conflicto en mí en este momento. Sé que todo es verdad, lo que experimenté en Jerusalén. Sé lo que debo hacer, pero me cuesta saber por dónde empezar, y cómo voy a enfrentar a mi familia, qué pasará cuando haga esto...

- Me imagino lo difícil que debe ser todo esto, créeme que me imagino. Realmente no conozco a tu familia, pero puedo imaginar que pueden tener mucha resistencia a un cambio en tu comportamiento.

- Creo que es mucho más que eso, Manuela.

- ¿Cómo así?

- Siento que hacen más que defender sus intereses materialistas. Están en oposición al bien; ellos son la oposición al bien.

- ¿Cómo lo sabes?

- No sé cómo explicarlo todavía. Pero yo creo que están metidos en asuntos pesados, en cosas ilegales, no lo sé con certeza. Siento que voy a unirme a un nido de avispas, ¿sabes? ¿Alguna vez has visto una colmena de abejas o abejas melíferas siendo pinchadas?

- Personalmente, no, ¿y tú?

- A veces en la hacienda. Son peligrosas cuando vuelan solas. Pero cuando atacas su casa, sus intereses, volverán con todo y en masa. Es una verdadera masacre.

- ¿Y crees que eso podría pasar?

- Es más que creerlo. Yo fui amenazado hoy, en el coche del aeropuerto a casa.

Manuela palideció.

- Es una cosa muy seria. No están bromeando.

- ¿Te hicieron algo? - Preguntó preocupada.

- Por ahora, solo amenaza.

- ¿Y qué quieren?

- Que sea como ellos, no, mejor dicho, que sea uno de ellos... Y como prueba de buena voluntad, de subordinación, o lo que sea, quieren que esté con una mujer que se llama Antonella. Mujer odiosa. Es rara, tiene un olor raro, una forma de mirar rara, no puedo ni acercarme a ella. Solo pensar en ella me entristece...

- Luigi, creo que realmente necesitas refuerzos en ambos lados de tu vida. Necesita un grupo con el que pueda compartir sus problemas, buscar ayuda y aprender sobre este nuevo mundo que se ha abierto para usted. ¿Te gustaría eso?

- ¡Sí!

- Soy parte de un núcleo espírita y tenemos un grupo de estudio con seis integrantes, donde profundizamos nuestros conocimientos e intercambiamos experiencias. Te invito a conocer este grupo, ver como te sientes. Y con respecto a los estudios, hablaré con ellos, para incluirte a ti, ¿qué opinas?

- Puede ser...

- Este grupo también cuenta con el apoyo de mentores espirituales que trabajan por la liberación de la humanidad de las garras de las sombras.

- Oscuridad...

- No tiene nada que ver con nuestras sombras psicológicas, que quedan en nuestro inconsciente. Estas son sombras espirituales, entidades que detestan a Dios y se oponen a Él. Entidades que tuvieron una participación activa en el juicio y muerte de Jesús, así como en tergiversar el cristianismo, desvirtuándolo a lo largo de los siglos. Trabajan en las sombras, incansablemente. Son inteligentes, astutos y extremadamente activos, nunca descansan...

Una imagen apareció en la mente de Luigi, un recuerdo

El que tenía, al desdoblarse en un sueño, visitaba las regiones espirituales de la constructora, advirtiendo aquella realidad de la que hablaba Manuela. Sintió un escalofrío recorrer su cuerpo.

- ¿Qué pasó? - Preguntó Manuela al darse cuenta de la reacción.

- Sé de lo que estás hablando... Lo he visto... Y, creo que aceptaré tu oferta. Necesitaré todo el apoyo posible.

- Las resistencias serán enormes, Luigi.

- Lo sé. Creo que eso es lo que ya me provoca ansiedad de antemano.

- Pero vencerás estas resistencias.

- Creo que muchas también están dentro de mí.

- Pero claro, esto es muy natural. Tus creencias, alimentadas hasta ahora, serán difíciles, así como la vida tan placentera, que tendrás que renunciar... De alguna manera y en algún nivel, todo el que acepta la invitación al despertar que propone Jesús, pasa por ella. Solo que, en tu caso, es todo un desafío. Al mismo tiempo, estabas con Él. Todo lo que viviste también está en tu memoria, las energías sanas y benéficas de Jesús, todo lo viviste. Tienes todos los recursos para ser un ganador, Luigi. Fuiste entrenado en todo. La ironía de todo esto es que su padre nunca pensó que lo estaba preparando para un enfrentamiento padre-hijo...

Sosteniendo las dos manos de la joven entre las suyas, Luigi preguntó:

- ¿Cásate conmigo? De nuevo... Si todo es lo mismo que estamos hablando, ya nos conocemos mucho. No perdamos el tiempo, Manuela. Cásate conmigo, sé mi compañera en este desafío que me espera.

A Manuela se le llenaron los ojos de lágrimas y tartamudeó:

- Sí, sé que ya te amo...

Atraídos por el intenso amor que los unía, los dos intercambiaron un afectuoso y largo beso, sellando la decisión que cambiaría sus vidas.

TREINTA Y CINCO

MIENTRAS CONDUCÍA DE REGRESO A CASA, Luigi notó cuánto bien le hizo Manuela. A su lado, se sintió fortalecido en su propósito de hacer lo que sentía que debía hacer, aunque era consciente de las cosas a las que tendría que renunciar. Ciertamente había muchas cosas que amaba en la vida que tenía. Pero ninguna de ellas tenía el valor de lo que previó, los sentimientos elevados que había sentido al ser visitado por los recuerdos de los tiempos en que había caminado junto a Jesús. Y al pensar en el Maestro le vino a la mente el rostro de Jesús, y en el mismo momento sintió su presencia, sus palabras llenas de amor y sabiduría. Y ahora, sabía que tenía un compromiso con el Maestro, un compromiso que había hecho hacía siglos.

Entonces recordó a su tía y sus días de infancia. Recordó, ese día en particular, cuando estaban todos juntos, durante el almuerzo y la visita que recibieron. Vio los zapatos de los visitantes y de repente recordó sus rostros. Uno de ellos era Alfonso, quien, curiosamente, no había visto ningún cambio en su apariencia, no había envejecido.

Sabía que lo conocía.

Entonces escuchó la delicada voz de su tía en su mente:

- "Cuida de Bianca. Necesita ayuda."

- Tía, ¿y tú? - Preguntó Luigi, todavía con dudas.

- "Fue en este día, como acabas de recordar, que me enteré de las actividades criminales de la familia. Durante mucho tiempo, aquí en el mundo de los espíritus, me arrepentí de pasar por la biblioteca y escuchar esa conversación. Me tomó mucho tiempo aceptar mi nueva vida. Y fue cuando lo acepté que comencé a comprender realidades que no podía ver. Fue como si un velo cayera y mi mente se aclaró, y comencé a entender."

- Te extraño - continuó la conversación mental.

- "Siempre estoy cerca, querida. Y te pido que ayudes a Bianca. No está segura de aceptar los nuevos conocimientos a los que está accediendo. Es reacia. Por supuesto, todo lo que aprende de la familia es muy diferente. Y como sus emociones están enfermas, es frágil, y no encuentra su fuerza interior para sostenerse sobre lo que aprende y poner todo en práctica."

- Entiendo sus dificultades, tía. En cuanto a la resistencia a aceptar la verdad, soy un maestro...

- "Somos maestros en esto, querido. Necesita encontrar la manera de liberarse de la tristeza, de la culpa, del miedo, en fin, de estas energías tóxicas, que están haciendo estragos en su vida interior, y en consecuencia, en su vida física. Está paralizada, perdida y sin rumbo. Bianca está en la Tierra para aprender, crecer y realizar muchas tareas. Ahora lo sé claramente. Pero ella necesita tu ayuda para superar los traumas y seguir adelante."

Sin darse cuenta, Luigi ya estaba entrando al ascensor. Sintió, de repente, que las palabras de su tía desaparecían, al igual que su presencia. Entró en la casa y, dejando las llaves sobre la mesa del comedor, murmuró:

- Yo me ocuparé de ella, tía, puedes estar tranquila.

✱ ✱ ✱

Por la mañana siguiente, antes de las siete de la mañana, Luigi ya entraba a su oficina en la constructora. Sin dejar que los pensamientos de preocupación lo abrumaran, se dispuso a revisar todo lo que había recibido en correspondencia, correos electrónicos y mensajes mientras estaba fuera. Con un enfoque total en lo que tenía que hacer, se sorprendió cuando, dos horas más tarde, sonó el teléfono y casi había terminado con dos semanas completas de trabajos atrasados que se habían acumulado durante su ausencia.

- Buenos días jefe -. Era Pamela -. Llegó temprano.

- ¿Y había alguna alternativa? Llenaste mi escritorio de papeles y mi agenda...

Ella sonrió y luego habló, más sería:

- Tu padre está una fiera contigo.

- Lo sé.

- ¿Qué hiciste para que se pusiera así?

- Creo que sería mejor enumerar lo que no hice... pero, dejemos esta conversación para otro momento. ¿Algo importante?

- Pidió verlo tan pronto como llegaras. Y ya llamaron aquí cobrándome. Creo que es mejor si subes antes que él baje.

- Está bien. Por favor, hazles saber que estoy subiendo.

Unos minutos más tarde, Luigi entraba en la sala de estar.

- Francisco.

- ¡Por fin apareciste!

Luigi colocó la carpeta con los documentos en el escritorio de su padre. Rápidamente abrió y hojeó el documento, luego cerró la carpeta y dijo:

- Como se esperaba.

- Encima de nuestro beneficio será aun mayor en la realización de las obras. Mejoré nuestras condiciones, padre.

- ¿Eres ingenuo o estúpido?

- ¿Por qué?

- La mayor parte de nuestro beneficio no proviene de actividades legales.

- Sé que hay muchas otras actividades ilícitas que hacemos, pero mi trabajo es ocuparme de los negocios legales de la empresa.

- Te equivocas error. Como yo me ocupo del negocio de la empresa constructora en su conjunto, ese sería su papel al hacerse cargo del negocio. Pero no estás listo.

Luigi permaneció en silencio, solo mirando a su padre, pensando en Jesús. Francisco continuó, cada vez más irritado:

- Me están presionando y terminarás descartado como mi sucesor. Todo el trabajo que he tenido para prepararte, entrenarte para tomar mi lugar, lo voy a perder... Tendré que preparar a uno de tus hermanos...

- ¿Crees que no estoy listo?

- Estás a años luz de la condición que necesitas para hacerte cargo de la empresa.

- ¿Cuáles son estos negocios paralelos, papá, para los que tanto necesito estar preparado?

Francisco hizo una larga pausa y luego continuó:

- Cuando viajaste, pensé que estabas listo. Que había llegado el momento de empezar a mostraros cómo funciona el juego completo de nuestro negocio. Pero cuando supe que habías decidido viajar con la arquitecta en vez de Antonella, estaba preocupado. Así que ella volvió poco después y tú seguiste tu camino. Estaba más esperanzado. Algún juicio tenías. Luego desapareciste en Jerusalén y nadie sabe a ciencia cierta qué estabas haciendo allí. ¿Puedes finalmente decirme qué diablos te pasó en Jerusalén?

- ¿Por qué tanta preocupación al respecto? Estuve haciendo turismo, conociendo el lugar. Eso es todo ¿Qué tiene de especial para tanta preocupación? ¿No es natural cuando viajamos querer conocer mejor ciertos lugares?

- Estuviste en Arabia Saudita. ¿Por qué recorrer Jerusalén de inmediato?

- ¿Qué es tan perturbador acerca de este lugar, de todos modos?

- No sé, dime tú. Volviste diferente...

- ¿Cómo puedes decir eso? Es la primera vez que nos vemos desde que regresé...

Francisco miró a su hijo como si lo estuviera mapeando, detalle por detalle. Luego habló:

- Estás diferente ¿Qué pasó en Jerusalén?

Luigi se sentó mejor en su silla, respiró hondo y dijo:

- Es verdad. Es una ciudad que me conmovió. Tuve algunas experiencias...

- Ahí vas de nuevo con tus rarezas. ¿Tendrás que tomar medicamentos de nuevo? ¿O tendremos que prohibirlo esta vez?

Francisco miró a su hijo, y Luigi mantuvo una calma y un autocontrol que no sabía de dónde venían.

- Ni siquiera me has oído todavía. Allí tuve algunas experiencias que me conectaron con una parte de mí que estaba atrofiada. Me desperté con preguntas importantes que me interesan, relacionadas con la filosofía, la religión y la vida espiritual.

Francisco se levantó de su silla y golpeó la mesa.

- ¡Tonto! Me obligarás a tomar medidas drásticas, no tendré elección. Si no te parece mejor todo esto, que te dejes de esas idioteces...

- No me pasa nada, papá, y lo sabes. Soy sensible, tengo la capacidad de acceder a la información en el campo invisible de la vida, ya sea que se llame mundo espiritual, memoria cósmica o campo cuántico.

Francisco estuvo a punto de hablar, pero Luigi continuó, enérgico:

- Sé quién soy y a qué accedo, y eso no tiene nada de malo. Y sabes bien que no la hay.

Pero él siempre tuvo miedo que esta habilidad mía despertara mi espiritualidad de manera profunda, e hizo todo lo posible para evitarlo.

Su padre lo miró, controlando su ira.

- Qué tonto. ¡La religión es para los débiles e ignorantes!

- Desafortunadamente esto ya no es posible. Desperté con muchas verdades que no quería ver y ahora voy en busca de respuestas

- Si continúas por este camino, te pondrás muy mal, Luigi, puedes estar seguro: Y no es por mí, soy una pequeña pieza en este engranaje, donde personas mucho más poderosas que yo toman las decisiones.

- Lo sé, padre. Pero haré lo que debo hacer, ya no puedo vivir para satisfacer tu voluntad o tus deseos.

- No te atrevas a enfrentarme, Luigi.

- Nunca tuve esa intención. Quiero seguir con mi trabajo en la constructora, y hacer lo que sé hacer muy bien.

- Entonces, ¿vas a dejar de ser mi reemplazo? ¿Es eso?

- ¿Por qué no me hablas del negocio secundario de la empresa y luego yo decido?

Francisco, visiblemente perturbado, se echó a reír y habló, bajo la influencia de entidades espirituales:

- Tienes que convertirte en uno de nosotros. Tu pasaporte para el negocio paralelo de la familia es quedarte con Antonella. Al convencer a nuestros miembros que está en el lado correcto, puede tener acceso completo a nuestras actividades. Si no estás de acuerdo, todo se acabó para ti. Y no habrá un futuro para ti aquí. Esta vez, Luigi sintió fuertemente la amenaza que se le venía encima, y solo respondió:

- Necesito algo de tiempo para pensar.

- Has tenido ese tiempo.

- Papá, necesito un poco más de tiempo para tomar una decisión como esta, que lo cambia todo en la vida.

- Pensé que todo esto ya estaba muy claro, después de todo, participaste en muchas negociaciones con características extrañas, digámoslo de esta manera.

- Solo que nunca había prestado atención a los detalles, no como ahora...

- Bueno, tienes una semana, no más días.

Era el momento en que tenía que responder a los socios comerciales.

- Luigi se puso de pie, sintiendo como si tuviera doscientos kilos pesando sobre él. Caminó hacia la puerta, la abrió y dirigiéndose a su padre, dijo:

- ¿Qué tanto le debes a estos socios?

- Todo lo que tenemos. Ellos son los que nos alimentan con dinero y poder. Nos pusieron en contacto con las personas más poderosas de este país. Y quiero más.

- Y a cambio, ¿qué les damos?

- No se te permite tener esta respuesta. Ahora vete, tengo mucho que hacer. Principalmente, pídele comprensión y tolerancia a Antonella, ya que no te dignas hablarle decentemente. ¡Le mentiste! Está furiosa contigo.

- Ella trató de matarme... ¿Sabías eso?

- Ella acaba de enviarte una advertencia, Luigi. Esta gente no comete errores. No te interpongas en su camino...

Francisco sacó su celular y le indicó con la mano a su hijo que saliera de la habitación. Aunque no lo demostró, Luigi se fue desconcertado. Su mundo, como lo había conocido hasta ese momento, estaba a punto de desmoronarse.

TREINTA Y SEIS

ESA TARDE, cuando Manuela llegó a la oficina trayendo información sobre los proyectos de paisajismo, encontró a Luigi sentado, mirando al vacío, pensativo y distante. Nada más entrar, se percató de las vibraciones que envolvían al ejecutivo.

- ¿Qué paso?
- Problemas familiares.
- ¿Hablaste con tu padre?

No puedo hablar con él, Manuela. Me dio una semana para pensar si quedarme o no con Antonella, de lo contrario...

Se quedó en silencio, imaginando todo lo que amaba en su vida, todo lo que amaba hacer: los deportes, las cenas caras en restaurantes elegantes, la ropa elegante que lo hacía sentir por encima de los demás, el respeto que sus subordinados le tenían y la posibilidad de hacerse con el control de la constructora. Todo pasó rápidamente por su mente.

- ¿Qué hará?
- No seré el sucesor...

¿Es esto tan malo? ¿Sigues aspirando a ser el presidente de la empresa?

- No creo que me permita continuar en la empresa, si me niego a seguir sus reglas... ya no podré trabajar aquí.

Manuela se recostó en su silla y habló, impresionada:

- ¿En serio? Así que es muy pesado por aquí...
- ¿Cómo así?

Ella mostró una ligera resistencia a hablar, pero él insistió:

- Habla, ¿qué pasó?

- No quería decirte nada, porque me contrataste, este proyecto es importante para mí, pero cada vez que visito tu oficina, desde la recepción, pasando por el ascensor, o sea, en todos los ambientes, me siento muy mal, con dolor de cabeza, muchos escalofríos por todo el cuerpo, empiezo a bostezar insistentemente, siento un peso enorme en todo el cuerpo. Solo me mejoro cuando salgo. Bajo la guía del personal de la Casa Espírita, recordando lo que ya había aprendido, comencé a adoptar la oración antes de ingresar al edificio, como una práctica para fortalecer mi protección espiritual.

Luigi la miraba con una mirada de preocupación. Ella continuó:

- Esta práctica me ha ayudado a sentirme mejor y puedo seguir haciendo lo que tengo que hacer en cada reunión, en cada visita que tengo a las instalaciones de la constructora. Pero confieso que tengo ganas de salir corriendo de aquí cada vez que entro. Lo siento, Luigi, sé que es tu empresa y no debería hablar así, pero así es como me siento.

- Terrible... - Respondió después de una larga pausa -. ¿Y por qué crees que te sientes así?

- La empresa constructora es un lugar pesado, pero no puedo decir exactamente por qué. Ahora, mira el nivel de ejecución de tu padre. Está pasando algo muy malo, Luigi, pero ciertamente para los propósitos de quien sea que esté a cargo aquí. Y claramente te están imponiendo aceptar todo a ciegas, o abandonar el barco...

- Tienes razón en todo lo que dices. Siempre me sentí en algún nivel incómodo en la empresa, e incluso en las reuniones familiares, cuando estaban todos juntos. Ahora que lo pienso, nunca me he sentido completamente parte de todo, en paz, cómodo. Como si hubiera algún peligro oculto acechando a mi alrededor. Después de la muerte de Flora y la reacción de mi padre, llenándome de medicamentos y sometiéndome a un tratamiento en el que nunca podría confiar, todo empeoró. Y ahora, después de este viaje, me siento como si mis ojos hubieran sido abiertos. Y hoy, cuando vine aquí, me sentí muy cerca de lo que estás describiendo. No te entendí bien, sabes que los hombres a veces tardamos en darnos cuenta de los detalles, incluso de los que pasan por dentro. Pero ahora, hablando de tus sentimientos, me di cuenta que yo también sentía lo mismo. Entrar aquí se volvió más difícil...

- Y que tu vibración es diferente, Luigi. Y tú estás más consciente de la realidad que te rodea. A veces es incluso impactante -. Mirando a su acompañante con inmensa ternura, le preguntó - ¿Qué vas a hacer?

- No sé si estoy preparado para hacer frente a tantos cambios...

- Estoy seguro que lo estás. ¿Conoces la frase "cuando el alumno está listo, aparece el maestro"? En tu caso mi amigo, fue el Maestro de Maestros quien te llamó a la tarea. ¿Vas a decepcionarlo de nuevo?

Mirando a Manuela a los ojos, Luigi respondió:

- No esta vez. Pero necesito fortalecerme, seguro. Me siento frágil para hacer lo que necesito y también para enfrentar lo que sé que enfrentaré.

- Nuestros miedos hacen que los monstruos parezcan más grandes...

- En este caso, siento que los monstruos son más grandes de lo que puedo imaginar. ¿Cómo fortalecerme?

Ella lo miró y sonrió.

- Te voy a prestar unos libros, para que empieces a leer y a estudiar todo sobre la espiritualidad, sobre el Espiritismo, sobre los nuevos conocimientos que ha sacado a la luz la física cuántica. Se trata de la mediumnidad, para que sepas más sobre este universo en el que estás inserto.

- Voy a necesitar una Biblia también.

- Sí definitivamente. Necesitas estudiar el Evangelio...

- Recordar, Manuela.

El rostro de la joven se iluminó.

- Me imagino las experiencias esclarecedoras que tendrás al estudiar los textos bíblicos, especialmente los cuatro evangelios que hablan de la vida y las enseñanzas de Jesús. Muchos de los pasajes que viviste.

- Y reviví en Jerusalén. Espero que las experiencias recordadas a menudo me hagan inquebrantable.

Se levantó de la silla, se acercó a Luigi, lo abrazó con cariño y susurró:

- Sé valiente, Luigi.

Todavía lo estaba abrazando, cuando Luigi escuchó una voz fuerte y conocida proveniente de la recepción.

- Antonella...

Manuela palideció. No tuvo tiempo de hacer mucho, simplemente rompió el abrazo y la puerta se abrió.

- Buenas tardes, Luigi. ¿Quién es ésta?

Manuela sintió una repugnancia inmediata ante la presencia de la otra y sintió un olor fuerte, muy diferente, que la hizo sentir enferma en ese momento.

- ¿A qué debo el honor de tu visita?

- Vine a recogerte para la cena. Vamos a tu casa, te vistes y nos vamos. La sugerencia de tu padre... Dijo que estás más receptivo... Vine a comprobarlo.

Su tono de voz era amenazante.

- Manuela, gracias por traer el proyecto con los cambios sugeridos. Analizaré y verificaré que no falte nada más, y regresaré contigo.

- Estoy esperando entonces.

Antonella se acercó al proyecto que estaba abierto sobre la mesa, tomó el borde del papel, miró el plató con desdén y dijo, odioso:

- Este es un proyectito... No es digno de la empresa que estás liderando, Luigi. Necesitamos mejorar la forma en que toma sus decisiones y sus elecciones. Entiendo por qué tu padre me quiere cerca. Cambiaremos muchas cosas...

Manuela miró a Luigi, preguntando sin palabras si debía responder. Pero sacudió levemente la cabeza en señal negativa.

- Puedes salir, Manuela.

Manuela estaba siendo provocada deliberadamente. Estaba tomando el proyecto cuando Luigi puso sus manos sobre él y dijo:

- Deja el proyecto aquí, Manuela. Hablamos después.

La joven se despidió y se fue.

Tan pronto como la joven se fue, Antonella cerró la puerta y se volvió hacia Luigi, comenzando a quitarse la ropa y arrojándola por el aire.

- ¿Qué haces?

Casi desnuda, mostrando un cuerpo perfecto, curvas bien definidas, cabello casi hasta la cintura, y una lujuria y codicia que emanaba de cada poro de su cuerpo, tenía una sensualidad que hipnotizaba. Se acercó a él, con un movimiento que recordaba a una serpiente, y se tumbó en la mesa frente a él.

¿Para qué es todo esto, Antonella?

Ignorando la pregunta, comenzó a desabrocharle la camisa. En el segundo botón, tomó sus manos y habló con intensa energía en su voz:

- Detente y cálmate.

- ¿Qué? ¿Me vuelves a rechazar? - Ella no esperaba eso.

- Antonella, le pedí tiempo a mi padre para pensar en todo lo que hemos hablado, pero por lo que veo, lo ha pasado por alto.

- No hay nada que pensar, Luigi. ¿Qué vas a hacer? ¿Tirarlo todo? - Se levantó de la mesa, y caminó hacia la ventana - No sabes con quién estás tratando. Haz todo lo que tu padre pidió, obedece, y tendrás todo lo que quieras... Todo lo que quieras, tus deseos más salvajes serán concedidos. En esta vida y la próxima...

Luigi sintió que su cabeza daba vueltas. Así que sabían sobre la otra vida.

- Te lo ruego, por favor, vete. No tengo cabeza para nada de eso ahora. Necesito pensar y decidir lo que voy a hacer -. El insistió.

Ella no dijo nada. Recogió su ropa y se vistió de nuevo. Se dirigió a la puerta, y antes de abrirla dijo:

- Estoy perdiendo la paciencia. Pensé que eras más inteligente y más ambicioso. ¿No puedes ver lo que está justo debajo de tu nariz? ¿O eres lo suficientemente estúpido como para negarlo?

Salió y cerró la puerta con fuerza.

Luigi respiró aliviado e inmediatamente llamó a Manuela.

- Lo siento, esta mujer es insoportable.

- Y más que eso, Luigi. Mucho peor que eso.

- ¿Qué quieres decir con eso?

- Hay algo en ella que es muy extraño, la mirada vacía, opaca, sin brillo, los modales exagerados, casi caricaturescos... el cuerpo demasiado perfecto, casi artificial. No sé decir. Pero siento que hay algo muy extraño en ella. Incluso un olor nauseabundo percibí bajo ese perfume caro.

- Lo sé. Me causa tanta angustia que no sé qué es lo que más me molesta. Se ha ido, gracias a Dios. Pasaré mañana por tu casa a recoger los libros que me vas a prestar, ¿de acuerdo? Cenamos y hablamos más.

- Por supuesto, puedes venir. Te esperaré. Y... -. vaciló un poco - ¿el proyecto? ¿De verdad pensaste que era débil?

- Olvídate de eso, Manuela. Tengo un contrato contigo y mientras esté en la empresa constructora se cumplirá.

Colgaron. Luigi se fue a casa, sintiéndose exhausto. La presencia de Antonella lo molestaba, lo perturbaba y lo irritaba.

Pero sobre todo, sus palabras lo desconcertaron aun más. ¿De qué estaba hablando exactamente?

Esa noche, antes de dormirse, Luigi pensó en Jesús y oró a su Maestro y amigo.

- Ayúdame, Maestro, a hacer lo que me pides. Siento que soy pequeño y acorralado, sin saber cómo responder a tu llamado. Necesito tu fuerza, tu sabiduría, tu luz para guiarme. Quiero hacer lo correcto, aunque me siento inseguro y temeroso de lo desconocido que enfrentaré. Fortaléceme, Maestro.

Y envuelto en una suave energía, se durmió. Esperándolo, en la siguiente dimensión, estaba Melissa.

-Tu oración facilitó nuestro encuentro. Pero tuvimos mucho trabajo para limpiar tu aura.

- Realmente no entiendo lo que dices, pero me siento contento.

- Entonces vamos. Quiero que veas algo.

¿A dónde vamos?

- A la constructora. Verás las intensas actividades espirituales que suceden en esta dimensión, y lo que realmente sucede en tu empresa familiar.

Siguieron y pronto estaban entrando en el lugar, en la dimensión espiritual. Luigi se sorprendió, porque el edificio era mucho más grande que lo que había en el plano físico.

- ¿Qué es esto? ¡Este lugar es enorme!

- Y, desafortunadamente, es el asiento de mucha actividad malvada, reuniendo inteligencias que odian la luz y hacen el mal deliberada e intencionalmente.

Entraron y caminaron por los equivalentes en el plano extra físico, desde su oficina, desde la oficina de su padre. De la junta directiva, del consejo administrativo.

Las actividades que tuvieron lugar en ese ambiente inmerso en la oscuridad fueron indescriptibles. Almas deformes, en forma de animales, daban órdenes y sometían a los esclavos. Formas sombrías y tenebrosas se arrastraban y gritos de horror y rabia se escuchaban por todas partes. El dolor, el sufrimiento, la angustia, la tristeza, de los que estaban esclavizados, parecían traer placer y satisfacción a los verdugos.

Luigi estaba petrificado y no podía hablar, cuando finalmente logró abrir la boca, dijo:

- ¡Este lugar es el infierno mismo!

Pero lo que más le impresionó fue cuando estaban en la sala de estar de su padre. Allí estaba Francisco, con Alfonso y Antonella.

- ¿Pueden vernos o sentir nuestra presencia?

- No - aclaró Melissa.

Luigi se acercó:

- ¿Por qué mi padre es diferente a Antonella y Alfonso? Él tiene este hilo de luz y los demás no.

- Su padre es un espíritu encarnado; es decir, tomó un cuerpo físico al nacer, creció y vive entre los hombres. Alfonso y Antonella, en cambio, son lo que llamamos agéneres.[16]

Ellos conocen las propiedades de la materia de tal manera y saben cómo manipular su propia energía para materializarse hasta el punto en que parecen tener cuerpos densos como personas que están realmente encarnadas. No se quedan materializados todo el tiempo, pero pueden, cuando quieren.

- Esto es imposible... Parece ficción...

---

[16] Un ser espiritual que espesa su periespíritu, haciéndose tangible con todas las propiedades de la materia hasta el punto que el observador se equivoca sobre la naturaleza del ser que tiene ante sí (...) Los seres que se presentan en estas condiciones no nacen, ni mueren como los demás hombres. Se ven y no se ven, sin saber de dónde vienen, cómo vinieron, ni a dónde van. (*La Génesis*, Allan Kardec, Capítulo XIV, ítems 35 y 36)

- Y esa realidad espiritual está tan oculta a la gente, de manera tan intencional y constante, que lo parece. Pero de hecho, la realidad espiritual, tanto en los planos superiores como en los inferiores, es mucho más extraordinaria de lo que la imaginación humana puede alcanzar, limitada a lo conocido, la materia densa, a la que pueden llegar los cinco sentidos. Pero la humanidad está despertando, aunque lentamente. Y el sexto sentido, la percepción espiritual, ya está activo en muchos seres del cuerpo denso. Mira Manuela y tú. Estoy despierto...

Mirando a su alrededor, se lamentó:

- Pero a veces es mejor quedarse dormido, que ver tantas cosas malas...

- La humanidad ya no puede dormir, Luigi. La oscuridad está tratando de dominarlo todo, tragárselo todo, esclavizar definitivamente a los seres humanos. Es urgente que la gente despierte, o el dolor será aun mayor...

Estoy impresionado con la estructura y organización que tienen... Son muchos y actúan de forma ordenada...

- Eso sí, son muy dedicados a lo que hacen y no se distraen ni un momento. Quisiéramos que los que trabajan por el bien tuvieran una décima parte de la tenacidad que presentan a estos tristes hermanos que con gran odio se oponen al Creador, Jesús, la Luz, en fin. Si es así, tendríamos resultados más efectivos y expandiríamos más rápidamente el alivio y el despertar en el planeta. Pero desafortunadamente, aquellos que están más interesados en el bien están hipnotizados y distraídos, mucho más alineados con las cuestiones materiales.

- Es hasta comprensible El mundo no es fácil.

- Y nunca lo será si quienes están conectados al bien no están dispuestos a poner de su parte, a aportar, con dedicación, aprendiendo, haciendo el bien, ayudando a todos los que puedan.

Terminaron la conversación y regresaron. Melissa lo miró con un tono serio:

- Espero que esta visita haya eliminado las últimas dudas que tenías. Tienes que actuar, Luigi.

- ¿Qué debo hacer?

- Empieza por investigar las causas de la muerte de tu tía. Ayuda a Bianca a recuperarse de la depresión en la que se encuentra y explícale todo lo sucedido. Ella tiene razón. Tu tía no se suicidó. Ella fue asesinada.

- ¿Por qué?

- Estaba amenazando con contar lo que había oído.

- ¿Y qué escuchó ella?

- Necesitas investigar y descubrir por ti mismo. Guarda un leve recuerdo de nuestro encuentro, de las fuertes impresiones de la visita a la constructora. No tengas miedo, nunca estarás solo.

Llegaron algunos espíritus, sonrientes, y se unieron a Melissa. Todos vestían túnicas luminosas y emitían una luz suave. Unieron sus manos en un círculo alrededor de Luigi y oraron por él. Una luz azul intensa descendió desde lo más alto sobre el grupo, llenando a Luigi de palabras, alegría, esperanza y amor. Al final, ella recomendó:

- Lo que no soportan nuestros hermanos oscuros es el amor. Este es el poder que puede detenerlos. Nunca sintonices con ellos. Aunque lo que hagan sea repugnante, eres responsable de lo que sientes, de lo que emana dentro de ti. Vibra amor. No te rebeles. Están enfermos del alma, enturbiados por el dolor que una vez sintieron, y se les permite extenderse y socavarlos. La revuelta se hace cargo. Vibra solo amor. Si no puedes sentir amor, siente compasión. Y si no puedes sentir compasión, entrégalos a Dios. Niégate a sintonizarte con ellos. Incluso puedes ensuciarte las manos con el barro, pero no tienes que alimentarte de él.

TREINTA Y SIETE

A LA MAÑANA SIGUIENTE, apenas despertó, Luigi sintió la urgencia de saber cómo iba a dedicar su vida al servicio del bien. Mientras sorbía una taza de café, pensó:

- Buscaré en todo lo que suceda, en cada pequeña situación cotidiana, oportunidades para ayudar, para colaborar. No esperaré por algo grande o impactante. No. Estaré a disposición del bien en cualquier tipo de oportunidad.

El celular sonó. Era Bianca, llorando:

- Primo, quería verte... No me siento bien...

Luigi, reaccionando a la costumbre, iba a responder que la vería después del trabajo, pero se detuvo y pronto reorganizó sus pensamientos y su reacción:

- Pasaré por allí ahora, antes de ir a trabajar.

- ¡Qué bien! Te prepararé algo de comer entonces.

- No necesitas.

- Me encanta cuando desayunamos juntos...

Pronto los dos estaban hablando, probando un pan de queso tibio, recién salido del horno.

-¿Has ido al Centro Espírita con Manuela?

- Sí.

- ¿Cómo te has sentido?

- Cuando estoy allí me siento bien, pero tengo tantas dudas... No puedo aceptarlo del todo...

- Entiendo ¿Qué más te oprime, Bianca?

Ella pensó por un momento, luego habló con incertidumbre:

- Creo que es nostalgia, culpa, rebeldía, todo junto...

- Yo te entiendo.

- Sé que no se suicidó, lo siento... pero siguen insistiendo.

- Ella no se suicidó, Bianca. Tienes razón.

La joven estaba lívida.

- ¿Cómo lo sabes?

- Lo supe desde que tenía diez años, cuando me hicieron creer que estaba alucinando...

- La historia de la bufanda...

- Eso. Siempre tuviste razón.

- Vi todo. La tía Flora no se quitó la vida. Ella nunca haría eso.

Bianca estalló en un grito convulsivo, pero liberador.

- Lo... sabía.. - sollozó - Yo... sabía... pero nadie en esta familia estaba de acuerdo conmigo.

Luigi la abrazó con ternura hasta que se calmó.

- Ella nos quería mucho a todos. Y todavía nos ama.

- ¿Y quién lo hizo? ¿Y por qué? ¿Tienes alguna forma de averiguarlo?

- Bianca, aun no tengo la evidencia, pero investigaré. Sin embargo, sé que la tía Flora fue eliminada por personas relacionadas con nuestra familia.

- ¡No es posible! Pero, ¿quién? ¿Fue tu padre quien dio la orden?

- No sé si fue él, pero estoy bastante seguro que si no fue él, al menos tuvo connivencia.

- Pero ¿por qué?, ¿qué les hizo?

- No lo sé, pero tengo la intención de averiguarlo. ¿Todavía tienes el pañuelo que usó ese día?

- Lo tengo.

- ¿Me lo podrías prestar? ¿Me lo dejas unos días?

- ¿Qué vas a hacer?

Mirando a su prima a los ojos, dijo, acariciando su cabello:

- Averigüemos qué le pasó a tu madre y todo lo demás en lo que está involucrada esta familia. Pero te diré que no es algo bueno...

- ¿Por qué dices eso?

- Mi padre me ha dado una semana para aceptar unirme a Antonella, y al hacerlo, podré conocer lo que él llama los negocios paralelos de la familia.

- ¿Qué negocio secundario? ¿Quiere obligarte a casarte?

- ¿Crees en tal cosa, en pleno siglo XXI? No puedo decirle que amo a Manuela y ya le pedí matrimonio.

- Ya me imaginaba. Me gusta... creo que es una buena persona, a pesar de parecer un poco ingenua a veces, creer tanto en la gente...

- Bianca, durante este viaje me pasaron cosas inexplicables desde el punto de vista material, pero muy concretas para mí.

Ella lo miraba fijamente, sus ojos aun estaban rojos por el llanto.

- Estuve en Jerusalén y retrocedí en el tiempo.

- Se dice que esto sucede cuando la gente visita los sitios históricos de Jerusalén.

- No, literalmente volví al pasado. Vi a Jesús, fui testigo de sus palabras, de sus milagros, de su energía amorosa, de su luz... Lo vi, Bianca. Él también me habló y decidí seguirlo, cueste lo que cueste. Estoy listo para hacer lo que él quiera... Entonces, prima, prepárate para muchos cambios. Voy a hacer una revolución en mi vida.

- ¿Estás seguro, Luigi?

La abrazó cariñosamente y habló, casi susurrando:

- Absoluto. Jesús tocó mi alma por segunda vez, pero ahora no lo defraudaré.

- ¿Qué vas a hacer?

- Lo que sea necesario. Y empezaré por averiguar qué le pasó a la tía Flora. Quiero que tu corazón sea pacificado con la verdad. Pero tienes que prometer que te esforzarás por mejorar.

- Ya no quiero ir a esa psicóloga que trabaja conmigo. Fue mi padre quien me llevó allí, y ella sigue diciendo que tengo que aceptar que ella se suicidó, que esto sucede. Hasta parece que no me escucha, que quiere convencerme...

- Como el médico que me vio cuando era niño. Busquemos a alguien más, hablaré con Manuela. Pero hay que seguir tratándose, y haciendo lo que la gente del Centro sugiere, las oraciones, las lecturas. Necesitas fortalecer tu fe, tu conexión con Dios. Esto es primordial para tu curación.

- Así es, haré todo lo que esté a mi alcance, incluso más que ahora tengo a alguien que realmente me apoya.

Bianca se detuvo un momento mirando el rostro de su primo, que mostraba serenidad:

- ¿No tienes miedo? Yo estoy...

- Por supuesto que tengo miedo. Pero no puedo hacer lo que mi padre quiere. Ahora tendré que seguir mi corazón, y mientras siento el peligro, una fuerza inmensa me impulsa hacia adelante, hacia la acción. Sabes que siempre me he enfrentado al miedo y lo he superado, en mis prácticas deportivas. No dejaré que me domine ahora. Miedo es algo que nos bloquea, nos estorba, y cuando nos domina, impide nuestro crecimiento. No quiero eso para mi vida, y tampoco lo quiero en la tuya.

Bianca se fue y volvió rápidamente con el pañuelo de su madre y se lo entregó a su primo.

- Lo resuelves todo, Bianca, y finalmente puedes seguir adelante.

Ella lo abrazó fuerte, diciendo:

- ¿Qué haría yo sin ti? Solo con que me escuches y me entiendas, ya me siento mejor...

- Y te pondrás mucho mejor. Bianca sonrió, asintiendo:

- Estoy empezando a creer...

Tan pronto como salió del apartamento de su prima, Luigi llamó a Manuela y le explicó brevemente lo que había sucedido pidiendo refuerzos:

- Si puedes llamarla, invitarla a salir, lo que sea. Le gustas, Manuela.

- Y ella también me gusta mucho. Déjala en paz, me acercaré aun más. Sé que podremos ayudarla.

Satisfecho, Luigi colgó. Se sentía cada vez más fuerte en sus propósitos. Sabía que tenía poco tiempo y que tenía que actuar. En lugar de ir a la oficina, se fue a su casa, se desconectó de todo, apagó el celular, apagó el teléfono.

Entró en la sala, se sentó, tomó la bufanda de su tía y murmuró:

- Muéstrame lo que pasó.

TREINTA Y OCHO

EN EL MISMO INSTANTE, Luigi se encontraba en el departamento de su tía, el día que ella murió. Flora estaba al teléfono, y él, que estaba pendiente de todo como testigo de los hechos, vio que estaba hablando con Bianca.

- Sí, hija, te paso a buscar a la escuela, puedes. Está bien, hija, no te emociones. Sé que no quisiste ofenderme ese día. Pero fue muy grosero en su respuesta.

Al otro lado de la línea, Bianca murmuró:

- Lo siento... Estabas enojada, tan molesto. Hasta me quedé asustada.

- Sé que te asusté, pero yo también estaba asustada.

- ¿Por qué?

Flora vaciló y finalmente respondió:

- Los negocios de tu padre, los asuntos de tu abuelo, a veces no son lo que parecen... pero eso déjaselo a los adultos, hija. Te paso a buscar hoy y nos vamos directo a tomar un helado al lugar que más te guste. Y hablamos un poco, solo nosotras dos.

Los dos seguían hablando cuando sonó el intercomunicador. Flora se despidió de su hija y cuando la asistente entró a la habitación, informando que el Coronel Alfonso estaba allí para verla, ella confirmó:

- ¿Qué dijiste?

- Coronel Alfonso. Dijo que trabaja con el Dr. Francisco en la empresa constructora y que le gustaría hablar con usted.

Flora pensó por un momento, sintiéndose insegura. Después, creyó más prudente contestarle, para no complicar las cosas. Ya había hablado con su marido al respecto y él le pidió que se callara, que se olvidara de todo. Pero, ¿cómo? Decidió recibir al visitante.

- Deja que suba y haz un poco de jugo para servirlo. Alfonso apareció en la puerta con un enorme ramo de flores. Ella ya lo conocía de muchas reuniones en la constructora. Estuvo en esa reunión en la finca, donde había escuchado las tonterías que la habían perturbado. Ella no confiaba en él.

- Que hermosas flores, muchas gracias -. Los puso sobre la mesa y dijo - Luego prepararé un arreglo. ¿A qué debo tu visita? No me informaron que vendría.

- Lo decidí en el último minuto, después de una reunión con Henrique.

Ella lo observó, atraída por los detalles que lo diferenciaban de otras personas que conocía. Cabello y mirada opaca y vacía. Y una piel que parecía más de plástico. Había algo profundamente artificial en el hombre que la hacía sentir una intensa repulsión.

- Siéntese por favor.

Ambos se sentaron uno frente al otro. Flora siguió mirándolo en silencio.

- Bueno, me gustaría invitarlos a visitar algunas de nuestras instituciones de asistencia, donde acogemos a niños desamparados.

Flora se sorprendió. Y se dio cuenta enseguida.

- Sí, Flora, recibimos niños, ese es el trabajo paralelo que hacemos en la constructora. Los acogemos, cuidamos y ubicamos en casas de acogida, trabajando en conjunto con las autoridades gubernamentales, siempre dentro de la legalidad.

Flora sonrió, ocultando su sospecha. Sabía bien lo que había escuchado, y no tenía nada que ver con niños en una institución. El insistió:

- Me gustaría que vinieras a ver el lugar.

- Hoy no puedo, me voy a encontrar con Bianca, tenemos una cita.

- Haremos una visita rápida y luego podrás recogerla. No necesitamos demorarnos. Quiero tranquilizarte, Flora; pareces haberte confundido con algunas de nuestras conversaciones y perturbado, creyendo que tenemos prácticas ilegales.

- ¿Ilegal? ¿Quiere decir que el tráfico de niños es simplemente ilegal?

Se levantó incrédula, su voz ya alzada. Él se levantó y la tomó del brazo con fuerza, diciendo:

- Cálmate y siéntate. No has oído nada de esto.

- Por supuesto que lo escuché, sé perfectamente lo que escuché. ¡Tú, mi suegro e incluso mi esposo son verdaderos monstruos! ¿Cómo pueden hacer esto? Y lo que más me preocupa es tratar de entender por qué. Con tanto dinero que ganan, ¿por qué todavía necesitan secuestrar e intercambiar niños? Eso es lo más asqueroso que he oído en mi vida. desde ese día ya no puede dormir, comer o tener una vida. ¡Necesito hacer algo!

Sosteniendo su brazo aun más fuerte, le advirtió:

- Te insto a que te calmes. Lo entendiste todo mal. No hacemos eso. Acogemos a estos niños y les damos un hogar.

- Crees que soy una tonta, pero no lo soy. Mi esposo me trató como si fuera estúpida, hablando de eso.

- Estúpida no diría, pero intrascendente. Tienes una familia que cuidar...

- ¡¿Me estás amenazando?!

Él estaba muy cerca y ella podía oler un olor extraño y repugnante, bajo el perfume caro que conocía.

El ayudante se había ido rápidamente para reponer un artículo de cocina que faltaba, y el otro estaba arriba, ocupándose de la ropa. Llamaron a la puerta, Alfonso se alejó y abrió, como si ya supiera quién era. El chofer, que siempre lo acompañaba, subió.

- ¿Te gustaría unirte a nosotros ahora, Flora?

- No voy a ir a ninguna parte contigo. Si quieres llevarme a ver el lugar, que sea con mi esposo.

No tuvo tiempo de decir nada más. Fue tomada a la fuerza, sedado y luego simuló suicidio por ahorcamiento.

Flora no tuvo tiempo de reaccionar. La dejaron aun con vida, muriendo, para ser encontrada poco después por su asistente, Dora, quien desapareció días después de la muerte de su empleador.

Al regresar de la escena, Luigi tenía lágrimas en los ojos. Ya había visto esa escena, exactamente igual, cuando tenía diez años y luego, en varias ocasiones, fragmentos de lo que había tenido lugar ese día. Él ya sabía que su tía había sido víctima de esos hombres. Y nunca había entendido por qué todo el mundo se callaba ante los cabos sueltos, como la visita de Alfonso, que era totalmente fuera de lo común. Pero todos, sin excepción, habían estado en silencio. Ahora empezaba a comprender. ¿La trata de niños? Sabía por dónde empezar y qué buscar.

Se vistió y fue a su oficina; no quería perderse ni un minuto. Si quedaba alguna duda sobre lo que debería hacer, en ese momento, toda duda desaparecería. Necesitaba actuar, y rápido. Sabía que su padre estaba en una reunión con representantes del gobierno federal y que regresaría esa tarde.

Entró a su oficina, dejó todo allí y le dijo a Creta que estaría en el gimnasio. Fue allí y fue visto por las cámaras. Luego aprovechó un momento de mayor aglomeración y subió a la oficina de su padre. La secretaria solía tomarse el día libre cuando su padre no estaba. Entró sin mucha dificultad a la oficina de Francisco; tenía una tarjeta especial que otorga acceso a casi todas las áreas del edificio.

Dentro de la habitación, primero buscó en los cajones del escritorio, uno por uno. No había nada que le llamara la atención. Revisó si había algún compartimento oculto en el fondo de los cajones, pero no había ninguno. Buscó en la habitación con cuidado y detenimiento, pero no encontró nada. No sabía si su padre tenía una caja fuerte en esa habitación, nunca la había visto, pero empezó a buscarla debajo de los cuadros y finalmente la encontró. Mirando la caja fuerte digital de alta tecnología, se preguntó cómo encontraría la contraseña. Luego colocó su mano en el asa de la caja fuerte y vio claramente a su padre escribiendo la clave. Repitió el movimiento y la caja fuerte se abrió. Dentro había varios documentos importantes, como el contrato que le había dado a su padre nada más llegar de su viaje, y otros de igual valor. Había mucho dinero y algunas joyas. Y justo dentro de la bóveda, Luigi vio un objeto que parecía un diario. Estiró el brazo y lo alcanzó. Recordó que había visto antes esa funda de cuero, en manos del abuelo Genaro. Lo abrió con cuidado y hojeó cada una de las páginas. Eran fichas con muchos nombres, y tenían los totales de los pedidos, las fechas de entrega y la lista de nombres, con las edades al frente: 9, 6, 3, 2. Eran los niños que había mencionado la tía. Reconoció la letra del abuelo y vio que las entregas se hacían anualmente. Después cambió la letra y fue la de Francisco, y siguieron los mismos formatos que las notas que hacía el abuelo, con la diferencia que había aumentado el número de niños.

Luigi sintió ganas de vomitar. Sintió como si mil ojos lo observaran. Tomó varias fotografías de las páginas del diario, con la intención de volver a ponerlo en su lugar, pero de repente, otra idea cruzó por su mente. Tomaría la agenda. Ella sería una especie de garantía. Cerró con cuidado la caja fuerte, limpió las huellas dactilares y salió con cuidado, con el diario debajo de la camisa.

En el pasillo, no esperó el ascensor, bajó las escaleras y fue directo a su oficina. Hizo algunas llamadas y luego se detuvo frente al escritorio de Pamela.

- Me voy por unos días.

- ¿Otra vez? ¿Volverás a viajar?

- Es posible. Necesito unos días para confirmar una información.

- Se te acaba el tiempo... ¿Ya te decidiste?

Él la miró durante mucho tiempo, luego sonrió y dijo:

- Has sido más que una secretaria, has sido una amiga. Quiero que te cuides, Pamela. Y si tienes algún problema, alguna dificultad con mi padre o alguno de sus asociados, házmelo saber de inmediato. No le digas a nadie de lo que acabamos de hablar. Hoy me alcanzaste a ver, ni siquiera hablamos y me fui de inmediato, ¿me entiendes?

- Me estás dando miedo. ¿Qué está pasando?

- No podemos hablar ahora, pero si me necesitas, llámame.

- ¿Pasa algo en la empresa?

Van a pasar muchas cosas en la empresa, Pamela, muchos cambios, empezando por mi renuncia y dejando la empresa.

- Él le dio un sobre sellado.

- Dáselo a mi padre. Este es el aviso oficial de mi renuncia.

- Yo también debería salir.. -. Dijo la chica con voz temblorosa.

Si no pueden confiar en ti, te despedirán.

- Te ayudaré a reubicarte, no te preocupes.

Ella no respondió, asintió con la cabeza mientras él se alejaba. Tan pronto como bajó las escaleras, ella se sentó en la silla con el sobre en la mano, atónita. En solo un segundo, toda su vida se había transformado. Miró la carta y balbuceó:

Justo hoy, que iba a comprar un boleto para mis vacaciones... ¡Qué vida tan infernal!

TREINTA Y NUEVE

LUIGI TOMÓ EL CAMINO A SU CASA, pero primero llamó a Manuela y le preguntó:

- Necesitamos conversar. Es urgente.

- Me estás asustando...

- Lo siento, pero el asunto es serio. ¿Estás en la oficina?

- Sí.

- ¿Puedes ir a mi casa? - pensó rápidamente, luego cambió de opinión - No. No en mi casa. Iré a recogerte y nos iremos a un lugar tranquilo, ¿de acuerdo?

- Sí. Rápidamente arreglaré algunas cosas y te estaré esperando.

- No, no bajes. Espera a que te llame - Manuela se quedó helada.

Inmediatamente entendió la gravedad. Hizo algunas llamadas, brindó orientación a los jardineros responsables de su proyecto en el centro comercial y advirtió a sus colegas que se tomaría el resto del día libre. Tan pronto como llamó Luigi, salió y se subió al auto. Tan pronto como la vio, le dedicó una leve sonrisa. Se enderezó y se abrochó el cinturón de seguridad, diciendo:

- Me tomé el resto del día libre, así que puedo hablar con calma.

- Me gustaría ir a un lugar muy tranquilo, donde podamos estar tranquilos, sin interrupciones. Y que sea un lugar donde no puedan encontrarte ni a ti ni a mí.

- Luigi, ¿qué pasó?

Estaba vacilante. ¿Debo involucrar a Manuela en esa grave situación? Pronto se dio cuenta.

- ¿Qué paso? Puedes hablar conmigo.

- Vamos a la playa. Conozco un lugar muy tranquilo. Y hablaremos en el camino.

Nada más salir a la carretera, el ejecutivo se metió en el tema que más le interesaba.

- Renuncié a la empresa constructora.

- ¿Qué?

- Mi padre ya me había dado el ultimátum, ya sabes.

- Sí, lo sé.

- No puedo conciliar las cosas, Manuela. Desafortunadamente no es posible. Pensé mucho, analizando posibilidades, viendo si encontraba la forma de armonizar mi vida actual, mis actividades en la constructora, mi familia y este nuevo mundo que se me ha abierto, de realidad espiritual.

- ¿Estás seguro que no puedes evitar estar más adentro?

- No será posible. Mira esto – entregó el diario en manos de la joven, quien lo abrió y lo hojeó, perpleja.

- Eso no es lo que estoy pensando...

- Creo que es.

- ¿Niños, Luigi?

- Creo que esta es la documentación de una de las actividades paralelas de la constructora: el tráfico de niños. Cuando toqué la agenda, vi muchas caras, y el dolor que sentí fue dilacerante. Temor, angustia, tristeza, ira, odio, venganza... Imagina a cada niño, cada familia, cada madre que alguna vez haya sido impactada.

Manuela lo hojeó un poco más y luego dejó la agenda en el asiento trasero.

- Ahora entiendo la gravedad. Es posible que realmente quieran matarte... Este no es solo el trabajo de tu familia, por dinero o poder. Es más que eso. Y practica tres espacios densos para traer dolor y sufrimiento insoportables a los seres humanos.

Ella se quedó en silencio por unos momentos, luego continuó.

- Con tu sensibilidad es posible que puedas acceder en el mundo espiritual a lo que pasó con estos niños.

Se puso aun más serio, frunciendo el ceño por completo. Manuela posó suavemente sus manos sobre su brazo.

- ¡Sé que es doloroso para ti, pero piensa en el bien que puede hacer si puedes recuperar incluso a algunos de estos niños! Hay madres que siempre esperan el regreso de sus hijos desaparecidos.

- No sé...

- Lo sabrás.

Ambos se quedaron en silencio por un largo tiempo,

Estaban llegando a un muelle en Ilha Bela cuando sonó el celular de Luigi. Era la prima.

- Hola Bianca.

- ¿Está todo bien? ¿Dónde estás?

Luigi pronto encontró extraño su tono de voz.

- ¿Estoy bien y tu? No estás sola, ¿verdad?

- No, no. Yo estoy bien.

¿Quién está contigo? ¿Mi padre?

- Sí, es bueno que estés bien.

- ¿Más alguien?

- Claro, ¿cuándo vuelves?

- Diles que me tomo unos días libres para pensar qué voy a hacer a partir de aquí.

- ¿No vas a volver a la constructora otra vez? ¿Estás seguro de eso?

- Absoluto.

En ese momento, Francisco le arrebató el celular de las manos a su sobrina y comenzó a gritarle a su hijo:

¿Cómo te atreves a tomar una decisión así? ¿Quién crees que eres?

- Me pediste que tomara una decisión y lo hice. No me quedaría con Antonella, aunque fuera la última mujer en la Tierra. Y como dejaste claro que esa era la condición para continuar con mis funciones, pensé que sería mejor seguir adelante. Antes que me despidieras, te hice las cosas más fáciles, papá.

- No me llames papá, tú... hijo de...

- ¡Opa! ¡Sin ofender! Hice lo que me pediste.

- No, no lo hizo. No me escuchaste y ahora estás siguiendo un camino sin retorno.

- Quiero vivir mi vida, hacer mis elecciones, tomar mis propias decisiones.

- ¿Crees que llegarás muy lejos sin mi apoyo, sin el apoyo de la familia? No eres nada Luigi, no eres nadie sin nuestro apellido, sin el poder de la constructora no eres más que un don nadie!

- Está bien, papá, sé que estás enojado. Pero voy a encontrar mi camino, a saber mejor quién soy y qué quiero hacer por mi cuenta en la vida.

- Porque entiende que harás esto realmente solo de ahora en adelante. Sin nuestro apellido, sin el apoyo de nadie, todo lo contrario, y sin nuestro dinero tampoco. Acabas de ser desheredado; no tendrá acceso a un centavo de la empresa o la familia. Cortaré todas tus fuentes de financiación, no ganarás ni un centavo más. Y ya te bloqueé el acceso a tus acciones de la constructora; no podrás venderlas para recaudar fondos. Estás acabado, Luigi. Y no sirve de nada venir luego como un mendigo pidiéndome ayuda. Realmente será por su cuenta. Como no valoraba todo lo que tenía, como tiene la presunción de pensar que puede hacer lo que quiere, porque entonces lo que sea. Renuncio a intentar convertirte en uno de nosotros...

Siguió un largo silencio. Y entonces, Luigi entendió en una fracción de segundo todos los esfuerzos que su padre había hecho, a lo largo de su vida, para tratar de moldearlo a través de la educación, a través de la transmisión de valores y creencias, su perniciosa forma de vida. Finalmente dijo:

- Perdón por no ser quien querías que fuera. Pero créeme, papá, estoy agradecido por haberme enseñado muchas cosas. Sé que serán aun más útiles a partir de ahora. Hablaremos cuando estés más tranquilo. Quiero hablar con Bianca.

El padre, sin decir nada más, le entregó el teléfono a su sobrina y salió del departamento con Alfonso.

- ¿Cómo estás? ¿Es seguro? - preguntó Luigi.

- Sí, ahora estoy. Simplemente se fueron. Dios mío, Luigi, ¿qué hiciste?

- No hice nada. Acabo de renunciar a la empresa constructora.

- ¿Y por qué hiciste eso?

- Por muchas razones, Bianca.

- ¿Descubriste algo sobre mi madre?

- Sí, lo hice.

- ¿Qué?

- Descubrí todo, solo que no sé si podré demostrarlo.

Bianca empezó a llorar.

- Cariño, vas a estar bien. Necesito que te calmes y te mantengas centrada, ¿puedes?

- Voy a llamar a Manuela y pedirle que venga a quedarse aquí conmigo...

- Ella está conmigo.

- ¿Dónde están ustedes? Me reuniré contigo.

- Sí, lo haremos, pero tienes que estar bien pensado.

- ¿Por qué?

- Entonces hablaremos en persona, ¿de acuerdo? Ve a la casa de tu hermana.

- No me gusta quedarme en su casa.

- ¿Crees que puedes estar sola hasta que yo regrese? No pienso demorarme.

Secándose las lágrimas, se compuso y respondió:

- ¡Por supuesto! Voy a estar bien.

Luigi y Manuela abordaron un bote alquilado y se dirigieron a una pequeña isla, a pocos kilómetros de la costa.

El mar estaba tranquilo y sereno, y pronto los recuerdos del mar de Galilea vino a su mente, junto con los recuerdos de la experiencia que había tenido al lado de Jesús. El viento era agradable golpeando las caras de Luigi y Manuela. Se acercó a ella y la abrazó con fuerza.

- No sé qué pasará a partir de ahora. Creo que podrían cancelar tu contrato...

Puso dos dedos en sus labios, los besó con ternura y luego dijo:

- En este punto, no estoy en lo más mínimo preocupada por el contrato. Por supuesto que es mi trabajo, y realmente disfruto lo que hago, pero soy perfectamente consciente que mi vida es mucho más que mi trabajo, y que estamos aquí en la Tierra con un propósito.

- ¿No tienes miedo de lo que nos pueda pasar?

- ¡¿Miedo?! No, estoy aterrorizada - Respondió ella con un énfasis en el aterrorizada -. No parece...

- Pero lo estoy. Es que después de esa experiencia nuestra en Dayton, todo se me hizo más claro. Siempre he tenido una fuerte conexión con el aspecto científico del Espiritismo, siempre he buscado información científica para sustentar mis creencias;

investigo mucho. Y luego, por lo que experimentamos, busqué más información sobre William y Elizabeth Denton. Estoy seguro que somos nosotros dos, Luigi.

- Yo también estoy seguro de esto.

- Pues bien, querido. Vamos a tener que abrirnos para entender lo que Dios espera de nosotros a partir de ahora. Sé que tenemos algo que hacer, sé que Dios tiene un plan para nosotros, así que estamos juntos de nuevo. Hicimos muchas cosas juntos, pero creo que de mi parte me faltó fe y entendimiento en las realidades invisibles de las leyes que gobiernan el universo. Creo que, para tratar de ser lo más fiel posible e imparcial en nuestra investigación en el pasado, bloqueé todo lo que no era concreto. Pero ahora, con el avance de la ciencia que investiga lo invisible, todo está ahí, disponible para quien quiera saber, para quien quiera hacer las preguntas adecuadas, en las búsquedas en internet. La ciencia ya ha probado la existencia de Dios, del alma, de las múltiples encarnaciones, de la visión lejana, de la mediumnidad.

Todo está comprobado y accesible para cualquiera que quiera saber. Y ahora, tengo fe, más allá de lo que prueba la ciencia. Puedo creer antes de ver. Y eso no lo podía hacer antes. Así que creo que tenemos que encontrar un nuevo camino a seguir.

La abrazó fuerte y susurró:

- Y lo haremos juntos.

El velero ancló y tomaron una pequeña lancha a motor hasta la playa. Luigi informó al capitán y propietario del barco:

- Nos quedaremos aquí un par de horas, ¿de acuerdo?

- Sin problemas. Estaré anclado aquí mismo y cuando quieras regresar, solo házmelo saber.

Los dos se alejaron tomados de la mano, caminando lentamente.

- ¿Cómo descubriste este lugar?

- Me gusta navegar Tengo un velero, quiero decir, tenía un velero. El de mi padre. Aprendí a navegar a una edad temprana y cada vez que tenía que tomar alguna decisión importante, venía aquí. El lugar es simple, salvaje, silencioso.

Bajó la cabeza, luego la levantó, sonrió ampliamente y comentó:

- Creo que es porque me recuerda mucho a lo que sentí en el Mar de Galilea: Silencio, belleza natural, sencillez.

- Y, Luigi, fue sin duda la encarnación más importante que has vivido hasta hoy.

- ¿Crees?

- ¡Estabas con Jesús!

No, Manuela, Jesús estaba conmigo, pero yo no estaba con él. Sus ojos estaban llenos de lágrimas. Lo abandoné, dejé que lo arrestaran, no hice nada para detenerlo. Sabía que vendrían por él y no hice nada.

- No pudiste detener lo que pasó, Luigi. nadie pudo Jesús sabía de antemano todo lo que iba a enfrentar, nada lo tomó por sorpresa.

- Y, tienes razón. Él es mucho más grande que cualquier circunstancia, y ciertamente nada que viniera de afuera podría alcanzarlo.

- Como en realidad no lo alcanzó. Dio su vida, como dijo, y sigue dirigiendo el planeta.

Se instalaron en un lugar agradable bajo la sombra de los árboles bajo el sombrero para el sol, y Luigi preguntó:

- ¿Puedes explicar más sobre el Espiritismo, sobre lo que aprendiste, sobre tu investigación? Quiero saber más.

Y los dos, sentados en la arena, rodeados de un grupo de espíritus elevados, se sintieron llenos de luz y amor. Sabían que el futuro era aterrador y; sin embargo, sentían una inmensa serenidad. Estaban dispuestos a hacer lo que les convenía, prestos a llevar a cabo la misión que Jesús les había encomendado. No podían percibir la inmensa protección espiritual que los envolvía. Y bajo esta afluencia de energías luminosas, pasaban mucho tiempo hablando de asuntos espirituales, como si no existiera nada más en el mundo.

Al salir del islote, el sol se iba poniendo lentamente en el horizonte y el mar, la naturaleza, todo había tomado un color naranja intenso, como si se tratara de un cuadro en el que el pintor se hubiera cargado de pintura. Era un escenario perfecto para marcar el comienzo de una nueva vida.

CUARENTA

ANTES DE DEJAR A MANUELA EN CASA, Luigi la besó tiernamente y le dijo con aire de aprensión:

- Cualquier cosa que te amenace, por favor házmelo saber.

- ¿Qué vas a hacer?

- Antes de este corto viaje, todo estaba un poco confuso en mi mente; ahora; sin embargo, las cosas están más claras. Creo que lo más difícil fue aceptar completa y sinceramente la verdad, la realidad. Las ilusiones que se colocan en nuestras vidas, como si fueran la realidad absoluta, oscurecen nuestra visión de lo que es real y verdadero. Y nos hacen creer en espejismos. Y, por supuesto, una cuenta bancaria llena de dinero parece una realidad absoluta. Pero no lo es. He visto a hombres poderosos perder todo su dinero, he visto a personas influyentes ser destruidas por el fracaso en una de sus empresas. Y ahora entiendo por qué todo esto. Lo que es esencial no es visible a los ojos materiales. La conciencia, que crea todo, que da lugar a todo y la fuerza más grande del Universo. La conciencia divina y la conciencia humana son el principio de todo.

Manuela sonrió, sintiendo que su corazón se llenaba de alegría, gratitud y felicidad.

- Luigi, ¡cómo has cambiado y en tan poco tiempo! Ni te pareces a la persona que conocí hace unos meses.

Hizo una pausa y luego concluyó:

- Qué bueno que estoy a tu lado en este gran viaje. ¿Te quedarás conmigo pase lo que pase?

- Sí, pase lo que pase.

Él la abrazó fuerte. Sus corazones rebosaban de amor y gratitud.

* * *

Pasaron tres días. La sala presidencial del edificio nunca había estado tan animada. Francisco se quejó en una reunión privada con Alfonso y Antonella.

- ¡No puedo creer que lo hayas dejado escapar de tus manos! Es increíble. Uno de nuestros principales deberes es adoctrinar a los que tenemos a nuestro cargo, y haz fallado.

- Hice todo lo que pude - trató de justificar el padre de Luigi - Hice todo. Le transmití todos nuestros principios y valores, nuestra forma de ver la vida.

- Pero fue ineficaz - dijo Antonella - no estaba debidamente adoctrinado. Esa es la pregunta.

Francisco se enfureció un poco más, luego cayó en un silencio pensativo. Y finalmente preguntó:

- ¿Alguna vez te has parado a pensar que tal vez sea de la luz? - Sin cambiar un momento de emoción, Alfonso afirmó:

- Incluso si lo es, esta es una razón más para ser firme.

En entrenamiento, en acondicionamiento. Tenemos a nuestra disposición los más diversos métodos coercitivos. Dominamos las mentes que crean programas para la educación a nivel mundial; controlamos los medios, creamos y destacamos en la cultura popular lo que nos interesa. Llevamos al éxito a quien nos interesa y lo hundimos en el más oscuro fracaso, si se interpone en nuestro camino. En ciencia tapamos descubrimientos que no importa si llegan a la población.

Y en la religión, creamos dogmas distorsionados que debilitan el alma humana y la alejan de la verdad. Sabes que controlamos el arte de manipular la mente y las emociones de las personas. Esclavizamos sus vidas, esclavizamos sus mentes. Y ni siquiera se dan cuenta. En tu caso, amigo, poco se han explorado los hábitos divertidos y disolutos. Tu hijo pronto encontró su camino hacia los deportes saludables. Está todo sano, de pies a cabeza. Y desde una edad temprana hemos tenido poco acceso mental a él. Dependía de ti prepararlo para la sucesión. Ahora habrá redoblado el trabajo para preparar a su sucesor.

- En cuanto a eso, no tienes que preocuparte. Mis otros hijos están y siempre han estado ansiosos por tomar el lugar de su hermano.

- Muy bien. ¿Y qué haremos con Luigi? Sabe demasiado.

- Él no sabe todo. Y cortando su flujo de dinero, pronto se marchitará y se secará como una rama arrancada de una tronco. No tenemos nada de qué preocuparnos.

Alfonso miró largamente a Francisco a los ojos y finalmente se levantó diciendo:

- Su extrema arrogancia lo deja ciego. Luigi ha estado husmeando por aquí y por allá sobre lo que le pasó a su tía. Es, sí, un peligro. Es sospechoso y puede hacernos daño. ¿Cómo no puedes ver esto?

- ¡Luigi es un debilucho! No tendrá la fuerza para hacerlo solo.
Es posible que regrese arrastrándose, pidiendo dinero.

- ¿Sabes quién es él?¿A qué te refieres?

- ¿Conoces sus vidas anteriores?

- No.

- Deberías averiguarlo.

- Esa información no es accesible para nosotros.

- Hasta cierto punto lo es. Y en su caso, no podemos averiguar exactamente quién fue en vidas anteriores. Así que supongo que no es uno de nosotros...

- ¿Un infiltrado? - Preguntó Antonella.

- Muy probablemente.

- Entonces tendremos que eliminarlo.

Primero destruiremos su vida y todo lo que ama. Comencemos con Manuela y Bianca. Parece que realmente las aprecia a ambas.

- Cierto. Actuaré de inmediato.

- Sí, empecemos por los pasos más básicos y veamos cuánto tardan en quedar totalmente destruidos y desacreditados. Y así, pasamos a los siguientes pasos, hasta que ya no represente ninguna amenaza.

Poco después, Francisco pidió a los abogados de la constructora que buscaran y encontraran los vacíos legales en el contrato con la empresa de Manuela, para que no solo rompieran el contrato, sino que los demandaran por negligencia o incumplimiento de alguna cláusula. Así, la joven sería despedida pronto y su carrera profesional se arruinaría sin piedad.

Y con respecto a Bianca, debería obligarla a volver a la clínica de enfermos mentales. Y allí permanecería, esta vez, indefinidamente.

Las redes de eventos futuros, meticulosamente premeditados, no pudieron evitar que los mensajeros de luz los presenciaran. Y así, sabiendo de antemano, podrían ayudar a los pupilos a afrontar mejor cada situación.

En el caso de Bianca, anticipándose a las oscuras iniciativas, se intuyó que Luigi llevaría a su prima a su casa. Y pasaban largos ratos juntos, hablando de los más variados temas, incluso de sus experiencias con la espiritualidad.

✳ ✳ ✳

Después de unos días, Luigi estaba planeando qué haría con la información que tenía y cómo reorganizaría su vida. Su padre había cortado efectivamente todos sus recursos y sus ganancias. Hizo un estudio detallado de sus inversiones y, para su sorpresa y satisfacción, descubrió que algunos fondos de inversión en los que había invertido habían arrojado ganancias sorprendentemente altas. Hizo varios cálculos y se dio cuenta que si supiera cuidar los recursos que tenía, si adoptara una vida más natural y sin lujos innecesarios, tendría con qué vivir por mucho tiempo. Nada que preocuparse. Y una de las decisiones fue poner en venta su apartamento.

Todavía estaba muy absorto en su análisis cuando llamó Manuela.

- Empezaron a actuar.

- ¿Qué pasó?

- Tu padre rompió el contrato y está demandando a la oficina señalando irregularidades irrazonables en varios elementos de nuestro trabajo. Pero no hay nada malo. Está todo como lo acordamos.

- Quieren destrozarte, Manuela, para llegar a mí.

Luigi habló sin pensar, identificando de inmediato la iluminación espiritual de su consejero espiritual.

- ¿Y que debería hacer?

- ¿Cuál fue la reacción del personal de la oficina?

- Ellos estaban asustados. Son muy correctos, ya sabes. Y esto nunca ha sucedido antes.

- ¿Pueden organizar una reunión entre los socios y yo? Tengo una propuesta que hacerles.

- ¿Qué estás pensando?

- Quiero comprar la empresa.

- ¿Cómo así? ¿Quieres comprar el estudio de arquitectura?

- Sí. He estado analizando varios sectores y este en el que trabajan es muy prometedor ¿qué opinas? ¿Estarían interesado en vender?

- No tengo ni idea.

- Así que ayúdame con la reunión y yo haré el resto. Sigo mi intuición...

Emocionada y comprendiendo exactamente lo que quería decir, ella respondió:

- Déjamelo a mí y te preparé el camino.

- Gracias.

- Estoy preocupado por Bianca.

- Ella ya está aquí conmigo, no te preocupes.

- Perfecto. ¿Y qué vas a hacer con la información de la agenda y todo eso?

- Tendré una reunión con una empresa de investigación. Quiero sentir si puedo confiar en ellos para un asunto tan delicado.

- Conozco a un investigador de la policía federal, Carlos, que es una persona muy seria, incluso participa en grupos de estudio aquí en casa. ¿Quieres hablar con él?

- Sería muy útil. Dame el contacto, por favor; da la casualidad que cancelaré la reunión con la empresa de investigación.

Colgaron.

Para cada ataque de las tinieblas, la luz se anticipó y como Luigi y Manuela estaban completamente confiados en la espiritualidad, en Dios y deseando con el corazón abierto seguir al bien, no crearon conflictos o cuestionamientos que impidieran las intuiciones y la orientación para alcanzarlos. Y continuaron actuando como instrumentos de luz.

Tocado y transformado por la presencia de Jesús en su vida, Luigi estaba decidido a vivir sus enseñanzas. Hacer sus creencias enseñadas por Jesús y vivirlas. Pase lo que pase, nunca más se apartaría del amor del Nazareno. Llevaba en su interior la certeza que Jesús nunca lo abandonaría. Y cualquier cosa que le sucediera sería sostenida por las fuerzas de la Alto. Su fe floreciera, dándole nuevas y fuertes convicciones.

Finalmente, después de milenios, Simón había aceptado vivir y seguir las enseñanzas que había aprendido a orillas del Mar de Galilea, basando sus acciones en estas enseñanzas. Y con el mismo celo que había tenido por la liberación del pueblo de Israel, que lo hizo dejar al Maestro en su momento crucial, ahora retomó donde lo dejó, pero con entendimiento espiritual. La verdad finalmente lo había liberado. Todo debía hacerse con prudencia, sabiduría y mucho amor.

CUARENTA Y UNO

EN LAS SEMANAS SIGUIENTES, Luigi se dedicó a períodos de largo recogimiento, en los que aprendió a tener un contacto profundo consigo mismo, con Jesús y con Dios. Leyó, meditó y observó su propio ser interior, sus viejos hábitos adictivos, sus pensamientos cristalizados, sus miedos y expectativas distorsionadas y alejadas de la realidad del mundo. La oración constante por sabiduría acercaba más y más al discípulo a su Maestro.

Melissa siguió el progreso de su pupilo, conociendo la experiencia de esa alma nuevamente en el cuerpo denso, y la grandeza de su misión. Estaba feliz y agradecida por la oportunidad de acompañarlo y aprender de él.

Ese día recibió una visita muy querida. Flora había dejado momentáneamente sus tareas y responsabilidades en su nueva vida, para matar el anhelo de su hija. Los dos se abrazaron cariñosamente y Melissa informó:

- Bianca está en la habitación.

- ¿Ella está mejor?

Está más aliviada después de confirmar lo que siempre supo. Tener la confirmación que no la abandonaste, más bien, te la arrebataron, le diste un gran alivio. Pero todavía no logra entregarse al nuevo camino de renovación interior. Está fuertemente apegada a los hábitos mentales que ha adquirido en esta vida, incluido el sufrimiento. Todo su cuerpo, de hecho, se ha acostumbrado a las emociones negativas, como si fueran una droga. Y ella no puede liberarse de esta adicción. De hecho, no sabe nada al respecto. Es renuente a aceptar las verdades espirituales. Y aunque sabe que Luigi tiene toda esa sensibilidad, de leer los acontecimientos que sucedieron en el espacio, sus creencias y emociones negativas la siguen tirando hacia abajo como una pesada bola de hierro atada a su alma. Ella no puede liberarse.

Los dos se acercaron a la joven que rondaba los treinta años y no había logrado nada en su vida, sintiéndose constantemente victimizada por la dolorosa experiencia que había vivido.

Melissa comentó:

- ¿Has aprendido a sensibilizarte para atrapar las olas del pensamiento?

- Sí.

- Así que concéntrate y observa qué pensamientos pueblan su mente.

Flora se acercó a su querida hija, envolviéndola en su abrazo. La muchacha sintió que una ola de afecto la envolvía, pero pronto la percepción se disipó, perdida en las energías deletéreas que la dominaban.

- Soy una perdedora. No puedo hacer nada en esta vida. Dios nunca me amó, nunca fue bueno conmigo. Soy una persona olvidadiza y débil. Dios no se preocupa por mí. Quería ser poderosa como mi primo. ¿Por qué abandonó todo? Ojalá mi madre estuviera aquí. No sirvo para nada. Además, ¿cómo sobrevivir a la pérdida de una madre?

Melissa miró a Flora y sonrió tentadoramente. Ayudémosla. Los dos comenzaron a orar y pronto una luz tenue iluminó la habitación. Bianca sintió que un agradable entumecimiento se apoderaba de todo su cuerpo. Los pensamientos se aquietaron y se quedó dormida. Tan pronto como su cuerpo espiritual se separó del cuerpo denso, vio a su madre y corrió a abrazarla.

- ¡Querida madre! ¡Qué nostalgia! ¿Estoy soñando o qué?

La madre la abrazó fuerte, sintiendo el punto fuerte del dolor de la separación, y Melissa la ayudó susurrando:

- La alegría del reencuentro, concéntrate en esta emoción, Flora.

Recordando la formación que tuvo en el mundo espiritual, para aprender a dominar la mente y ser señora de sus pensamientos y emociones, usó lo que ya sabía y se recuperó.

- Hija mía, esto no es un sueño. La muerte definitivamente no existe como la vemos cuando estamos en la Tierra. Es una transformación intensa, sí, de lo contrario no habría ningún impacto en las mentes y corazones endurecidos de hombres y mujeres que caminan por la Tierra totalmente desviados del Creador.

Bianca escuchó atentamente.

- Pero somos seres espirituales ante todo. Por lo tanto, el cuerpo muere, la personalidad que hemos construido se estremece, ya que ya no tiene las referencias externas que fueron tan importantes durante la vida en el cuerpo denso, pero se revela un nuevo universo. Llegamos a darnos cuenta de la grandeza de la vida y comenzamos a comprender la realidad del ser que somos.

Bianca estaba llorando.

- ¿Por qué las lágrimas cuando la alegría del reencuentro debe ser mayor?

- ¿Por qué tuviste que ser arrancada de mí? Esto no es justo. Yo era solo una niña, una pequeñita. ¡Eres todo para mí, mamá! ¿Por qué Dios permitió que todo esto te sucediera?

Limpiando las lágrimas que corrían por el rostro de su hija, Flora trató de equilibrarse, para no entrar en el mismo rango vibratorio de su hija, y continuó:

- Bianca, necesitamos aprender sobre las leyes divinas y aprender a rendirnos a esas leyes. Entregarse al Creador. Muchas lecciones son dolorosas para nosotros, lo sé y lo entiendo, porque todavía sufro también, pero si aprendemos a levantarnos y mirar desde un punto de vista más alto, comenzaremos a entender que Dios sabe exactamente lo que está haciendo. Dios es puro amor, bondad, misericordia.

- Entonces, ¿por qué tanto sufrimiento? ¡¿Cómo puede dejarte pasar por lo que él pasó, así como yo?! Te mataron con el consentimiento de tu propia familia, ¿no lo ves?

- Por supuesto que sí, y después de mis primeros años de adaptación a la nueva vida, esa era la pregunta que más me molestaba.

Mientras no aceptara que Dios nunca hace el mal, sino que sufrimos por nuestra vibración, por lo que llevamos en lo más profundo de nuestra alma, no pude ver. Luego, cuando comencé a aceptar que yo era el último responsable de mis sufrimientos, fue entonces cuando experimenté una gran expansión en mi conciencia, y como dicen, las fichas empezaron a caer. Aceptar no es estar de acuerdo con el mal, sino estar de acuerdo en buscar la comprensión. Y créeme, estamos empezando a encontrar las respuestas. Hoy sé por qué pasé por todo esto. Todavía duele, créeme. Pero nunca estuve lejos de ti. Entendí que la distancia es material. Cada vez que te llamo, estamos juntos en pensamiento. Puedo sentir tu presencia, tus emociones, tus pensamientos. La separación es una verdad aparente.

Y solo una parte de la realidad. Mira:

Flora actuó sobre el lóbulo frontal de Bianca para que pudiera ver los hilos energéticos que las unían.

- ¿Qué es esto?

- Somos energía, Bianca, vibrando en un campo energético aun mayor. Estamos conectados por el amor. Ahora quiero que entiendas que estás en una misión de aprendizaje por encima de todo. Siéntate aquí.

Actuando nuevamente sobre los centros mentales de su hija, ayudó a que los recuerdos del pasado vinieran a su mente en forma de imágenes. Y Bianca recordó, como si fuera un sueño confuso, pero comprensible, ya que había actuado con total desprecio por su madre en vidas anteriores.

Ella y Flora, como hermanas, eran tan egoístas, frívolas y orgullosas que hacían que la madre, que era una mujer, a su vez, con muchas debilidades afectivas, el desprecio, la humillación, el desdén con que era tratada por sus hijas, desencadenaba una tristeza, depresión y locura continuas.

Bianca se reconoció a sí misma en esas imágenes. Vio como actuó, como se endureció su alma sin respeto por los compañeros. Cómo el egoísmo que la había dominado justificaba y racionalizaba sus acciones. Lloró mucho.

Flora la abrazó fuerte y le dijo:

Yo también lloré mucho, recordando lo que hicimos. Ahora estamos en una nueva oportunidad, con nuevas lecciones y herramientas. Sigo aprendiendo aquí, y tú también deberías, Bianca. Basta de compadecerse de uno mismo. Eres fuerte, puedes superar lo vivido, acepta las amargas lecciones y crece, busca liberarte de esta amargura que te paraliza y encuentra la verdadera felicidad, que no descansa en nada material. ¿Puedes entender esto?

- Sí - tartamudeó ella.

- Entonces activaremos tu mediumnidad.

- ¿Mediumnidad?

Sí, tu habilidad para contactar con el mundo invisible. Ya traes esta experiencia de tu última encarnación junto a Luigi y Manuela.

- ¿No entiendo?

- Lo entenderás a su debido tiempo. Los tres han estado trabajando juntos por la verdad, a través de la ciencia. Es hora de retomar el trabajo interrumpido. Tu mediumnidad te será útil en esta tarea, pero sobre todo te será útil, frente a los hechos, para fortalecer tu fe y liberarte de viejos pensamientos y sentimientos enfermizos y erróneos. Ha llegado la hora, querida mía, de levantarte y hacer el bien a favor de muchos. Siempre estaremos cerca, pero el trabajo más grande lo debes hacer tú, aquí - colocó sus manos sobre el pecho de Bianca -, en lo más profundo de tu alma. Esta es tu lucha, y solo tú puedes vencer.

Finalmente, se separaron. Bianca había expandido su conciencia y regresaba renovada a su cuerpo denso.

Cuando se despertó, pasó algún tiempo recordando cada parte de lo que parecía un sueño. Sin embargo, por los sentimientos que tenía, sabía que había encontrado a su madre. Se levantó y fue a buscar a Luigi.

- ¿Estás ocupado?

No, te iba a llamar para tomar un café. ¿Te gustaría? Lo acabo de preparar.

Mientras tomaban café, ella dijo:

- Soñé con mi madre.

- Qué bueno. He soñado con la tía Flora un par de veces.

- Luigi, ¿pareceré loco si digo que no creo que haya sido un sueño? Creo que estaba realmente con ella. Creo que realmente está viva en otro lugar, en otra dimensión.

- Pero por supuesto que lo es, Bianca. ¿Tuviste alguna duda?

- Sí. De hecho, todo lo que he escuchado hasta ahora, incluidas las conversaciones con Manuela, me parecía imposible. Esa fue la primera vez que sentí algo tan real. Y me dijo que Manuela, tú y yo habíamos estado juntos antes. Y que debemos retomar lo que interrumpimos hace un tiempo.

Luigi miró a su prima, pero su mente viajaba a la velocidad de la luz.

- ¿Qué fue lo que ella dijo? ¿Que deberíamos reiniciar lo que interrumpimos?

- Sí, ¿sabes de qué estaba hablando?

Creo que lo sé.

La abrazó fuerte y dijo:

- Creo que acabas de darme la pieza que faltaba en mi rompecabezas.

- ¿De qué estás hablando?

- ¿Dijo algo más?

- Sí... - Respondió vacilante.

- ¿Qué dijo?

- Que voy a empezar a ver el mundo invisible...

- ¿Mediumnidad?

- Así es.

- Y Bianca, creo que sé lo que quiso decir.

- Así que explícame por qué no sé de qué se trata.

- ¿Cómo te estás sintiendo?

Ella pensó por un momento y luego respondió:

- Creo que siento una cierta expectativa positiva que hacía mucho tiempo que no sentía.

- Esta es la cosa más importante. Firme esta nueva sensación, hazle un sentimiento. Y deja que la alegría se expanda. Aprende a confiar en la vida invisible. Para mí se ha vuelto real y palpable.

CUARENTA Y DOS

ACOSTADO EN LA CABECERA DE LA CAMA, Luigi meditó, antes de acostarse a dormir. Pensó en los cambios por los que había pasado y trató de visualizar el futuro, que aun le parecía confuso. Era plenamente consciente que su padre y sus consortes vendrían contra él. Lo recordaba desde la infancia, y los rostros de sus familiares vinieron a la mente. Se sentía atado junto a ellos, pero al mismo tiempo sabía que su verdadera familia era aquella a la que estaba unido por lazos de amor y armonía. Manuela y Bianca eran su verdadera familia, pues sentía en Jesús su gran apoyo y referencia. Sabía que no podía esperar nada de su padre ni del resto de su familia. Actuarían de acuerdo a sus conciencias; es decir, cada uno de acuerdo a las vibraciones que lleva en su alma.

El teléfono sonó. Era el investigador.

- ¿Y entonces? ¿Noticias?

- Pocos. Estoy investigando las actividades de tu padre, pero no deja mucho rastro.

- ¿Qué podría ayudar?

- Si supiéramos más sobre los niños que dices que están en la lista, ayudaría.

Los niños... tengo sus nombres.

- ¿Puedes conseguir algo más?

Luigi miró hacia el lugar donde escondía la agenda y respondió:

- Intentaré obtener más detalles y volveré a contactarte. Mantén la discreción.

Colgaron.

Luigi se levantó, tomó el diario y se recostó en la cama. Miró el diario sobre su cama y se preguntó qué estaba haciendo su padre con esa lista de nombres de niños. Se sintió obligado a tomar el diario y al mismo tiempo sintió repulsión, lo que se escondía en esas páginas le causaba una angustia inmensa. Finalmente, oró por sabiduría y guía y, venciendo la resistencia, retomó la agenda. Lo abrió por las últimas notas, la lista de apellidos. Leyó cada uno de los veinte nombres de la lista, luego la dejó abierta sobre la cama, cerró los ojos y puso las manos sobre el diario. Inmediatamente comenzaron a aparecer en su mente muchas imágenes, una tras otra, como si fueran fragmentos de películas. Niños secuestrados, cautivos, familias y madres en un sufrimiento aterrador, niños vendidos como animales, sufriendo un dolor insoportable, indefensos, vulnerables, expuestos a todo tipo de dolor intraducible. Las lágrimas corrían por el rostro de Luigi al presenciar los actos devastadores de su familia. Los llamados negocios paralelos. Mucho dinero involucrado. En su mente aparecían personajes poderosos, los acuerdos entre los gobiernos y la constructora aparecían intercalados con los niños y sus familias. Muchos fueron entregados en el mismo lugar, a las mismas personas. Él, todavía con los ojos cerrados, hojeó el calendario en busca de fechas más antiguas y presenció escenas similares con otros personajes. Pero algunos se repitieron. Algunos de los que recibieron a los niños aparecieron en diferentes momentos. Vio a niños perder la vida en extraños sacrificios. Fue doloroso ver que la familia traficaba con niños. ¿Qué clase de monstruo sería capaz de hacer eso? - se preguntó. Luego se fijó en una de las imágenes. Aunque sintiéndose torturado, se fijó en esa imagen de principio a fin, comprendiendo toda la verdad.

Con mucha vergüenza, disgusto, indignación, cerró la agenda. ¿Cómo permitió Dios que el mal actuara tan libremente?

Jesús, ¿por qué tanto sufrimiento? ¿Cómo es posible que Dios permita que todo esto suceda?

Melissa entró en la habitación, irradiando una luz suave. Puso sus manos sobre el hombro de su protegido y le hizo notar su presencia. Luigi entró en un estado de letargo, en el que podía acceder al mundo extra físico y vio a la joven que lo estaba ayudando.

- Dios no tiene nada que ver con adorar el sufrimiento, Luigi. ·

- Pero él lo permite. ¿Por qué?

- Todo sufrimiento humano proviene de la ignorancia y la desconexión con lo divino, con las leyes que rigen el Universo, como el amor. Del alejamiento de Dios se origina todo mal. Dios nunca se aparta de sus criaturas, eso es imposible.

Es necesario conocer y distinguir entre la realidad creada por los hombres y la creada por Dios. Somos criaturas, pero tenemos un gran poder para construir nuestra realidad, el Creador colocó una partícula de sí mismo en cada uno de sus hijos. Él es la Gran Conciencia que creó todo lo que existe; En Él vivimos y nos movemos. En él existimos. pero no muchos quieren someterse a esta realidad. Quieren ser sus propios dioses y vivir a su manera, ignorando la realidad a la que están subordinados. Y así nace el mal, fruto del orgullo, el egoísmo y la ignorancia. Y al imponer sus creencias a los demás, todavía ignorantes, refuerzan su locura. Y vemos el mundo ardiendo en locura y sufrimiento. Dios no quiere nada de eso. No castiga ni causa castigos, sino que apoya y ayuda a todos aquellos que lo buscan y lo desean.

- ¿Cómo lidiar con todo este mal?

- Cierra los ojos y concéntrate. Quiero mostrarte algo.

Luigi cerró los ojos, respiró hondo varias veces para calmar su corazón y su mente, y se quedó en silencio. Entonces, guiado por Melissa, vio una gran cantidad de espíritus que vestían túnicas blancas hasta los pies: actuaban en las más diversas áreas de la vida humana.

- Este es el ejército del bien que trabaja con Jesús. Somos muchos, Luigi, y cada día crecemos más. De nuestros hermanos que sufren, muchos despiertan y se unen a nosotros, actuando como canales para multiplicar el bien. El mal actúa como en una convulsión, en un gran alboroto en la Tierra, porque el bien va venciendo sus resistencias y porque es un punto de inflexión. La vibración de la Tierra se transformará y solo permanecerán en ella aquellos que elijan el amor y la luz. Los que se vuelven al Creador. Los demás, que por ignorancia o por elección quedan lejos de Dios, seguirán su rescate en otros planos. Todo dolor tiene tiempo de terminar. Y cuanto más nos dedicamos al bien, más rápido cesa. Los que caminan con Dios vencen flores porque entienden estas verdades. Sembramos mucho sufrimiento para nosotros mismos a medida que crecemos como seres espirituales. Como un niño que aprende a caminar. Ahora es el momento de tomar decisiones más conscientes.

- ¿Qué debo hacer?

- En posesión de la información que tienes ¿qué opinas?

- ¿Qué crees que es lo correcto?

- Consigue pruebas, denuncia prácticas ilegales y ayuda a las familias que han sufrido.

- Pero eso también me colocará como cómplice.

- No sabes cómo protegerte. Debes rodearse de conocimientos legales para hacer los arreglos correctos, ya que muchas autoridades y personas poderosas están involucradas en las prácticas de tu familia. Los sacrificios humanos no son nuevos, lo sabes. Y lamentablemente aun hoy, de la gran cantidad de niños que desaparecen cada día en el mundo, muchos son utilizados para este fin.

- Esto es insoportable, vil, repugnante.

- Lo sé, pero es la realidad. ¿Crees que a veces los que estamos aquí de este lado no nos desanimamos ante los desafíos que enfrentamos? Nosotros también nos cansamos a veces, pero sabemos dónde buscar fuerzas para reponernos. El amor es la energía más poderosa que existe, Luigi, porque es la energía que emana de Dios. Él es la fuente de todo el amor que existe. Y conectándonos a esta fuente, nos elevamos por encima del mal, para poder hacer frente a los problemas que se nos presentan.

Él la miró seriamente y murmuró:

- Solo hablar no sirve de nada, y necesito actuar.

Ella negó con la cabeza y sugirió:

- Ya sabes qué hacer. Y tienes todo nuestro apoyo.

Melissa se alejó, dejando a Luigi pensando durante mucho tiempo. Luego escondió el diario en un lugar seguro e inaccesible y volvió a llamar al investigador.

- Tengo más información sobre dos de las víctimas.

- ¿Cómo la conseguiste?

- ¿Eso importa?

- Siempre que no fuera ilegal.

- Te aseguro que te escribiré todo lo que descubrí sobre estos niños, sus familias, cómo desaparecieron, dónde se quedaron, dónde los llevaron. Y tú investigas y traes pruebas. ¿Puede funcionar?

- Si todo lo que me dices es verdad y obtenido de alguna manera legal, podría usarse en futuras denuncias.

- Como sabes, en este momento se está llevando a cabo una operación de este tipo. Los niños están desaparecidos y están siendo buscados. Serán entregados en unos días. Tengo la fecha y ahora sé el lugar. ¿Puedes intervenir?

- Si me das todo esto, te garantizo que vamos a exponer las prácticas familiares.

- ¿Qué hay de mí? ¿Cómo puedo protegerme, para no ser considerado cómplice, cuando todo se haga público?

- Trabajemos en ello. Pero no pude mantenerte completamente inmune. Tendrás que estar involucrado en las deposiciones y lo que sea necesario. Pero está trayendo la denuncia, está a punto de ser investigado. Y todo esto será considerado a tu favor.

- Entonces sigamos adelante. Enviaré todo lo que sé.

Después de compilar un informe completo de todo lo que había descubierto, ya sea a través del diario o a través de su sensibilidad psíquica, Luigi lo puso todo por escrito. Con la información que tenían, seguramente podrían descubrir y probar muchas de las prácticas ilegales de la empresa constructora.

Luigi colgó. Luego llamó a Manuela y compartió sus decisiones.

- Es mejor que tú y Bianca se queden en un lugar seguro. He alquilado un barco y te quedarás en él, lejos de la costa, con un capitán muy confiable, a quien conozco desde hace mucho tiempo. Haremos esto para desviar las pistas para que no puedan encontrarlas a ustedes dos.

- ¿Y tú?

- Me voy a un hotel por ahora, hasta que pase lo peor.

- ¿Y después?

Luigi se quedó en silencio durante mucho tiempo, luego respondió:

- Vivamos cada momento, Manuela. Entonces Dios nos guiará. Por ahora, eso es lo que tengo que hacer. Sé que mi decisión podría arruinar un imperio, pero sabemos que ese imperio no es bueno. Es hora de cosechar sus consecuencias.

- Y tú serás el instrumento que derribará este imperio.

- ¿Y quién más podría obtener la agenda y acceder a toda la información? Esta es una tarea que me corresponde a mí.

Manuela se quedó en silencio. Sabía todos los riesgos que correría Luigi al exponer a su familia. Finalmente, dijo:

- Estaremos orando por ti, para que Jesús guíe cada una de tus acciones.

CUARENTA Y TRES

LUIGI CUIDÓ PARA QUE MANUELA Y BIANCA fuesen llevadas en secreto al velero que había alquilado, y dejaron la costa con seguridad. Se quedaban cada dos días en un lugar diferente.

La investigación se desarrollaba en secreto, y Carlos, el investigador y policía, buscó la guía cuidadosa de la espiritualidad para saber en quién confiar. Sabía que la cúpula de la policía, de la justicia - como jueces y fiscales -, de la política, de los poderes temporales, estaba corrompida. Había pocas personas en las que quería confiar. Pero a medida que buscaba orientación objetivamente, la recibió y fue de descubrimiento en descubrimiento. Necesitaba establecer una denuncia con todas las pruebas, obtenidas legalmente, para que pudiera ser utilizada por un fiscal moralmente recto. Fue muy cuidadoso en su investigación, y con la información detallada que había recibido de Luigi, pudo hablar con las familias de los niños desaparecidos, conociendo mejor a los involucrados. Pero el evento más esperado era el próximo traslado de niños, que, según información contenida en la agenda, se realizaría en menos de diez días. Luigi también había proporcionado detalles de dónde estaban confinados los niños.

Y Carlos avanzaba en sus investigaciones, reuniendo evidencias, fotos de los lugares y personas involucradas, ahora, comprendiendo la escala del crimen que se estaba gestando, y la cantidad de poderosos involucrados, se había rodeado de dos ayudantes más. Todo se mantuvo en secreto.

Luigi había contratado a un abogado que lo guiaría en cada acción, para que estuviera debidamente protegido, tanto como fuera posible en esa situación, y todavía estaba ayudando.

El día que se iba a realizar la operación, Carlos llamó a su contratista e informante. Siempre usaban teléfonos desechables y líneas no identificables.

- Todo está listo para esta noche. Llamé a unos compañeros de la policía federal en los que puedo confiar al menos, y haremos el asedio tan pronto como se lleve a cabo la operación. Vamos por ellos Luigi. ¿Estás preparado para lo que viene después? ¿Por los ataques, las represalias?

- Sí, estoy listo para hacer lo que debe hacerse. Los crímenes perpetrados por mi familia no pueden continuar.

- Pero sabe que la oscuridad te atacará más.

- Están al acecho todo el tiempo, puedo sentirlos. Pero también siento la presencia de Jesús conmigo y eso es lo que me da fuerzas. Cada noche me acuesto, visualizo mi encuentro con Jesús en Galilea, recuerdo sus palabras, vuelvo a ver su mirada y siento su presencia conmigo. Sé que el Maestro está conmigo y nunca le volveré a fallar. Esta vez, quiero tener el coraje de llevar a cabo su voluntad.

- Reconozco que se te ha encomendado algo que solo tú puedes hacer, Luigi. Como espírita, comprendo bien tu responsabilidad. Y yo también veo la mía.

- Estamos todos conectados, Carlos. Y la actitud de uno impacta a todos. Esto aun no se ha entendido. Al contrario, como seres humanos estamos lejos de comprender esta verdad. Pero por egoísmo estamos aprendiendo que todo lo que sembramos vuelve a nosotros, y quién sabe, ¿sembraremos mejores semillas?

- Y... todo lo que el hombre sembrare, eso también segará. Que tontos de nosotros pensar que podemos sembrar papaya y cosechar fresas...

Carlos reaccionó con una sonrisa y dijo:

- Pero la locura colectiva en la que vivimos ha convencido a la gente que esto es posible. Que podemos cosechar lo que no sembramos y sembrar sin cosechar las consecuencias. Qué lejos estamos de comprender el impacto de nuestras acciones.

Finalmente volvieron al motivo principal de la llamada y terminaron.

Al anochecer, Luigi se unió a Carlos y los demás policías que estaban emboscando en el lugar señalado por el sensitivo. Camuflados, permanecieron durante largas horas. Sin embargo, ningún otro movimiento tuvo lugar en un almacén aparentemente abandonado en las afueras de Embú das Artes. Esperaron pacientemente durante más de cuatro horas. Hasta que, alrededor de las 3 am, apareció una gran camioneta gris plomo, con dos autos negros más. Todos esperaban dentro de los coches. Pasaron menos de veinte minutos, y apareció otra camioneta, esta vez una negra, y otro auto negro y se desvió hacia los otros autos. Cinco personas se bajaron de los autos a cada lado y estaban hablando.

Luego abrieron la camioneta y comenzaron a trasladar a los niños de un auto a otro. Estaban atados y drogados, mientras dormían profundamente.

Luigi tuvo que controlar su indignación, pero no pudo contener las lágrimas. Fue el crimen más vil que pude imaginar: tráfico de niños. Muchos de ellos servirían para los rituales de los sacrificios humanos, que él ya había visto a través de su sensibilidad, el peso de esos recuerdos solo podía ser llevado si se compartía con los amigos espirituales que lo apoyaban en el servicio de Jesús.

Tenían todas las pruebas que necesitaban. Los equipos tomaron acción. Sorprendidos por policías altamente capacitados, los delincuentes no huyeron. Intentaron intercambiar disparos con la policía, pero fueron rápidamente inmovilizados, llegaron refuerzos y pronto el lugar quedó completamente rodeado. Niños rescatados y criminales arrestados.

Luigi se acercó a la camioneta donde dormían los niños y se emocionó. Carlos se acercó, colocó sus manos todavía temblorosas sobre su hombro y dijo:

- Llevémoslos de vuelta a casa. Gracias por tu intervención, Luigi.

- Gracias a Dios. Pero, ¿cuántos otros niños alrededor del mundo no tendrá tanta suerte? ¡¿Cuánto sufrimiento nos costará todavía despertar de este sueño, viendo la verdad sobre el mundo girado por la oscuridad y sus acciones de control y dominación?! ¿Cuándo aceptarán los hombres la invitación de Jesús y comprenderán que el despertar espiritual es el único medio de liberarnos de las garras de las tinieblas?

Carlos miró al sensitivo y sonrió:

- Cuando tengamos el coraje de hacer lo que Dios nos pide, el mundo se transformará. Tienes que venir con nosotros, Luigi.

Acudieron a la unidad de la policía federal para los trámites correspondientes. Los niños iban al hospital, bajo protección, para recibir atención médica y luego serían derivados a sus familias.

En la unidad de policía, el edificio bullía de actividad. Mientras que algunos funcionarios de alto rango recibieron la aterradora noticia que se estaba desmantelando otro foco de acción oscura.

A la mañana siguiente, faltaban ocho minutos para las ocho de la mañana, cuando un cuerpo policial ingresó sin previo aviso al edificio de la constructora y la avalancha se generalizó en el piso de la junta: secretarias destruyeron archivos de computadora, trituraron documentos, ocultaron celulares. Francisco llamó de inmediato a sus abogados, luego abrió la caja fuerte en busca del diario. ¡Tenía que destruirlo!, pero buscó en vano, desesperado. La agenda no estaba en la caja fuerte.

Carlos, que dirigía el operativo, entró en la sala, miró a Francisco junto a la caja fuerte abierta y le preguntó con la agenda en la mano:

- ¿Es esto lo que buscas?

Francisco se puso pálido mientras lo esposaban.

Estás en prisión por asociación delictiva, tráfico de menores...

- ¡Quiero verlos demostrarlo! ¡Todo es mentira!

- Tenemos pruebas suficientes para que permanezca en prisión durante la investigación.

Francisco se quedó en silencio. Los abogados le habían ordenado que guardara silencio. Mientras salía esposado, junto con algunos otros directores y el yerno, responsable del área financiera, Carlos habló en un tono muy audible.

Incluso si logra salirse con la suya con algunos de los cargos, pasarán años respondiendo demandas. Se activará cada una de las familias cuyo nombre de niños está en su lista. Los delitos cometidos por esta banda contra estas familias serán sancionados.

Y mirando a Francisco a los ojos que ardían de odio, Carlos dijo:

- Responderán de ahora en adelante a la justicia de los hombres, y no escaparán también a la justicia divina. Puedes intentar huir oponerse al Creador -continuó hablando, ahora en voz baja, para que solo Francisco pudiera oírlo -, pueden rebelarse, pero no escaparán a las leyes divinas. Leyes del amor, que al final, actúan para reunir a todas las almas en torno al bien.

Si en el plano material, Francisco y sus directores se enfurecieron por haber sido descubiertos, en el mundo espiritual se estaba produciendo un movimiento similar. Muchos espíritus que allí trabajaban estaban siendo trasladados, ya que algunas de las operaciones ya no se realizarían.

El coronel Alfonso estaba coordinando los cambios.

- ¿Interferiremos en el juicio? Podemos hacer que nuestros infiltrados actúen en nombre de Francisco.

- No. La operación que más nos interesa fue desmantelada y los dejaremos ahora. Que se las vean. Cuando desearon nuestra ayuda, sabían los riesgos que corrían. Ahora ya no nos sirven.

- ¿Y el hijo, quién empezó todo esto?

- Ese sí, lo vamos a aplastar. ¡No escapará!

- ¿Cómo pudo engañarnos, escapar de nuestra acción? Al final, ¿quién es Luigi?

- Era Simón, el zelote. Estaba debilitado en ese momento, pero ahora, se ha fortalecido.

- ¿Ya lo sabías?

- No, pero traté de investigarlo después que regresó de Jerusalén. Obtuve la información más recientemente, cuando no había mucho que hacer.

El ambiente se llenó de una luz intensa, y la inquietud abrumó a los espíritus recalcitrantes. Alfonso gritó:

- ¡Huyan! Se nos acercarán...

No había tiempo. Muchos espíritus involucrados en una intensa energía de luz entraron al edificio y dominaron a todos los espíritus.

- ¿Qué están haciendo? ¡No pueden arrestarnos contra nuestra voluntad! ¡La luz no obliga a nadie!

- Gabriel se acercó a Alfonso y habló con voz firme:

- No es obligatorio, pero podemos poner límites a tu acción. Estás siendo transferido ahora.

- ¡No! - Alfonso pataleó junto con los demás -. ¡No puedes! ¡Soy el Coronel Alfonso! ¡No puedes luchar contra nosotros! ¡Somos una legión poderosa!

Y hubo gritos de horror y de odio. Se llevaron al grupo. Serían exiliados de la Tierra a un planeta en estado primitivo de evolución, hasta que se cansaran de sufrir y se rindieran al Creador. El proceso de limpieza de la Tierra estaba en curso, ¡aunque a menudo de manera imperceptible a los ojos distraídos! Bien como la gran lucha espiritual por el dominio y posesión de las criaturas, de su mente, de su energía. Como si quisieran apoderarse por completo de la obra de Dios, como lo hacen con la naturaleza, y de los individuos tomar todo, incluso cada gota de fluido vital[17], con el fin de utilizarlos para sí mismos y sus nefastos fines.

Gabriel, que acompañaba al grupo, aunque dominado por la compasión y la comprensión del estado de aquellas almas que se oponían sistemáticamente al bien, dijo a Alfonso, que luchaba, creyendo tener poder para enfrentarse a los siervos de Jesús:

- Seguiremos trabajando aun más para que la gente tome conciencia de lo manipulada, dominada que está; para que despierten.

- La gente no quiere despertar. No quieren liberarse. Solo quieren dejar de sentir dolor, y satisfacer todos sus deseos...

---

[17] Fluido vital - principio vital - es el principio de la vida material y orgánica, ¡cualquiera que sea! Es su fuente. Es el agente que da vida a la materia, común a todos los seres vivos, desde las plantas hasta el hombre ¡El fluido vital funciona como un combustible para el cuerpo! Esta energía no tiene existencia propia, sino que está integrada al sistema de unidad del elemento generador, y es una de las modificaciones del fluido cósmico, que es creación divina.

CUARENTA Y CUATRO

EN LOS DOS PLANOS DE VIDA, el momento era delicado. Varios directores de empresas constructoras fueron citados a declarar. Negaron con vehemencia, aparición como lunáticos ante las pruebas y los hechos ante ellos. Los abogados todavía estaban ocupados, trabajando para obtener un *habeas corpus* para Francisco, quien todavía estaba en prisión.

Luigi, a su vez, asistió a varias sesiones de declaración, hablando clara y abiertamente sobre lo que sabía. Aunque formaba parte de la familia, su iniciativa de denunciar la trama le garantizaba la exención del cargo de cómplice, siempre que siguiera colaborando.

Su madre, hermanos, cuñadas, sobrinos, toda la familia lo odiaba, odiaba lo que había hecho y se sentía traicionado por él. En lugar de enfocarse humildemente en la absurda realidad de donde provenía su dinero y poder, canalizaron su ira y frustración hacia Luigi, el traidor. Su madre lo había llamado varias veces para maldecirlo. Él la atendió pacientemente, comprendiendo la posición que les había puesto a todos. No trató de explicarse o justificarse, sabiendo que sería inútil. Él solo le repitió que la amaba y que siempre estaría ahí para ayudarla. Hasta que dejó de hablarle.

Fueron días de incertidumbre. Y la reacción de la prensa fue abrumadora. Como buitres dando vueltas a la carnicería, no se cansaban de dar sus pellizcos, para sacar todo lo que pudieran del esquema que muchos de los poderosos de las propias empresas de noticias conocían y también practicaban.

Al cabo de veinte días del evento, Luigi se sentía exhausto. Esa mañana, después de una mala noche de sueño, abrió los ojos, sintiendo su cuerpo dolorido, tenso. Se incorporó en la cama y murmuró:

- ¡Necesito una taza de café!

Se levantó y se metió en un baño frío para despertar. Luego tomó un sorbo de una taza de café caliente y miró su agenda, pensó, por sugerencia de Melissa:

- Necesito orientación.

Apagó todos los aparatos electrónicos, se sentó en silencio y oró a Dios:

- Fuente infinita de sabiduría y luz, que conoce todas las cosas, que ama incondicionalmente, ilumina mi mente y mi ser. Necesito orientación en este momento crucial de mi trayectoria en esta vida, todas las ilusiones han quedado atrás. Y reconozco que todavía aprecio a muchos de ellos. ¡Qué difícil es soltar estas ilusiones que nos hemos creado! Sobre todo cuando todo parece estar en nuestra contra. Hazme fuerte, Creador mío, dame el coraje que necesito, para que pueda actuar con firmeza, amor y humildad, haciendo tu voluntad.

Luigi abrió su corazón por completo y sin reservas, sin heridas ni cargos, aceptando que todos los hechos que vivió, los insultos que recibió provenían esencialmente de seres privados de luz. Aun así, se sintió atacado por los dardos invisibles del odio de aquellos a quienes amaba, y sintió la herida. En ese momento, luces intensas descendían sobre él, las cuales envolvían toda la habitación. Y se encontró de nuevo arrodillado ante Jesús, como lo había estado en los jardines de Galilea.

- Maestro, perdone mi debilidad...

- Levanta la cabeza, Simón. Mira a tu alrededor por el bien que puedes hacer, en lugar del mal que trata de mantener sus tentáculos fuera del camino. Mira a las familias, que recuperaron a sus hijos, cuyas vidas ayudaste a salvar. Y ten piedad de aquellos otros que perdieron la esperanza de volver a ver a sus amados hijos. Ayuda a estas familias y recupera sus fuerzas secando las lágrimas de aquellos que se sienten abandonados por Dios. Tu compasión puede calmar la revuelta, arrojando una semilla de esperanza en los corazones doloridos que, a pesar de todo el dolor que causa, el ser humano todavía puede ser bueno. Trata de llevar consuelo siempre que puedas.

- Señor, si busco a las familias, siendo yo mismo representante de la constructora, ¿me acogerán o me odiarán?

- Supérate, Simón, y haz el bien a quien puedas, quien lo recibe. No se hará responsable de los que vibren de odio. Solo eres responsable de los pensamientos y actos que te pertenecen. Por tanto, da, y el que sabe o puede, recibirá.

Siguieron momentos de comunión suave y sin palabras entre el discípulo y el Maestro. Y entonces Luigi se encontró de nuevo en su habitación, en estado de oración. Abrió los ojos y comprendió exactamente lo que se suponía que debía hacer. Yo sabía que los procesos legales fueron lentos, pero él haría todo lo posible para ayudar a las familias afectadas.

Y en los días que siguieron, buscó una por una, las familias que pudo localizar. Y organizó una especie de asociación de familias que habían perdido a sus hijos, se acercó a ellos para ayudar en todo, incluso en la demanda colectiva que se hizo contra la constructora, y que con la ayuda de Luigi fue creciendo cada vez más. Se desplegó entre los testimonios y el apoyo a las familias. Superó las agresiones de muchas familias, hasta que logró que algunas confiaran en él. Pero él no se desanimó por ninguna ofensa, su corazón se llenó de compasión.

Manuela y Bianca todavía estaban protegidas del acoso; Luigi arregló que su prima, dado su historial médico, no se sometiera a interrogatorios irracionales, y solo tuvo que comparecer una vez para testificar.

Escapó de la agitación y se reunió con ellas en largos viajes por el cinturón de la Costa Esmeralda, entre Ubatuba y Río de Janeiro, disfrutando del silencio en islas aisladas, a las que solo se podía llegar en barco. Y, en contacto con la naturaleza, Luigi recargó sus energías, y volvió al campo de batalla, donde se rescató mutuamente, sus deudas con la conciencia divina, trabajando incansablemente por el bien.

Durante una de esas estancias de relax, estaba hablando con Manuela.

- ¿Y tú cómo estás, ante tantas agresiones y ofensas?

- ¿Como se siente? - Le preguntó a su novio.

No tuvo que pensar demasiado para responder:

- A pesar de todo el huracán que gira a mi alrededor, estoy en paz. Sé que estoy haciendo lo que me corresponde, y las consecuencias de mis acciones dependen del Creador. Hago mi parte y me acuesto, y duermo sintiéndome en paz con mi conciencia.

Ella lo abrazó y le dijo:

- Estoy muy contenta con las decisiones que tomaste. Te admiro por tu valentía y desinterés. Me alegro que estemos juntos...

- Así que tengo una petición que hacer - Ella lo miró fijamente.

- Creo que en las próximas semanas las cosas estarán más tranquilas, entrando en un fluir más natural. Y tengo muchos planes.

Ella rompió en una suave sonrisa, y sus ojos brillaron.

- ¿Qué estás pensando ahora? Vivir a tu lado ha sido una aventura...

- ¿Y a ti te gustan estas aventuras? ¿Te gusta vivir peligrosamente?

- Me gusta vivir a tu lado, Luigi. Si eso representa un peligro, que así sea.

- Bueno saberlo. Quiero oficializar nuestro matrimonio. Pensé en una ceremonia discreta y reservada, solo nosotros, Bianca y su familia, lo más íntimo ¿Qué te parece?

- Lo amaré. ¿Y dónde estará nuestro hogar?

- ¿Qué tal aquí mismo?

- ¿En la isla?

- No, en el barco.

- ¿Vivir en un barco?

- ¿Crees que te adaptarías, Manuela?

Se puso seria y pensativa. Le gustaba el mar, pero no lo suficiente como para vivir en un barco.

- No necesitamos permanecer en el barco todo el tiempo, después de todo, tendremos mucho trabajo. Pero sería nuestro verdadero refugio -. Trató de detallar lo que estaba pensando, para que ella se sintiera más cómoda.

Ella lo miró fijamente y su mente se aceleró, alineando argumentos a favor y en contra. Al final dijo:

- No esperaba algo así, así que creo que necesitaré algo de tiempo para adaptarme a la idea.

La abrazó con fuerza y le dijo:

- Sé que desde que nos volvimos a encontrar, tu vida ha sido un desafío tras otro. Solo puedo agradecerte tu apoyo, Manuela. Y si realmente no quieres, podemos solucionarlo de otra manera.

- ¿Y si no lo tomamos definitivamente? ¿Si adoptamos el barco como nuestro hogar temporalmente, mientras todo encaja?

- Por supuesto, tiene mucho sentido. Lo compré de todos modos; ¡ahora es nuestro!

- ¿Compraste el barco?

- Sí, el dueño lo puso a la venta y me lo ofreció. Cerré con él ayer. Si no es nuestro hogar, al menos es nuestra casa de playa.

Ella sonrió y se entregó en sus brazos en un abrazo largo y afectuoso, en el que mucho más que cuerpos, almas se tocaron en profusión de amor, intercambiando intensas y saludables energías, en las que se bendijeron mutuamente.

Entonces una idea cruzó la mente de Manuela.

- He estado pensando en algo, pero no sé lo que vas a pensar...

- Cuéntame.

- Es solo una idea, aun no lo tengo muy claro, pero siento unas ganas enormes de continuar con la investigación que empezamos en el pasado.

- ¿Investigación?

Se acomodó mirándolo mejor y prosiguió:

- Eso. Nos hemos dedicado a la investigación sobre psicometría en el pasado. He estado estudiando mucho sobre lo que hicimos en ese entonces y lo escéptico que era, y con una comprensión limitada. Y aunque en los Estados Unidos se utiliza la habilidad de la psicometría y otras de orden médico en lugar de vínculos con la policía y el FBI,[18] aquí en Brasil es todavía un campo no tan explorado.

Los ojos de Luigi se iluminaron, como si la idea fuera suya.

Esto es mucho más que una idea, Manuela, y un verdadero camino nuevo para nosotros. ¡Por supuesto! reanudar desde el punto donde nos detuvimos.

-Y con el conocimiento científico que tenemos ahora, aliado a nuestra conciencia, podremos hacer un aporte más amplio. Y serás nuestro objeto de estudio, para empezar...

---

[18] En un artículo publicado en el sitio web de la revista Istoé, en el enlace (https://istoe.com.br/158632_INVESTIGACAO+PARANORMAL/), encontramos información sobre medios que colaboran con investigaciones en Estados Unidos y Chile.

Otros materiales periodísticos dan cuenta del apoyo que brindan los medios para resolver casos de homicidios de difícil solución: https://columistas/column/1049/mediuns-forenses

Vea en el video disponible en el sitio web de la OAB, SP, con la presencia de un sensitivo que trabaja ayudando a las investigaciones en Brasil, la discusión sobre el uso de la evidencia suscitada a través de esos médiums: https://investigadores-psiquicos-psíquicos- testigo-1

- ¿Quieres ponerme bajo una lupa, entonces, mi esposa?

- ¿Y no me has puesto en una en el pasado?

Bianca apareció en la cubierta del barco donde estaban.

- ¿Interrumpo?

- No, ven, únete a nosotros. La puesta de sol es espectacular. Siéntate aquí a mi lado.

Bianca se acercó a su primo, que ahora abrazaba a la novia por un lado y Bianca por el otro.

- ¿Cómo te sientes? - Preguntó.

- Estoy mejorando. Pero me siento un poco perdida. Me gustaría ayudar más, contribuir.

Luigi abrazó con cariño a su prima y de repente se encontró en el pasado, abrazándolas a las dos, en una situación similar, en otro tiempo. Observó la escena, en otro testimonio del pasado y, mirando a las dos jóvenes sonrientes, notó que estaban celebrando la publicación del libro *El alma de las cosas*, que estaba en manos de Anne. Miró a Elizabeth Denton, reconociendo de inmediato a Manuela. No había duda que era ella. Miró al otro detenidamente y pensó: *Conozco esos ojos, te conozco.* Y escuchó a Elizabeth comentar:

- Sin ti, Anne Denton, no lo habríamos logrado.

CUARENTA Y CINCO

DESPUÉS DE DESPEDIRSE DE LA COMPAÑERA Y DE LA PRIMA, Luigi regresó a casa. Entró al amplio departamento y encontró todo revuelto, cajones abiertos, papeles esparcidos por el piso y muebles, botellas de licor y esculturas rotas. Absorto en las actividades que había estado realizando, no había estado en el apartamento en semanas. Ciertamente trataron de encontrar documentos que pudieran usar en su contra. Y, al no encontrar nada útil para ellos, la codicia y la ira destilaron sobre el ambiente inerte. Y como había despedido a las personas que le ayudaban en las tareas de la casa, se sentó en el gran sofá, y murmuró, abatido:

- ¡Ahora, a arreglar este desastre!

Mientras organizaba los ambientes, su mente trabajaba sin parar. Mecánicamente guardó y eliminó el desorden, pensando en el proyecto que le había sugerido Manuela. Sintió que ese era el camino a seguir. Con su sensibilidad, tendría mucho que aportar. Pero no debe ser un proyecto dedicado únicamente al estudio de la psicometría, como se había hecho en el pasado. Sentía que tenía que incorporar otras investigaciones, como las preguntas sobre visitas de seres queridos en el momento de la muerte, despedidas de almas gemelas, así como recuerdos del pasado, como clara prueba de las sucesivas vidas del espíritu. Y también estaba la medicina del alma. Sanación a través de la conciencia, la comprensión que solo el cuerpo, la mente, pero sobre todo la energía, y cómo podría traer progreso acelerado a la medicina. Incluyendo preguntas relacionadas con psicología. Entender que el ser humano es un espíritu en un largo viaje por el universo, internado en la Tierra bajo determinadas circunstancias, podría contribuir a una comprensión más profunda de las cuestiones emocionales.

- Definitivamente - pensó, concluyendo en voz alta - tenemos que ampliar el alcance de este proyecto, para abarcar otros aspectos que la ciencia común no quiere explorar. Busque lo desconocido con todos los recursos disponibles.

La idea tomó forma y fue fuertemente dinamizada, apoyada por Melissa, Gabriel y otros espíritus que tenían gran habilidad e interés en este campo de la ciencia en crecimiento.

Cuatro meses más tarde, en la casa de té de un amigo cerca de la capital, Luigi y Manuela se prepararon para la última ceremonia de boda, que tendría lugar al aire libre. Únicamente treinta invitados ocupaban las sillas blancas dispuestas en fila, una detrás de la otra, frente a un pequeño pórtico, enmarcado por fragantes jazmines naturales, que despedían un dulce aroma. Como celebrando junto a la pareja, cumpliendo los deseos de la novia, las pequeñas flores blancas se apoderaron de la escena.

Aprovechando los soportes del pequeño pórtico, se dispusieron en hermosos arreglos lirios blancos, dientes de león rosa claro y rosas blancas. En los extremos, dos grandes jarrones con arreglos de varias flores, incluidas margaritas, llenan una increíble cantidad de mariposas de todos los colores y tamaños. Pequeños insectos volaban alrededor de las flores, creando una escena de ligereza y alegría. Alrededor del entorno, formando un gran círculo, un verdadero ejército de servidores de la luz asistieron al evento, donando sutiles energías, que llenaron el aire material de invisible belleza. Los invitados se sintieron envueltos por aquellas dulces energías, que absorbían una paz y un dulce encanto, que les recordaba los agradables días de la infancia.

El ejército de la luz alejó a las entidades oscuras que querían invadir y destruir cualquier felicidad que Luigi y Manuela pudieran disfrutar. De hecho, los emisarios de la oscuridad se habían redoblado en número, luego que Alfonso y los demás que trabajaban en la constructora fueran removidos, el contingente había aumentado, y ahora, Luigi y Manuela eran los objetivos. Se volvieron odiados por los señores oscuros, quienes reconocieron el potencial de daño que esos dos podían ofrecer a los propósitos que tenían, dentro de la agenda de dominación que tejían para toda la humanidad. Sin embargo, ninguna energía menor pudo cruzar la barrera energética creada por los amigos iluminados que asistieron a esa ceremonia. Y la luz brilló.

Manuela acababa de arreglarse. La madre se acercó, ajustó el sencillo vestido que llevaba puesto y comentó:

- ¿Tenía que ser una ceremonia tan sencilla, hija mía? Te merecías más.

- Mami, ¿qué más podría desear? ¿Qué falta?

- No sé, Manuela, pero no me gusta el rumbo que está tomando tu vida, Luigi renunció a todo lo que tenía, ¿cómo van a vivir ahora?

- ¿Estás preocupada por eso?

Dejaste tu carrera para subirte a ese barco, y te vas a casar con él... ¿Qué tipo de vida vas a tener ahora?

- Mamá, tómalo con calma. Tenemos tantos proyectos, tanto que hacer juntos. Y Luigi tiene dinero, que no tiene nada que ver con su familia, como resultado de inversiones exitosas que hizo cuando era ejecutivo.

- Pero, ¿qué hará para ganarse la vida?

- Tenemos muchos planes y terminó comprando la oficina de arquitectura en la que yo trabajaba.

- ¿Trabajarán juntos? Esto es a mitad de camino para destruir un matrimonio...

- Hemos trabajado juntos en el pasado, en otra vida. Ya tenemos mucha experiencia en el tema. Y nuestros compromisos en esta vida están entrelazados. Tú sabes mucho de Espiritismo y espiritualidad, sabes cómo son estas cosas.

- Es que me preocupo por ti. Quiero tu felicidad...

Manuela esbozó una leve sonrisa, todavía mirándose en el espejo, y luego dijo:

- Si tu preocupación es en verdad mi felicidad, puedes mantener tu corazón tranquilo. Soy feliz, completa y llena de entusiasmo por la vida y el futuro. Me siento llena como siempre. Sé que podré aportar mucho con mi trabajo, aunque todavía no sé exactamente cómo.

Manuela abrazó fuertemente a su madre y habló emocionada:

- Vamos. Es la hora.

Y tomando un ramo de lirios y rosas blancas, invitó a su madre a acompañarla.

Cuando se abrió la puerta principal de la residencia y Manuela vio el jardín lleno de amigos y familiares, con toda la delicada escena, sintió como si de su corazón brotara gratitud. Y pudo ver de un vistazo lo que sucedía en el mundo extra físico, el perfume que exhalaba de él, así como la maravillosa melodía que ella, por un momento, escuchó, llegando al mundo material, un sentimiento de satisfacción imposible de definir.

Vio a Luigi sonriendo en su dirección, vestido con una camisa y pantalones blancos, sencillos y hermosos. La miró con ternura, y vio en su mente sucesivas imágenes de ella, en otro tiempo, con otro vestido de novia, acercándose a él, para convertirse en la señora Denton, sonrió, complacido de haberla vuelto a encontrar.

Mientras ocho músicos tocaban melodías cuidadosamente seleccionadas por la pareja, caminó del brazo de su padre hasta el punto en que encontró al hombre con el que quería vivir el resto de sus días. La besó en la boca, rompiendo estándares y expectativas, y habló en voz alta, para que todos pudieran escuchar:

- ¡Estás maravillosa!

- Y tú también. Tenemos un regalo inolvidable.

- Hay ángeles reales en el mundo de los espíritus.

- Lo sé, los he visto

Conducía la ceremonia uno de los médiums de la casa de espíritus que frecuentaba Manuela, junto con el juez de paz. Al fondo, el cielo de un azul intenso, sin nubes, como si derramara bendiciones por igual sobre Luigi y Manuela, fortaleciendo esa unión, para que el amor que los unía pudiera superar cualquier dolor que se les presentara en su camino. Ambos sabían que estaban desafiando la oscuridad con sus opciones Ese momento de profunda ternura, amor, apoyo, quedaría grabado para siempre en sus almas, como un bálsamo para recordar en los momentos difíciles.

Tras la ceremonia, que comenzó alrededor de las once de la mañana, se sirvió un copioso almuerzo y continuó la delicada música. Luigi estaba mirando a los invitados y a su esposa, hablando a lo lejos, cuando Bianca se acercó. Ella era la única persona de la familia que se había puesto de su lado y la única que había asistido a la boda. Invitó a su madre y hermanos, pero fue ignorado por todos.

- Bonita fiesta, primo.

- ¡Así mismo!

- ¿Estás feliz?

- Sí, totalmente.

- ¿Y los tíos?

- Cada uno hace su elección, ¿verdad? Pero esperaré pacientemente el momento en que entiendan lo que yo he entendido.

- Tomará siglos.

- ¡Que sea! Cuando quieran abrir los ojos, allí estaré para recibirlos, así como Jesús me recibió en Galilea.

- Esa experiencia realmente te cambió.

Bianca tomó la mano de su primo, donde acababa de colocar el anillo de bodas, y una imagen nítida de Luigi arrodillado ante un hombre de mirada dulce y firme, la hizo sentir una paz inmensa.

- ¿Qué pasó? - Preguntó Luigi, notando la mirada perdida de Bianca.

- Creo que entiendo tus elecciones...

- ¿Qué sentiste?

- Creo que te vi a los pies de Jesús...

Luigi abrazó fuertemente a su prima. ¡Cómo la amaba!

La celebración duró toda la tarde, continuando hasta bien entrada la noche, casi la medianoche, cuando se fueron los últimos invitados. Y ahora, bajo las estrellas que cubrían el cielo, Luigi y Manuela bailaron y celebraron hasta casi el amanecer, inundados de completa felicidad.

CUARENTA Y SEIS

ANTONELLA, la única representante que quedaba del grupo espiritual que trabajaba con la constructora, gritó y arrojó objetos a sus subordinados.

- ¿Son unos idiotas o qué? ¿No pudieron infiltrarse en la ceremonia, causar confusión o evitar que los dos se unieran? Juntos se volverán más fuertes para implementar las acciones y avanzar en el trabajo de luz. ¡Estúpidos idiotas! Necesitan separar personas, separar familias, crear enemistades dentro de los hogares, dentro de las instituciones, dentro de las empresas que se propongan actuar por el bien. Ustedes están cansado de escucharlo. Este es el propósito de todo prejuicio, de las ideas preconcebidas que implantamos en los seres que están en el orbe. ¡Impedir que tengan una encarnación exitosa es nuestro más importante deber! La luz actúa sin cesar, pero se apoya en seres débiles. ¡Nuestro odio nos hace fuertes! Más fuerte que estos robots humanos parpadeantes y de voluntad dudosa.

Y gritó más insultos e insultos, infeliz de estar con el resultado de las acciones de Luigi.

- ¡Cómo odio a todos los que sirven al bien!

Aprovechando un descanso que ella tomó, uno de los jefes del equipo trató de explicarse:

- Estaban muy protegidos; crearon una barrera que no pudimos superar. Los que entraron al medio ambiente quedaron protegidos de nuestras embestidas. No encontramos un canal para actuar.

- Disculpas y más excusas. ¿Y eso es todo lo que saben producir? Es por esconderse bajo excusas tan cómodas que los hombres caminan hacia el abismo. ¡No ponemos excusas, actuamos!

Y agarrando al otro con ambas manos por el cuello, le producen verdaderas garras, incomparables a las de cualquier animal terrestre. Oscura, puntiaguda y exhalando un olor insoportable, las hundió en el cuello del otro y gritó aun más fuerte:

- Quiero que destruyan a Luigi, a Manuela y a cualquiera que se les una. Nunca nos rendimos. Reúne a tu equipo y yo iré a buscar refuerzos. Quiero que los destruyas. No les daremos un minuto de paz. ¿Tú entendiste?

Soltó el cuello de su aterrado compañero, retrajo sus garras y estirando su cuerpo, dijo, en un tono más bajo:

- Mantenme informada. Estaré físicamente sobre sus talones; dondequiera que vaya en busca de algún tipo de ayuda, me encargaré que reciba una bofetada en la cara. No podrá dar un paso en la dirección que quiere. Destruiré todo en lo que cree, lo que desea, lo que aspira. Veamos cómo el Sr. Perfección maneja las frustraciones en curso. Él, que siempre tuvo todo lo que quiso, tendrá que sudar sangre para conseguir lo que quiere de ahora en adelante. Y me aseguraré de eso personalmente.

El grupo se dispersó y Antonella se materializó en un cuerpo denso, regresando al grupo al que pertenecía en la Tierra decidida a lograr sus objetivos. Y la primera acción que tomó fue intentar ponerse en contacto con una gran empresa de comunicaciones, encargando un material en el que difamaba y deconstruía ante la opinión pública la imagen de Luigi, acusándolo de ser también parte del esquema de la familia, y que él era el verdadero autor intelectual, que la policía estaba siendo engañada por el astuto ingeniero.

El material falso, hábilmente construido con palabras y elementos convincentes, causó extrema incomodidad y problemas a Luigi, quien tuvo que posponer el inicio de su proyecto científica, ante la inminente necesidad de defenderse. Tras aclarar los falsos detalles del asunto con la justicia, salió del edificio en compañía de

Carlos, quien se había hecho amigo. Este último colocó sus manos sobre los hombros de Luigi, tratando de calmarlo:

- Está bien, quédate tranquilo. El acuerdo que firmamos, con la descripción detallada de tu acción en colaboración con la policía, no deja dudas ni lagunas, Luigi. Estás legalmente respaldado. No hay manera que puedan llegar a ti.

- Y, pero las calumnias no paran. Y lo están haciendo difícil para mis planes...

Carlos sonrió y dijo:

- Tendrás que aprender a lidiar con el ímpetu de la oscuridad en tu contra.

- ¿Crees que todo esto es el resultado de su acción?

No tengo dudas. Manuela también lo cree. Me ha estado advirtiendo que redoble mi atención y proceda con cautela.

- Tu esposa tiene razón. Ellos están en guerra contigo, personalmente, por interferir directamente con los esquemas largamente estructurados, y por haberse convertido en un guerrero de la luz.

- Guerrero de la luz...

- Un verdadero guerrero de la luz.

Se despidieron y Luigi se dirigió al departamento, que aun estaba en venta.

Al acercarse a la esquina, sintió una fuerte angustia en el pecho y un pensamiento insistente: no entres al garaje. No vayas a casa. Rápidamente el pensamiento se apoderó de su mente. ¿Debo cumplir? Así que decidió detener el auto lejos y observar el movimiento. Notó a tres ciclistas sentados en sus bicicletas, como si estuvieran mirando. A medida que enfocaba su atención en ellos, percibía con mayor claridad el peligro, asimilando los pensamientos que emitían, las imágenes que formaban de la acción que estaban a punto de realizar. Se acercarían al ingeniero tan pronto como se detuviera en la puerta del garaje y lo ejecutarían sin más. Los tres, por lo que no había posibilidad de error.

Luigi comprendió entonces el riesgo que corrían, tanto él como Manuela, que en ese momento se encontraba en el apartamento. Inmediatamente llamó a Carlos, informándole de las impresiones que había recibido, solo con alguien que entendiera la realidad espiritual podría hablar de algo así sin ser tachado de loco.

- Vete a un hotel, Luigi - aconsejó el policía - Creo que Manuela también debería salir del apartamento. En cuanto esté listo, enviaré dos vehículos a recogerte, con gente de mi confianza. Te llevaré al lugar más seguro que puedas.

- El barco. Creo que tendremos que ir a vivir al barco. Ya lo había hablado con Manuela, pero ella estaba un poco indecisa...

- Las mujeres aman el hogar, que es para ellas un entorno en el que se sienten seguras y protegidas.

- Pero para nosotros, el lugar seguro tendrá que ser otro. Voy a hablar con ella.

Después de hablar con Manuela, quien accedió a irse, sin dudarlo, habló con Bianca, sugiriendo el mismo procedimiento.

- ¿De verdad crees que es tan peligroso? ¿Realmente crees en tu intuición? - preguntó Bianca.

- ¿Crees que deberíamos dejar que suceda para estar seguros?

- No, Luigi, por supuesto que no.

- Pues bien, prepara tus cosas que pasarán a buscarte.

- ¿Y a dónde vamos?

En el camino hablamos.

- ¿Y qué debo llevar? ¿Cuánto tiempo vamos a estar fuera de casa?

Luigi hizo un largo silencio antes de responder, luego dijo:

No tengo ni idea de cuándo podremos volver a una vida normal. No creo que nunca más, Bianca.

Ahora fue ella la que guardó silencio durante un largo rato, y finalmente respondió:

Así que me tomaré un poco más de tiempo para estar lista.

Tómate tu tiempo, pero no le abras la puerta a nadie más que a Carlos. Y aun así, solo después de confirmar conmigo si puedes recibirlo.

- Está bien.

***

Era casi de noche cuando Manuela y Bianca llegaron al velero que les serviría de hogar durante los próximos meses. Cuando vio descender las pertenencias de su prima en maletas y cajas, dijo:

- Creo que vamos a necesitar un barco más grande...

- No reclames. Traje la casa conmigo...

Después que se instalaron, Luigi dijo:

- Vamos a partir.

- ¿De noche?

- Es más seguro, Manuela.

- ¿Y a dónde vamos?

- Estaremos anclados en una isla frente a la costa, y mañana por la mañana tomaremos un mejor rumbo.

- Me estoy asustando - Bianca aun no se había acostumbrado a los peligros del camino - ¿Crees que vendrán a por nosotros?

- Siempre - respondió Manuela -. Pero no tengas miedo. Seremos guiados por los ángeles de Dios, si nos dejamos y aceptamos su dirección, todo será como será, para nuestro bien.

- No puedo pensar así, Manuela.

- Lo sé. Pero necesitarás desarrollar tu fe, para poder navegar mares embravecidos, sin desesperarse, con la confianza que te ayudará a cruzarlos.

Bianca se acercó a su amiga y la abrazó:

- Que bien nos tenemos.

Luigi, hábilmente capitaneando el velero, lo sacó de la orilla y lo colocó hacia la isla. Luego se acercó a las dos y les dijo:

- Qué lindo que estemos juntos.

El mar estaba en calma, reflejando la Luna y las estrellas, y llegaron a su destino sin dificultad.

A la mañana siguiente, antes del amanecer, Luigi se levantó, estudiando los vientos, las rutas y los obstáculos que podrían enfrentar en los próximos días. Como había estado navegando durante mucho tiempo, había desarrollado muchas habilidades y tenía mucha experiencia. Trazó un plan de navegación que los sacaría del país por las playas del noreste. Mientras planificaba, fue apoyado por varios amigos espirituales, quienes lo intuyeron y guiaron, potenciando las habilidades adquiridas. Sabían que ahora navegaría por nuevos mares. Y se sintió fuerte y apoyado, sin miedo ni inseguridad.

Cuando el sol salió por el horizonte, el barco ya navegaba en piloto automático, aprovechando el viento que soplaba y llenaba las velas, potenciando la velocidad. Manuela subió, vio a su marido en la proa del barco y se le acercó con dos tazas de café en las manos.

- Buenos días Manuela.

- Buenos días cariño. Te traje un café caliente.

- Que bien. Esto es lo que faltaba...

La abrazó y los dos se quedaron en silencio, contemplando la belleza del amanecer de un nuevo día, absorbiendo las energías que traía el sol. Con alegría y gratitud se pusieron a disposición de Jesús, para realizar lo que Él quería.

Luego miró a Manuela a los ojos, apartando suavemente el cabello que le caía sobre la cara.

- ¿Cómo te estás sintiendo?

- Tengo un poco de miedo, pero me emociona vivir esta experiencia a tu lado, al servicio de un bien mayor. Siento que estamos haciendo lo que hay que hacer, y eso me da paz.

- A mí también.

La abrazó fuerte y la besó, luego dijo:

- Te amo, Manuela, Elizabeth, y quienquiera que hayas sido...

El viento soplaba con fuerza y el velero aceleró. Luigi estaba en silencio, mirando las velas, el viento, el horizonte, con atención.

- ¿Qué sucedió?

- La vida, después de todo, es como viajar en un velero.

- ¿Cómo así?

El mar es como la vida, lleno de sorpresas, algunas buenas, otras no tanto. Hay días soleados, hermosos paisajes y días oscuros, con tormentas y amenazas por todos lados. Pero Dios es el viento que nos lleva adonde queremos ir. Definimos la ruta, en consonancia con Él, que es el verdadero capitán, y luego lo soltamos y dejamos que el viento nos guíe, ajustando nuestro rumbo cada vez que nos desviamos de la ruta.

- Que hermosa comparación.

- Y así cuando aprendemos dejar que Dios nos guíe, mientras aprendemos a confiar en el capitán y en la vida; somos testigos del movimiento divino en todas partes.

Y se quedaron un buen rato abrazados, disfrutando de las altas vibraciones que los envolvían y preparándose para los días difíciles que se avecinaban.

- Y ahora, ¿qué será? - Preguntó Manuela.

- Dejarnos guiar por el fluir divino. Tenemos muchas ideas y proyectos. Vamos a actuar y confiemos.

CUARENTA Y SIETE

SIGUIERON EL VIAJE HACIA EL NORTE, a lo largo de la costa brasileña. Luigi, que antes había recorrido la misma ruta, ahora se sentía diferente. Observó la majestuosa y hermosa naturaleza con una nueva reverencia, un respeto y una admiración crecientes. Vio en cada detalle la grandeza, el arte y la bondad del Creador. Y cuando se acostaba, de noche, arrullado por el rítmico movimiento del mar, se sintió verdaderamente en los brazos de Dios, y durmió el sueño de los justos.

Luego de cuatro días de viaje, recibió una llamada de Carlos, brindándole información sobre el avance de las investigaciones y el proceso, además de darle noticias sobre el estado de su padre y su tío, quienes aun se encontraban detenidos.

- Uno de los científicos del laboratorio forense estaba intrigado por saber cómo obtuvimos la información de todo el esquema, especialmente cómo llegamos a saber el día y la hora en que se realizaría la operación con los niños. Por mucho que yo insistiera en que lo realmente importante era el resultado y la evidencia que fuera clara para cualquier análisis, él quiso saber más, intuyendo que había algo que se quedó sin decir.

Luigi escuchó con atención y Carlos continuó:

- Antes de darle más información, fui a investigarlo un poco. Es ingeniero forense, aficionado a las materias relacionadas con la física cuántica. Compruébalo en tus redes sociales. Él es un cuestionador intuitivo, que quiere profundizar en la verdad. Y, perdóname, pero sin tu permiso, le hablé de ti y de tu sensibilidad.

- Confío en tu juicio. Si lo encuentras conveniente, está bien para mí.

- Quiere hablar contigo, Luigi. ¿Quieres saber más sobre esta habilidad tuya? Quiere investigar. Creo que es una persona seria, y parece que tiene muchos contactos en el área, incluso fuera de Brasil.

- Eso es interesante, Carlos. Me estoy preparando para buscar partidarios para retomar la investigación con psicometría.

- ¡No lo creo!

- Bueno, amigo. Dios siempre está obrando... ¿Puedo darle tu teléfono entonces?

- Puedes enviar todo, teléfono, correo electrónico, todo.

- ¿Y cómo estás? ¿Haciendo un viaje seguro?

- Estamos bien. A Manuela y Bianca les cuesta cada vez más adaptarse a la vida en un espacio reducido como el del barco. Pero hemos estado navegando por mares tan hermosos, bajo un cielo despejado durante el día y protegidos por las estrellas por la noche, que están encantadas con tanta belleza. Y nos mantenemos lo más posible fondeados en bahías tranquilas, para que se involucren más tranquilamente en los quehaceres y se conozcan de manera amena.

- ¿Y llevarás a cabo tu investigación desde el barco?

- Por ahora creo que es lo mejor que se puede hacer, al menos hasta que tengamos más claridad sobre las amenazas que nos están dirigiendo.

Hubo un silencio entre ellos. Ambos sabían que las amenazas no desaparecerían tan fácilmente, pero no dijeron nada. Luigi fue quien rompió el silencio.

- Con la tecnología que tenemos actualmente a nuestra disposición, es posible hacer mucho sin contacto cara a cara. Voy a disfrutarlo.

- Entonces le doy tu teléfono, se llama Pedro Alcántara.

- Pedro Alcántara. Estaré esperando su contacto. No pasaron ni dos días y los dos tuvieron una larga reunión virtual, y el ejecutivo contó detalladamente su experiencia a un oyente muy interesado.

- ¿Así que creías que eras William Denton?

- ¿Cómo puedo negar?

- Pero, ¿estás realmente seguro?

- Después de lo que viví en el Mar de Galilea, no lo puedo negar.

- Y la banda que ayudó a desmantelar. Es increíble.

- Pero, ¿sabes que muchos sensitivos ayudan al FBI con las investigaciones más difíciles?

- Si sé de eso. Estudio estos fenómenos y muchos otros, como experiencias cercanas a la muerte, evidencia de reencarnaciones y muchos otros. Siempre con un enfoque científico.

- ¿Crees entonces?

- Creo en la ciencia moderna, Luigi. Pero también sé que hay muchos intereses manipulando la ciencia, ocultando hechos a la población, para mantenerla en la oscuridad del miedo y la duda.

- Ocurre no solo en la ciencia, sino en diferentes áreas de la vida humana -. Reforzó Luigi.

- Sí, pero creo que la ciencia se usa en estos días para justificar muchas tonterías, y la gente cree y confía mucho en ella. Entonces, creo que la ciencia misma, a favor de la verdad, es una herramienta poderosa. ¿Tiene la intención de realizar más investigaciones, entonces?

- La tengo.

- Creo que eres demasiado inteligente y sensible para dejar pasar esta oportunidad.

- Así que estamos sincronizados - respondió Luigi emocionado.

- Estamos. Me anticipé e hice algunos contactos, buscando gente interesada.

- Luigi estaba aun más emocionado.

- ¿Y encontró puertas abiertas?

- De hecho, hay mucha resistencia, amigo mío.

- ¿Incluso frente a los hechos?

Creo que es precisamente por los hechos, que son algo incómodos para quien no quiere ver la verdad. Ante la resistencia, tendremos que ser mucho más perseverantes. Quiero ponerme en contacto con aquellos que realmente se dedican, dentro de la ciencia, a actuar fuera de estrechos conceptos preestablecidos y tienen hambre de realidad. Algunos son completamente anónimos. Difícilmente los que están en el punto de mira son los que tienen un verdadero compromiso con la verdad. Pero conozco a mucha gente y sé que el universo es un mar de posibilidades, por lo tanto, estoy dispuesto a seguir buscando a las personas adecuadas. ¿Qué opina?

- Pienso como tú y si tienes una cosa que aprendí en cuanto a mi padre y todo lo que me hizo hacer, es ser persistente. Es impresionante con los que trabajan contra la luz son tenaz y nunca se da por vencidos... Me desafían para ser mejor.

Hizo una pausa por un momento y luego continuó:

- Ven a pasar un fin de semana con nosotros estoy anclado en Ilhéus. De esa manera, podrán conocerse mejor y elaborar algunos planes para concretar este proyecto.

Sin lograr contener la euforia, el médico forense respondió:

- ¡Ahora me has dejado emocionado también! ¡Y por supuesto que lo haré! No dejaría pasar esta oportunidad por nada.

Fijaron la fecha de la visita.

Pedro Alcántara viajó con discreción total para reunirse con Luigi y se quedó con ellos en el barco. Durante el fin de semana, Luigi, Manuela y Pedro conversaron divertidos sobre las posibilidades que les esperaban y principalmente sobre los resultados que querían lograr con ese proyecto.

Bianca los miró desde fuera, sin involucrarse. Ella misma quería participar, se sintió atraída por el tema, pero mantuvo su distancia. Cuando terminó el fin de semana y se fue Pedro, Bianca se quedó pensativa un buen rato. Al notar su silencio, su primo se acercó a ella después de la cena mientras ella estaba sentada en la popa del bote, viendo el hipnótico movimiento del mar.

-¿Por qué estás tan callada? Pareces preocupada. ¿Algo en particular te molesta? Te noté muy retraída el fin de semana ¿Qué es?

- No se te escapa nada, ¿verdad?

Creo que se me escapan muchas cosas, pero tú, mi prima – la abrazó con fuerza – eres una joya preciosa que quiero mucho.

- Es que me siento atraída por este proyecto de investigación que estás estructurando.

- ¡Pero eso es genial! ¡Únete a nosotros!

- Pero hay algo más que me atrae, como si quisiera revelarse a mí... Algo personal, ¿sabes?

- ¿Relacionado con el proyecto?

- No estoy seguro si es con el proyecto, o si es algo más.

- De repente, una imagen cruzó claramente la mente de Luigi, quien miraba a su prima, entre sorprendido y curioso.

- ¿Por qué esta cara rara de repente?

- No es nada...

- Ahora, tienes que hablar.

Manuela se acercó al grupo trayendo tres botes de helado.

- ¿Postre?

Mientras disfrutaban del helado casero hecho en la ciudad, continuaron hablando de las impresiones de Bianca.

- Ahora dime, ¿qué te pareció? ¿Qué me estás escondiendo?

- Era solo una idea algo confusa.

- ¿Sobre el pasado de Bianca? - Preguntó Manuela.

- Sí.

- Como si pudiera leer los pensamientos de Luigi, tal armonía de energía entre los dos, Manuela dijo:

- ¿Qué pasa si hemos hecho esto juntos en el pasado?

- ¿Qué quieres decir? - Preguntó Bianca, visiblemente emocionada.

- Luigi, ¿qué te parece recordar de nuevo esa experiencia nuestra en Dayton, pero esta vez quédate con tus manos sobre las de Bianca?

Bianca sintió una ligera incomodidad, pero la curiosidad era demasiado fuerte para resistirse. Y así lo hicieron. En silencio y concentración, al sonido del mar que golpeaba suavemente el casco del velero, después de pedir apoyo y guía espiritual, se sentaron en silencio, los tres tomados de la mano.

Luigi rápidamente se encontró de nuevo con William Denton, realizando los experimentos de psicometría. Con resultados compartidos, los tres: William Denton, Elizabeth, su esposa, y Anne Denton, su hermana. Cuando soltaron las manos, miró a su prima, que tenía lágrimas en los ojos.

- ¿Lo viste? - Preguntó.

- Vi algo muy brevemente, creo que me vi a mí misma. Él la abrazó aun más fuerte y dijo:

- Estamos juntos de nuevo, querida Anne Denton, hermana... Ya me había dado cuenta de eso, pero no lo tenía del todo claro, hasta ahora. Hemos venido a continuar con nuestra tarea. ¿No es maravilloso que podamos hacer eso?

- Así que realmente hago parte de todo... Esta es la tarea que vine a hacer...

- Al menos una de tus tareas en esta vida, seguro que sí.

Manuela miró a Bianca y dijo con un brillo intenso en los ojos:

- Sabía que éramos más que amigas, Bianca... Lo sentía...

A lo lejos, la música popular mecía la animada reunión, el manto de la noche sin Luna tenía un cielo parejo y estrellado. En el velero amarrado fuera del puerto deportivo, más adentro del mar, tres almas gemelas dedicadas al servicio de Jesús se reencuentran para continuar lo que habían comenzado un siglo antes. Y bajo las bendiciones de amorosos obreros espirituales, junto a quienes trabajarían, trajeron esa noche sus corazones totalmente rendidos con alto contentamiento: los gozos del alma que encuentra su lugar en la sinfonía divina.

CUARENTA Y OCHO

A LA MAÑANA SIGUIENTE, siguiendo el plan de Luigi, e impulsados por el fuerte viento que soplaba, partieron hacia la siguiente parada. Llegarían a Recife después de cuatro días de viaje. Iban acompañados de delfines tornillo a ambos lados de la embarcación. Y sucedió lo más inesperado y deseado: vieron una ballena jorobada, que viajaba en compañía de una cría. La escena de naturaleza salvaje y maravillosa conmovió el mundo de Manuela, quien tomó fotografías y lloró, conmovida por tantas bellezas.

Navegaron aquella última noche, disfrutando del buen viento que los llevarían más rápido de lo que habían imaginado. Luigi meditó, sentado en la proa del barco. Manuela se acercó y él ni se dio cuenta. Ella se sentó suavemente junto a él y le preguntó:

- ¿En qué mares estás viajando ahora mismo? Él la recibió cariñosamente y la abrazó.

- ¿Estás feliz?

- Completamente.

- Y eso es lo que estaba pensando. Es como si, con cada milla que navego, dejara atrás toda la futilidad de la vida que una vez viví. Pienso en cuantas cosas inútiles he hecho y he visto otras hacer, cuántos excesos de todo tipo, que son inútiles. Cuanto tiempo y dinero gastado en vano, para satisfacer deseos efímeros.

Miró alrededor del barco y continuó:

- Y necesito poco para ser feliz.

- ¿Crees que no es suficiente dejar ir las ilusiones? ¿Crees que esto es fácil, Luigi?

- No, pero las flores que atravesamos en la vida nos invitan a esta reflexión una y otra vez...Y huimos del dolor y de la conciencia sistemáticamente. Hasta que no quedemos exhaustos, no tengamos adónde huir, y nos rindamos... - Completó.

- Estoy feliz de dejar atrás esta vida y abrirme a las sorpresas que se avecinan, incluidos los desafíos.

Se quedaron allí, abrazándose, bebiendo de la alegría pura de la compañía del otro y de la serenidad de navegar dentro de la voluntad divina.

Casi amanecía cuando llegaron a Marina Beira Rio, en Recife.

Se establecieron.

Esa noche, Luigi le preguntó en silencio a Jesús cómo podía serle útil. Quería que su vida estuviera dedicada al Maestro en todos los sentidos. Quería contribuir, ayudar, tenía muchas ganas de hacer de sus días y de sus horas momentos de servicio al bien. Y fue así, pensando, interrogando a sus amigos espirituales, que Luigi conoció al practicante[19] que ayudaba a los visitantes quienes arribaron al lugar, guiando los recursos de la marina, la tabla de mareas, los obstáculos y los vientos.

Luigi tomó toda la información que pudo para conocer bien la región.

- ¿Cuánto tiempo piensas quedarte? - Preguntó Anesio.

- No estamos seguros, tres días, una semana, no mucho más.

Anesio estaba tratando de decir algo, pero tenía miedo.

Finalmente, se animó y dijo:

- Nos enteramos de todo lo que hizo en São Paulo.

---

[19] Los prácticos son los profesionales que guían las embarcaciones durante el atraque y desatraque de armas en puertos y durante el cruce de áreas que presenten restricciones a la navegación. Es un rol técnico de alta responsabilidad e imprescindible para la comercio marítimo de todo el país.

Seguimos tu historia.

- Las noticias exageran, viven para espectáculos...

- Pero no es por eso que queríamos saber más sobre ti. Y que una de las personas que asisten a nuestras reuniones perdió a su hijo y nunca lo volvió a encontrar.

- Lo siento mucho. Es un dolor tan intenso, tan profundo, que tenía todo el pelo gris en menos de dos meses, con solo veinticuatro años.

¿Tiene otros hijos?

- Ahora tiene dos. En ese momento era solo él.

- Qué bueno que lo superó...

- Eres espírita, ¿no? - Preguntó Anesio.

- Sí, soy cristiano ante todo, pero la filosofía espírita ha demostrado ser un marco de conocimiento que me ha ayudado mucho.

- ¿Sería mucho pedirte que vinieras y hablaras en nuestro grupo? Es un grupo pequeño, unas sesenta personas, pero están muy interesadas.

Luigi se sorprendió. No estaba acostumbrado a hablar en público, aunque hablaba muy bien en reuniones de negocios y reuniones sociales. Dudó un poco, pero luego pensó en lo inútil que era cualquier miedo.

- Por supuesto que lo haré, pero ¿de qué crees que debería hablar?

- Comparte tus experiencias, tus aprendizajes. Eres una persona diferente, valiente, audaz. Ven y danos un poco de tu energía, tal vez aprendamos de ti a ser más fuertes...

Luigi saludó al hombre y le agradeció la invitación, explicándole los detalles de su participación. Se iniciaba un nuevo camino de testimonios y siembras para el discípulo de Jesús.

A la hora acordada, los tres se encontraban frente a un pequeño edificio en Olinda, todo pintado de vibrantes colores. Era un núcleo de estudios espíritas. Entraron y pronto fueron recibidos por Anesio, quien los hizo sentir cómodos. Fue él quien abrió la reunión:

- Hoy tendremos una noche especial. Estamos aquí para conocer un poco las vivencias de Luigi, y saber cómo se transformó de ejecutivo y heredero de la constructora más grande del país, en un médium psicométrico.

Hizo un gesto a Luigi para que se adelantara. Tocó el brazo del invitado y comentó, un poco incómodo:

- No sé cómo presentarte.

- Permítame presentarme - Mirando los ojos curiosos de los presentes sobre él, luego el rostro querido de Manuela y Bianca, él, sintiéndose transformado por un profundo gratitud, y como si viera a Jesús en el fondo de la sala sonriéndole, comenzó a hablar:

- Soy ingeniero por necesidad, espírita por elección y médium por gratitud. Soy Luigi, dispuesto a servir con los miles de trabajadores de la luz, en la siembra de Jesús y en la expansión del Evangelio y del bien.

Hizo una breve pausa y luego continuó:

- He sido muchas personas en mis experiencias en la Tierra. Cuando Jesús me invitó a seguirlo, no entendí muy bien su propuesta. Mi voluntad no me dejó. Pero decidí ahora, dejar un poco de lado mi voluntad, deseos y necesidades, para escuchar el suave susurro de Dios en mi alma.

Y los invito, por un momento, a dejar también un poco de lado su voluntad, para poder unirse a Dios. Y en esa comunión con la inteligencia suprema, gozar de su compañía, de su fuerza, de su poder que crea mundos, que mantiene en sus órbitas a los planetas; su abundancia, su amor y su energía plena. Vivir en un lugar, en compañía del Creador, donde nada falta, donde todo es amor y prosperidad.

El público ni siquiera parpadeó.

- Este encuentro tiene lugar dentro de nosotros, en lo más profundo de nuestra alma, donde se abre un lugar sagrado y nos convertimos en un templo vivo, donde mora Dios, un templo que nunca será destruido. Frente a la cual caerán las últimas resistencias, donde caerán las últimas fuerzas del ego, que no comprende, y por lo tanto no se rinde. Un lugar dentro de nosotros, donde el Altísimo mora, y se expande, si se lo permitimos...

Así, dondequiera que vayamos, y dondequiera que estemos, haremos luz a nuestro alrededor. Seremos luz al fin, y Jesús habrá logrado su objetivo con nosotros.

Tocados por las dulces energías de Jesús, que fueron transmitidas a través de las palabras de Luigi, el ambiente se llenó de un intenso resplandor, brindando una experiencia inolvidable a todos los que se abrieron a Dios esa noche. Y prosiguió, con la cara resplandeciendo suavemente:

- ¡Cómo contrasta el amor de Jesús con las limitaciones humanas! Por ignorancia, soberbia y egoísmo que ciegan el alma que se arrastra en su proceso de evolución, no desconfiamos de la realidad que está más allá de nuestros estrechos modelos de vida determinados por la sociedad; conocemos también nuestra grandeza y nuestra capacidad de amar. Constantemente miramos fuera de nosotros mismos, hacia el mundo exterior, y nos perdemos a nosotros mismos, nuestra esencia espiritual, quiénes somos realmente y qué nos trajo a la Tierra. Nos identificamos como lo que tenemos, lo que hacemos, las personas con las que interactuamos, los lugares a los que vamos, midiéndonos y juzgándonos a nosotros mismos por la visión estrecha de la materia, cuando la materia densa no representa ni siquiera el uno por ciento de la realidad material, siendo más del noventa y nueve por ciento invisible y en ocasiones casi inaccesible para la gran mayoría.

Cuando llegan las crisis, ya estamos acostumbrados a ver solo una parte de la realidad. Y esperamos que algo externo nos salve, nos rescate. Pero superar el dolor de nuestros procesos de crecimiento tan necesarios viene de adentro, de conectarnos con quienes somos en esencia y, a su vez, de nuestra esencia alineada con el Creador, sus leyes eternas y perfectas. Entonces descubrimos que somos una llama de amor divino, una partícula de Dios proyectada sobre la materia. Herederos de bendiciones y todo lo que pertenece al Creador. Jesús, pacientemente, sigue cultivando las semillas que sembró desde hace más de dos milenios, bajo los cielos de Palestina, esperando que broten las flores, que las criaturas despierten y se abran, permitiendo la acción divina en sus vidas, dejando de lado el orgullo, permitiendo el ser supremo se manifieste, fluya, se desarrolle en su corazón, manifestándose en el mundo material a través de las almas despiertas. Que colocando la personalidad cristalizada en valores preformados por la larga acción de diversos intereses, fuera del amor, tengamos la humildad de aceptar que somos esa dualidad: humanos y divinos, luces y sombras. Y al hacerlo, nos rendimos, finalmente, la inteligencia infinita, dejando Su luz y Su amor, Su voluntad sea nuestro amor y nuestra propia voluntad. Cuando eso suceda, las flores desaparecerán, todas las lágrimas cesarán. Habrá un solo Dios y un solo Señor y los veré en paz, con alegría y con toda la prosperidad que tanto deseamos. Sin dudas, sin sufrimiento, sin miedo y sin angustia.

Jesús habrá vencido todo mal, habrá un nuevo cielo, una nueva orden de espíritus desencarnados habitará las regiones cercanas al planeta, y habrá una nueva Tierra. No habrá más resistencia, porque entenderemos que ese es nuestro destino. Y el reino de Dios será implantado en cada corazón.

Luigi estaba totalmente inmerso en las amorosas energías que bañaban el ambiente y en cada palabra que decía, podía ver a Jesús mirándolo y sonriendo. Su corazón latía con una alegría sublime.

Finalmente, después de tantos siglos, se había conquistado a sí mismo. Simón se entregó por completo a la llamada del Maestro, sin miedo, sin reservas, sin imposiciones. Vibrando solo amor. El zelote había regresado y estaba reanudando su misión.

FIN

CONTACTO DE LA AUTORA

Para hacer preguntas o compartir sus experiencias al leer este trabajo, contácteme:

Correo electrónico: sandracarneiro.oficiall@gmail.com

Facebook: Sandra_carneiro_oficial

Instagram:sandra.carneiro.7902

Otros Títulos de Sandra Carneiro y LUCIUS

Exiliados por Amor
Jornada de los Ángeles
Renacer de la Esperanza
Déja vu
Conexión Galilea
Listos para Mejorar
Salomé
Todas las Flores que yo gané

Romances de Arandi Gomes Texeira y el Conde J.W. Rochester

El Condado de Lancaster
El Poder del Amor
El Proceso
La Pulsera de Cleopatra
La Reencarnación de una Reina
Ustedes son dioses

Libros de Vera Lúcia Marinzeck de Carvalho y Patricia

Violetas en la Ventana
Viviendo en el Mundo de los Espíritus
La Casa del Escritor
El Vuelo de la Gaviota

Vera Lúcia Marinzeck de Carvalho y Antônio Carlos

Amad a los Enemigos
Esclavo Bernardino
la Roca de los Amantes
Rosa, la tercera víctima fatal
Cautivos y Libertos
La Mansión de la Piedra Torcida
La Casa del Acantilado
La Gruta de las Orquídeas
Ocurrió
Aquellos que Aman

Grandes Éxitos de Zibia Gasparetto

Con más de 20 millones de títulos vendidos, la autora ha contribuido para el fortalecimiento de la literatura espiritualista en el mercado editorial y para la popularización de la espiritualidad. Conozca más éxitos de la escritora.

Romances Dictados por el Espíritu Lucius

La Fuerza de la Vida

La Verdad de cada uno

La vida sabe lo que hace

Ella confió en la vida

Entre el Amor y la Guerra

Esmeralda

Espinas del Tiempo

Lazos Eternos

Nada es por Casualidad

Nadie es de Nadie

El Abogado de Dios

El Mañana a Dios pertenece

El Amor Venció

Encuentro Inesperado

Al borde del destino

El Astuto

El Morro de las Ilusiones

¿Dónde está Teresa?

Por las puertas del Corazón

Cuando la Vida escoge

Cuando llega la Hora

Cuando es necesario volver

Abriéndose para la Vida
Sin miedo de vivir
Solo el amor lo consigue
Todos Somos Inocentes
Todo tiene su precio
Todo valió la pena
Un amor de verdad
Venciendo el pasado

Libros de Eliana Machado Coelho y Schellida

Corazones sin Destino
El Brillo de la Verdad
El Derecho de Ser Feliz
El Retorno
En el Silencio de las Pasiones
Fuerza para Recomenzar
La Certeza de la Victoria
La Conquista de la Paz
Lecciones que la Vida Ofrece
Más Fuerte que Nunca
Sin Reglas para Amar
Un Diario en el Tiempo
Un Motivo para Vivir

¡Eliana Machado Coelho y Schellida, Romances que cautivan, enseñan, conmueven y pueden cambiar tu vida!

Libros de Vera Kryzhanovskaia y JW Rochester

La Venganza del Judío

La Monja de los Casamientos

La Hija del Hechicero

La Flor del Pantano

La Ira Divina

La Leyenda del Castillo de Montignoso

La Muerte del Planeta

La Noche de San Bartolomé

La Venganza del Judío

Bienaventurados los pobres de espíritu

Cobra Capela

Dolores

Trilogía del Reino de las Sombras

De los Cielos a la Tierra

Episodios de la Vida de Tiberius

Hechizo Infernal

Herculanum

En la Frontera

Naema, la Bruja

En el Castillo de Escocia (Trilogia 2)

Nueva Era

El Elixir de la larga vida

El Faraón Mernephtah

Los Legisladores

Los Magos

El Terrible Fantasma
El Paraíso sin Adán
Romance de una Reina
Luminarias Checas
Narraciones Ocultas
La Monja de los Casamientos

Libros de Elisa Masselli

Siempre existe una razón
Nada queda sin respuesta
La vida está hecha de decisiones
La Misión de cada uno
Es necesario algo más
El Pasado no importa
El Destino en sus manos
Dios estaba con él
Cuando el pasado no pasa
Apenas comenzando

Libros de Mónica de Castro y Leonel

A Pesar de Todo
Con el Amor no se Juega
De Frente con la Verdad
De Todo mi Ser
Deseo
El Precio de Ser Diferente
Gemelas
Giselle, La Amante del Inquisidor
Greta
Hasta que la Vida los Separe
Impulsos del Corazón
Jurema de la Selva
La Actriz
La Fuerza del Destino
Recuerdos que el Viento Trae
Secretos del Alma
Sintiendo en la Propia Piel

World Spiritist Institute
https://iplogger.org/2R3gV6

www.ingramcontent.com/pod-product-compliance
Lightning Source LLC
LaVergne TN
LVHW041619060526
838200LV00040B/1354